本书出版获国家社科基金项目"东、中、西部义务教育均等化调查研究"（项目编号：12CGL109）及河南财经政法大学道德与文明中心资助

政府推进城乡义务教育均衡发展的制度逻辑研究

李军超◎著

中国社会科学出版社

图书在版编目(CIP)数据

政府推进城乡义务教育均衡发展的制度逻辑研究/李军超著 .
—北京：中国社会科学出版社，2015.10
ISBN 978 - 7 - 5161 - 6963 - 6

Ⅰ.①政…　Ⅱ.①李…　Ⅲ.①义务教育—教育制度—研究—中国
Ⅳ.①G522.3

中国版本图书馆 CIP 数据核字(2015)第 246716 号

出 版 人	赵剑英
策划编辑	田　文
责任编辑	赵　丽
责任校对	韩冰曦
责任印制	王　超

出　　　版	中国社会科学出版社
社　　　址	北京鼓楼西大街甲 158 号
邮　　　编	100720
网　　　址	http://www.csspw.cn
发 行 部	010 - 84083685
门 市 部	010 - 84029450
经　　　销	新华书店及其他书店

印刷装订	三河市君旺印务有限公司
版　　　次	2015 年 10 月第 1 版
印　　　次	2015 年 10 月第 1 次印刷

开　　　本	710×1000　1/16
印　　　张	17
插　　　页	2
字　　　数	257 千字
定　　　价	66.00 元

目 录

绪　论 …………………………………………………………… 1

一　问题的提出及研究意义 ……………………………………… 1

　（一）选题缘起 …………………………………………………… 1

　（二）研究意义 …………………………………………………… 4

二　国内外研究现状及评价 ……………………………………… 5

　（一）国内城乡义务教育均衡发展研究现状 …………………… 5

　（二）国外义务教育均衡发展的研究集点 ……………………… 11

　（三）政府行为研究的多种视角 ………………………………… 13

　（四）简要评价 …………………………………………………… 18

三　概念的厘定及阐析 …………………………………………… 18

　（一）政府与地方政府 …………………………………………… 19

　（二）城乡 ………………………………………………………… 19

　（三）制度与制度逻辑 …………………………………………… 20

　（四）义务教育与义务教育均衡 ………………………………… 22

四　研究的基本思路、技术路线与主要方法 …………………… 23

　（一）研究思路的展开 …………………………………………… 23

　（二）研究的技术路线 …………………………………………… 24

　（三）研究的主要方法 …………………………………………… 25

五　研究的前提假设 ……………………………………………… 26

六　研究的创新性 ………………………………………………… 27

第一章　基于新制度主义视角的我国城乡义务教育均衡发展
分析框架 ·· 29

一　新制度主义："硬核"、"保护带"及理论要义 ············ 29

（一）"硬核——保护带"理论 ························· 29

（二）新制度主义的"硬核" ························· 30

（三）新制度主义的"保护带" ······················· 39

二　分析框架的构建：制度攸关—制度 ·················· 48

成因—制度选择—制度创新 ·························· 48

（一）新制度主义分析框架的理论谱系 ··············· 48

（二）分析框架的构建及内容 ······················· 54

（三）分析框架的学理价值 ························· 55

三　本章小结 ·· 57

第二章　"制度攸关"：现阶段我国城乡义务教育"非均衡"发展的
算计审度 ·· 58

一　城乡义务教育非均衡测度的方法论 ·················· 59

（一）城乡义务教育非均衡发展测度的指标体系 ········ 59

（二）城乡义务教育非均衡发展的测度方法 ············ 62

二　现阶段我国城乡义务教育非均衡发展的 ·············· 64

空间计量分析 ·· 64

（一）城乡义务教育非均衡发展的时间序列测度 ········ 64

（二）城乡义务教育非均衡发展的空间序列测度 ········ 92

三　城乡义务教育非均衡发展的效应分析 ··············· 112

（一）城乡义务教育不均衡拉大了城乡居民收入差距 ··· 112

（二）城乡义务教育不均衡阻碍了城乡经济同步增长 ··· 116

（三）城乡义务教育不均衡阻滞了农村劳动力的社会流动 ··· 120

（四）城乡义务教育不均衡损害了社会的公平正义 ······ 121

四　本章小结 ··· 123

第三章　制度成因之一：我国城乡义务教育非均衡发展的
　　　　体制环境 ……………………………………………… 125
　一　中国式财政分权与城乡义务教育非均衡 …………………… 125
　　（一）中国式财政分权与公共教育支出偏好的理论推演 ……… 125
　　（二）中国式财政分权与公共教育投入责任的模型估算 ……… 128
　　（三）中国式财政分权影响城乡义务教育均衡发展的实证分析 … 135
　二　城乡二元体制与城乡义务教育非均衡 ……………………… 140
　　（一）中国城乡二元体制的起因与制度塑造 …………………… 140
　　（二）城乡二元体制影响城乡义务教育均衡发展 ……………… 142
　　（三）城乡二元体制与城乡义务教育非均衡的实证分析 ……… 145
　三　"以县为主"管理体制与城乡义务教育非均衡 …………… 147
　　（一）中国义务教育管理体制的变迁 …………………………… 147
　　（二）"以县为主"管理体制实施前后城乡义务教育差距的变动 … 151
　　（三）结果分析 …………………………………………………… 153
　四　本章小结 ……………………………………………………… 155

第四章　制度成因之二：我国城乡义务教育非均衡发展的非正式
　　　　制度嵌入 ……………………………………………… 157
　一　非正式制度的厘定及特征 …………………………………… 157
　　（一）非正式制度的厘定 ………………………………………… 157
　　（二）非正式制度的基本特征 …………………………………… 159
　二　非正式制度对公共政策执行的影响机理 …………………… 160
　　（一）非正式制度影响公共政策执行的传导机制 ……………… 161
　　（二）非正式制度影响公共政策执行的数理模型 ……………… 163
　三　非正式制度对我国城乡义务教育非 …………………………165
均衡发展的影响 …………………………………………………… 165
　　（一）传统社会文化对我国城乡义务教育非均衡发展的影响 … 165
　　（二）家庭教育观念对我国城乡义务教育非均衡发展的影响 … 169

　　四　本章小结 ……………………………………………………… 174

第五章　制度选择：地方政府介入城乡义务教育均衡发展的
　　　　　"行动策略" ………………………………………………… 175
　　一　政府提供义务教育的必要性 ………………………………… 175
　　　　（一）基于义务教育的产品属性视角 ……………………… 175
　　　　（二）基于义务教育的外部性视角 ………………………… 180
　　　　（三）基于交易成本的视角 ………………………………… 183
　　　　（四）教育公平与政府责任 ………………………………… 186
　　二　城乡义务教育均衡发展制度供给中的 ……………………… 189
　　政府委托代理机制 ………………………………………………… 189
　　　　（一）委托代理理论分析 …………………………………… 189
　　　　（二）中央与地方政府间的委托代理 ……………………… 193
　　　　（三）义务教育均衡发展制度供给中的政府委托代理分析 … 195
　　三　地方政府间竞争与城乡义务教育均衡发展 ………………… 198
　　　　（一）关于地方政府竞争 …………………………………… 198
　　　　（二）地方政府竞争的行为模式 …………………………… 202
　　　　（三）同级地方政府竞争模型 ……………………………… 207
　　　　（四）城乡义务教育均衡发展进程中地方政府的行为选择 … 210
　　四　本章小结 ……………………………………………………… 214

第六章　制度创新：推进城乡义务教育均衡发展的政府作为 ……… 216
　　一　重构义务教育财政体制，保障城乡义务 …………………… 216
　　　　（一）调整财政支出结构，构建民生财政 ………………… 216
　　　　（二）明确各级政府的财政责任，建立"以县为主，多主体
　　　　　　　推进"的教育管理体制 ……………………………… 217
　　　　（三）完善义务教育财政转移支付制度，推动"老、少、边、
　　　　　　　穷"地区义务教育跨越发展 ………………………… 218

二 破解城乡教育二元结构，推进和……………………… 221
　（一）确立城乡义务教育一体化的发展目标…………… 221
　（二）构建城乡义务教育一体化的管理制度…………… 222
　（三）构建城乡义务教育一体化的投入制度…………… 223
　（四）构建城乡一体化的义务教育人事制度…………… 224
三 优化地方政府政绩考核体系，……………………… 225
　（一）确立民生导向的政绩观…………………………… 225
　（二）优化地方政府的政绩考核体系…………………… 226
　（三）建立健全教育问责制……………………………… 226
四 加强义务教育标准化学校建设，…………………… 227
　（一）实现义务教育学校的合理布局…………………… 227
　（二）推进薄弱学校办学条件基本达标………………… 228
　（三）建设标准化农村寄宿制学校……………………… 229
五 健全城乡教师、校长交流制度，…………………… 230
　（一）构建合理的城乡教师、校长的交流模式，为交流制度
　　　　提供实施平台………………………………………… 230
　（二）建立城乡义务教育教师交流监督机制…………… 231
　（三）推动义务教育学校校长的定期轮换制…………… 231
　（四）完善城乡教师的双向流动机制，促进教师资源的均衡发展 232
六 构建"1+9+1"义务教育新模式，扩展……………… 234
　（一）重视幼儿教育，实现"学前一年"免费教育……… 234
　（二）加强职业教育，将"初中后一年职业培训"纳入义务
　　　　教育系统………………………………………………… 235
七 树立平等的教育观，消弭教育等级化……………… 235
　（一）营造平等的社会氛围，树立平等教育观………… 236
　（二）重铸政府教育发展理念，消弭教育等级化……… 236
八 本章小结……………………………………………… 237

结　语 ……………………………………………………… 239
　一　研究结论 ………………………………………………… 239
　二　研究的局限性及展望 …………………………………… 240

参考文献 …………………………………………………… 242

后　记 ……………………………………………………… 258

图表目录

图绪—1　本文的研究思路展开 ·· 24

图1—1　政府推进城乡义务教育均衡发展的分析框架 ············· 54

图2—1　城乡普通小学净入学率 ······································· 65

图2—3　城乡普通初中辍学率变动趋势及对比 ····················· 69

图2—4　城乡小学生均校舍面积 ······································· 73

图2—5　城乡小学生均危房面积 ······································· 73

图2—6　小学生均危房面积城乡比变动图 ··························· 73

图2—7　城乡普通初中生均校舍面积 ································· 74

图2—8　城乡普通初中危房面积 ······································· 74

图2—9　城乡小学生均计算机数量 ···································· 75

图2—10　小学生均计算机数量城乡比变动图 ······················ 75

图2—11　城乡小学生均图书藏量 ····································· 76

图2—12　小学生均图书藏量城乡比变动图 ························· 76

图2—13　城乡小学生均电子图书藏量变动趋势及对比 ··········· 77

图2—14　城乡普通中学生均电子图书藏量 ························· 77

图2—15　普通中学生均电子图书藏量城乡对比图 ················· 78

图2—16　城乡小学生均仪器设备总值 ······························ 78

图2—17　小学生均仪器设备总值城乡比变动图 ··················· 79

图2—18　城乡普通中学生均仪器设备总值 ························· 79

图2—19　普通初中生均仪器设备总值城乡比变动图 ·············· 80

图2—20　城乡普通小学生师比变动趋势 ··························· 82

图2—21　城乡代课教师占专任教师比例 ··························· 83

图2—22　城乡小学教师学历合格率变动趋势 ······················ 85

图2—23　城乡普通初中教师学历合格率变动趋势 ················· 86

图2—24　城乡普通小学升学率变动趋势及对比 ··················· 90

图 2—25 城乡普通初中升学率变动趋势及对比 …………………… 90

图 2—26 城乡人均受教育年限变动趋势及对比 …………………… 92

图 2—27 城乡人口文盲半文盲比例变动趋势及对比 ……………… 92

图 2—28 城乡收入差距与义务教育差距的变动趋势 …………… 116

图 3—1 财政分权与教育投入水平关系 …………………………… 129

图 3—2 政府教育投入责任趋势图 ………………………………… 132

图 3—3 城乡普通小学生均教育经费变动趋势 …………………… 138

图 3—4 城乡普通初中生均预算内教育经费变动趋势 …………… 138

图 3—5 义务教育生均教育经费泰尔指数变动趋势 ……………… 153

图 4—1 非正式制度影响机制的一般理论模型 …………………… 163

图 4—2 正式制度与非正式制度的无差异曲线 …………………… 164

图 4—2 正式制度与非正式制度的无差异曲线 …………………… 164

图 4—3 制度执行成本约束曲线 …………………………………… 165

图 5—2 政府介入对义务教育产生的影响效果图 ………………… 182

图 5—3 政府提供教育的决策图 …………………………………… 185

图 5—4 中国地方政府竞争研究的路径演进 ……………………… 202

图 5—5 地方政府的目标函数 ……………………………………… 203

图 5—6 地方政府官员目标函数 …………………………………… 207

表 1—1 社会学组织理论的新、旧制度主义 ……………………… 34

表 1—2 三种新制度主义流派的特征比较 ………………………… 47

表 2—1 城乡义务教育非均衡测度指标体系 ……………………… 61

表 2—2 城乡普通小学净入学率 …………………………………… 65

表 2—4 城乡普通初中辍学率 ……………………………………… 68

表 2—5 城乡小学硬件设施差异 …………………………………… 70

表 2—6 城乡普通初中硬件设施差异 ……………………………… 71

表 2—7 城乡普通小学生师比及代课教师占专任教师比 ………… 81

表 2—8 城乡普通小学专任教师变动状况 ………………………… 82

表 2—9 城乡普通初中生师比 ……………………………………… 83

表 2—10 城乡普通初中专任教师变动状况 ……………………… 84

表 2—11 城乡义务教育教师学历合格率 ………………………… 85

表 2—12　城乡义务教育经费绝对值差距……………………………86

表 2—13　城乡义务教育经费相对值差距……………………………87

表 2—14　1999—2009 年城乡义务教育升学率………………………89

表 2—15　城乡人口平均受教育年限…………………………………91

表 2—16　2008 年城乡小学硬件设施空间分布状况…………………93

表 2—17　2008 年城乡小学硬件设施空间分布统计分析结果………94

表 2—18　2008 年城乡普通初中硬件设施空间分布状况……………96

表 2—19　2008 年城乡普通初中硬件设施分布统计分析结果………98

表 2—20　2008 年城乡小学师资力量空间分布状况…………………100

表 2—21　2008 年城乡小学师资力量空间分布统计分析结果………102

表 2—22　2008 年城乡普通初中师资力量空间分布状况……………103

表 2—23　2008 年城乡普通初中师资力量空间分布统计分析结果…105

表 2—24　2008 年城乡小学生均教育经费空间分布…………………106

表 2—25　2008 年城乡普通初中生均教育经费空间分布……………109

表 2—26　2008 年全国各地区义务教育生均经费城乡差距状况排名…111

表 2—27　城乡居民收入及义务教育升学率…………………………114

表 2—28　方程（2—1）回归分析结果………………………………115

表 2—29　1999—2009 年城乡恩格尔系数及义务教育升学率………118

表 2—30　方程（2—4）回归分析结果………………………………119

表 3—1　不同国家公共教育支出及财政能力比较…………………130

表 3—2　方程（3-1）回归分析结果…………………………………132

表 3—3　国家财政教育投入统计……………………………………133

表 3—4　财政收支及城乡义务教育生均经费统计…………………137

表 3—5　方程（3—3）回归分析结果…………………………………139

表 3—6　生均教育经费、城乡收入及城镇人口情况统计表………145

表 3—7　方程（3—6）回归分析结果…………………………………146

表 3—8　义务教育生均经费支出的城乡差距………………………152

表 4—1　不同阶层家庭的教育方式差异……………………………169

表 5—1　2008 年各省级政府教育经费及 FDI 指标…………………211

表 5—2　方程（5—25）回归分析结果………………………………213

绪　论

在对我国政府推进城乡义务教育均衡发展进程中的制度逻辑问题展开深入探讨之前，对本项研究的选题缘起、研究意义、研究现状、研究方法、相关概念以及开展研究的前提假设等问题进行必要的界定和阐释是一项"利器"之工程。

一　问题的提出及研究意义

（一）选题缘起

（1）公平成为当今时代的主题。在国际上，20 世纪 70 年代末的一场被称为"新公共管理"的政府改革运动风靡全球，这场改革运动把"3E（Economy, Efficiency and Effectiveness）"为表征的管理主义作为其指导价值观，奉行"效率"至上。到 20 世纪 90 年代末，新公共管理运动日渐式微，一场"后新公共管理"①改革兴起。这轮改革运动与之前的改革实践相比，价值观发生转向，钟摆由管理主义摆向宪政主义，强调社会公平与正义。

在国内，价值观的天平亦由"效率优先、兼顾公平"摆向"更加注重社会公平正义"。1987年10月，中共十三大报告提出"在继续促进效率提高的前提下，体现社会公平"。1993年11月，中共十四届三中全会作出《关于建立社会主义市场经济体制若干问题的决定》，决定中确立了"效率优先、兼顾公平"的社会发展管理原则。在该原则的指导下，我国的经济获得了飞速发展，创造了"中国奇迹"，但与此相伴随的是社

---

① [挪威]Tom Christensen, Per Lagreid：《后新公共管理改革——作为一种新趋势的整体政府》，张丽娜、袁何俊译，《中国行政管理》2006 年第 9 期。

会贫富差距日益扩大。2002年，中国的基尼系数达0.46，超过国际认同的警戒线，收入分配差距加大、社会不公引发的各种社会矛盾日益增多，缩小差距、促进社会公平正义成为新时代社会改革的主题。2010年3月，国务院总理温家宝在十一届全国人大三次会议闭幕会上指出：改革的根本目的是实现社会的公平正义，"公平正义比太阳还要有光辉"。公平成为我国当代社会发展的主题。

（2）教育公平是社会公平的基石。2011年8月25日的新华网发表题为"'寒门'为何难再出'贵子'？教育生态'一头沉''城乡落差'揪人心"的系列报道，文章指出："与城里孩子相比，在接受教育方面，农村孩子遭遇起点不公到过程不公，最终的结果更加不公。而'出身越底层，上好学校越难'的趋势，不仅席卷全国，而且正在向中学蔓延"①。该报道表明，教育公平问题已成为当前我国社会普遍关注的一个热点问题。无独有偶，早在2009年"两会"期间，全国政协委员、中国科技大学校长朱清时就呼吁取消重点中小学以实现教育公平。其实，对于教育公平问题的关注不仅来自于社会大众、专家学者和新闻媒介等，在政治决策层一直是政府致力推进的一个重点问题。2006年修订实施的《中华人民共和国义务教育法》明确规定："凡具有中华人民共和国国籍的适龄儿童、少年，不分性别、民族、种族、家庭财产状况、宗教信仰等，依法享有平等接受义务教育的权利。"同年6月，《中共中央关于构建社会主义和谐社会若干重大问题的决定》也提出："坚持教育优先发展，促进教育公平。"2009年11月6日，中共中央政治局委员、国务委员刘延东在河北省邯郸市出席全国推进义务教育均衡发展现场经验交流会时强调，"要深入贯彻科学发展观，坚持以人为本，采取有效措施，大力推进义务教育均衡发展，让更多学生享受高质量教育，让广大人民群众共享教育改革发展成果"。教育部袁贵仁部长在闭幕会议上也特别提出，"各地要把义务教育作为教育改革与发展的重中之重，把均衡发展作为义务教育的重中之重，把义务教育均衡发展作为国家推动教育发展的奠基工程和贯彻落实《义务教育法》的重要工程，进一步完善政策措施，

———————————

①《教育生态"一头沉""城乡落差"揪人心》（http://news.xinhuanet.com/edu/2011-08-25/c_121908224_4.htm）。

加大工作力度，切实抓紧抓好抓出成效"。2010 年《国家中长期教育改革和发展规划纲要（2010—2020 年）》公布，纲要进一步明确指出："加快缩小城乡差距。建立城乡一体化的义务教育发展机制，在财政拨款、学校建设、教师配置等方面向农村倾斜。率先在县（区）域内实现城乡均衡发展，逐步在更大范围内推进。"

"普九"工作基本完成以后，如何实现教育公平尤其是义务教育公平问题是我国当前教育领域面临的基本问题，社会各界及政府对教育公平问题的普遍关注，也从侧面反映出该问题在现实社会中存在的严重程度。党的十七大报告指出，"教育是民族振兴的基石，教育公平是社会公平的重要基础"，推进教育公平尤其是城乡义务教育公平是缩小我国城乡差距，构建和谐社会的重要组成部分。

（3）推动社会公平是政府应有之责。在早期的经典论著《政府论》、《社会契约论》中，洛克和卢梭分别以自然状态为起点，阐述了政府成立的条件及其功能，他们都认为保护公民财产，维护社会公共秩序，彰显政府的公共性，最终维护社会公平是政府的应有之责，政府代表了一种公共的理性契约精神，公共行政的内在要求就是维护公共利益。政府作为公共权力的行使者就必须依照社会公共利益的要求，以保护社会公共利益作为出发点，制定并执行公共政策。只有公共利益得以维护，才会存在有整个社会的公平和稳定。因此，政府在现代社会行使其公共权力时，必须要以服务社会公众为前提，履行其社会性职能，以最终维护并实现社会公平。

基于上述背景动因，对我国教育公平尤其是作为基本公共产品的义务教育公平问题进行研究显得尤为迫切。义务教育的非均衡发展表现为地区间非均衡、城乡非均衡和校际非均衡，其中以城乡非均衡尤为突出。本书在新制度主义分析框架下对政府推进城乡义务教育均衡发展问题进行研究，主要关注以下问题：

（1）如何界定、衡量义务教育均衡，对城乡义务教育非均衡如何进行测度。

（2）政府推动城乡义务教育均衡发展的制度环境如何，该制度环境中的制度因子对城乡义务教育非均衡的影响权重是怎样的。

（3）在当前制度环境影响下，政府推动城乡义务教育均衡发展的行为方式有哪些，政府尤其是地方政府如何进行行动策略选择，制度对行为作用的运行逻辑是什么。

（4）如何改善当前制度环境，引导政府尤其是地方政府行为以实现城乡义务教育从非均衡到均衡发展的制度变迁。

（二）研究意义

城乡义务教育均衡发展是现阶段我国基础教育改革和发展的重点，是实现教育公平的首要问题。以政府如何推进城乡义务教育均衡发展为主题进行研究具有重大的现实意义和理论价值。

第一，本项研究试图为推动我国城乡义务教育均衡发展，实现"学有所教"的目标提供理论支撑。《中华人民共和国义务教育法》第六条明确规定：国务院和县级以上地方人民政府应当合理配置教育资源，促进义务教育均衡发展。我国十二五规划纲要也指出：在十二五期间要"促进教育公平，合理配置公共教育资源，重点向农村、边远贫困、民族地区倾斜，加快缩小教育差距"。党的十七大报告更是把我国教育发展的总体目标精辟地概括为：学有所教。学有所教这个古老的命题，在今天更成为国际社会的普遍诉求和我国社会的现实需要。而我国城乡义务教育的现状是资源配置差异巨大、师资力量悬殊，要解决这些问题，我们要首先弄明白是什么原因最终造成我国城乡义务教育的不均衡现状，本书在新制度主义的分析框架下，以制度为起点，从制度与行为两个层面为解释这一现状的形成以及如何解决目前面临的难题提供一个理论支撑。

第二，本项研究试图为如何实现中国城乡义务教育均衡发展提供政策选择。要实现我国城乡义务教育均衡发展，涉及的不仅仅是教育的问题，也不是简单的财政问题，均衡发展的实现是一个复杂的系统工程。本研究从推动城乡义务教育均衡发展的主体入手，从解决问题的根本动力源泉出发，从国家和地方政府两个层次、制度与行为两个层面上为实现我国城乡义务教育的均衡发展提供政策建议。

第三，从理论意义角度讲，本书的研究试图检测新制度主义研究范式对现实问题的解释力。在新制度主义的大旗下，政治学、经济学、社会学等领域的学者纷纷汇集而至，制度分析得以复兴，本项研究运用新制度主义的分析范式对我国政府尤其是地方政府在推动城乡义务教育发展进程中的行为方式及行动策略选择问题进行研究，不仅为该问题的解决提供新的视角，同时也拓宽该理论分析工具的应用范围，进一步检测该理论的现实解释力。

二　国内外研究现状及评价

（一）国内城乡义务教育均衡发展研究现状

随着我国《国家中长期教育改革和发展规划纲要（2010—2020 年）》的发布，城乡义务教育均衡发展问题在我国学术界展开了热烈的讨论，并取得了一系列丰硕的成果，总体来看，研究主要围绕"义务教育均衡发展的本质属性、我国城乡义务教育非均衡的现状及原因、实现我国城乡义务教育均衡发展的战略选择"三个领域展开论述。

1.义务教育均衡发展的本质属性

对义务教育均衡发展本质属性研究的核心内容主要聚焦于"均衡"的研究上。目前，国内对这一概念的阐释有以下几个视角：第一，教育均衡实现过程的视角。王善迈（2008）认为，教育均衡可分为起点均等、过程均等和结果均等。起点均等指受教育者权利和受教育机会公平，过程均等指公共教育资源配置公平，结果均等指教育质量公平。起点均等是教育均等的前提，过程均等是教育均等的条件和保证，结果均等是教育均等的目标。[①]而褚宏启（2006）以此视角为出发点，却给出了不同的观点，把教育均衡界定为教育起点均等和教育过程均等，没有把教育结果均等列入教育均等的范围，认为教育结果均等是不可能实现的。[②]第二，教育均衡多学科背景的视角。安晓敏，邬志辉（2007）认为，教育均衡

[①] 王善迈：《教育公平的分析框架和评价指标》，《北京师范大学学报》2008 年第 3 期。

[②] 褚宏启：《关于教育公平的几个基本理论问题》，《中国教育学刊》2006 年第 12 期。

发展是一个涉及伦理学、法学、经济学、社会学和教育学等多学科的重要问题，只有运用多学科的观点对其进行综合研究，才能获得较为完整的认识。进一步指出，"法学的观点:受教育权利的平等实现;经济学的观点:教育资源的公平配置;社会学的观点:社会分层与教育机会均等;教育学的观点:创造公平的学校和教室;伦理学的观点:罗尔斯的正义原则对教育公平的启示"。[①] 第三，不同对象的视角。林永柏（2006）认为，教育的均衡发展不仅仅包括教育对象受教育权利和机会的平等，也包括教育主体——教师的物质待遇和工作条件的大致相等。[②]

2.我国城乡义务教育非均衡的现状及原因

（1）我国城乡义务教育非均衡的现状。以义务教育均衡的本质属性为参照系，国内学者对我国城乡义务教育非均衡现状的研究，主要集中在三个方面：第一，可及性的非均衡。石绍宾（2008）通过城乡适龄儿童入学率、文盲率等指标对城乡义务教育可及性的非均衡状况进行了考量。[③] 鲍传友（2005）用城乡失学率指标证实了城乡义务教育可及性的差异。[④]王谦（2009）从我国小学及以下文化程度的人群在农业和非农业人口中所占的比例巨大差异来印证了我国城乡义务教育的机会非均等。[⑤]第二，资源配置的非均衡。胡耀宗（2009）、王谦（2009）和鲍传友（2005）等学者从学历合格率、专任教师职称结构、师生比等指标来检测了城乡义务教育师资力量的差异。[⑥]杜东东（2007）、吴春霞（2007）和王元京（2009）等学者通过城乡义务教育经费的面板数据分析，对我国城乡

---

① 安晓敏、邬志辉:《教育公平研究:多学科的观点》,《上海教育科研》2007 年第10 期。

② 林永柏:《关于教育公平的涵义及其特征的再思考》,《辽宁教育研究》2006 年第12 期。

③ 石绍宾:《城乡基础教育均等化供给研究》,经济科学出版社 2008 年版，第66—71页。

④ 鲍传友:《中国城乡义务教育差距的政策审视》,《北京师范大学学报》(社会科学版) 2005 年第 3 期。

⑤ 王谦:《城乡公共服务均等化问题研究》,山东人民出版社 2009 年版，第 115 页。

⑥ 胡耀宗:《基本公共服务均等化视阈下的义务教育政策选择》,《清华大学教育研究》2009 年第 6 期;王谦:《城乡公共服务均等化问题研究》,山东人民出版社 2009 年版，第 114 页;鲍传友:《中国城乡义务教育差距的政策审视》,《北京师范大学学报》(社会科学版)2005 年第 3 期。

义务教育的生均经费投入的非均衡状况进行考察。① 而胡耀宗（2009）则从城乡义务教育学校的生均教学仪器、生均计算机及危房面积等硬件设施差距对城乡义务教育资源配置的非均衡状况进行了研究。② 第三，教育质量的非均衡。刘颂（2006）以升学率为指标对我国义务教育结果均等进行检测，指出改革开放以来我国城乡之间还是存在着较明显的升学率差异，而且这一差异有不断扩大的趋势。③ 王蓉（2004）运用全国义务教育阶段升学率的横截面数据对此进行的研究也证实了城乡义务教育的质量非均衡状况。④ 樊继达（2009）从后义务教育阶段城乡获取更高层次教育资源和城乡人力资本差距两个方面对义务教育结果的不均衡进行的研究也从侧面印证了上述结果。⑤

（2）我国城乡义务教育非均衡的原因。关于我国城乡义务教育非均衡的原因，不同学术背景的学者从不同的角度给出了不同的解释，总结起来主要包括如下三个层次：第一，宏观层次：城乡二元的社会经济体制。鲍传友（2005）认为与城乡二元结构相配套的一系列制度安排是中国城乡教育差距形成的制度根源，并分别从城乡分离的户籍制度、集体所有的农村土地制度以及城乡社会保障制度等方面入手对此展开论述。⑥ 第二，中观层次：城市偏向型的教育投入政策。樊继达（2009）指出，城市偏向型的义务教育政策是造成和加剧城乡教育差距的直接的内部因素。⑦ 王元京（2009）从城市偏向型的财政政策入手对这一问题加以分

---

① 杜东东：《义务教育均衡发展问题研究》，《江西教育科研》2007 年第 9 期；王元京：《我国城乡义务教育差别的制度障碍分析》，《财政问题研究》2009 年第 9 期；吴春霞：《中国城乡义务教育经费差距演变与影响因素研究》，《教育科学》2007 年第 6 期。

② 胡耀宗：《基本公共服务均等化视阈下的义务教育政策选择》，《清华大学教育研究》2009 年第 6 期。

③ 刘颂：《我国义务教育发展的城乡差异分析》，《辽宁教育研究》2006 年第 11 期。

④ 王蓉：《教育水平的差异与公共教育资源分配的不平等》，《北大教育经济研究》2004 年第 9 期。

⑤ 樊继达：《公共经济视角下的城乡义务教育:差距及收敛》，《中央财经大学学报》2009 年第 9 期。

⑥ 鲍传友：《中国城乡义务教育差距的政策审视》，《北京师范大学学报》(社会科学版)2005 年第 3 期。

⑦ 樊继达：《公共经济视角下的城乡义务教育:差距及收敛》，《中央财经大学学报》2009 年第 9 期。

析，得出在城镇义务教育已经完成普及任务的情况下，城镇义务教育经费的增长速度仍然有 5 年快于农村义务教育经费增长的结论。① 第三，微观层面：地方政府动力机制的缺失。吴宏超（2007）指出，由于义务教育投入对经济发展的效应不是立即见效的，使得教育财政分权体制并不能保证地方政府有足够的激励来增加教育支出。相反，当增加财政收入与提高教育水平、促进教育公平两个目标争夺财政资源时，地方政府尤其是县级政府会降低对教育投入的努力程度。②张雷（2009）指出，监督监察机制不健全、监督效力不够使得地方政府促进城乡义务教育均等的动力缺失，使得某些政策的实施流于形式，造成了"口头重视，行动不落实"的问题。③此外，梁清（2006）指出公众教育心理障碍也是造成城乡义务教育非均衡的原因之一。④

3.实现我国城乡义务教育均衡发展的战略选择

（1）主体的选择。主体选择是解决"谁来实现城乡义务教育均衡发展"的问题。国内学者针对现行"以县为主"的义务教育财政体制和管理体制展开了广泛的讨论，形成了"以中央为主"、"以省为主"和完善"以县为主"以及"多主体"的四种观点。第一，建议"以中央为主"的学者认为，义务教育是一个全国性的公共产品，它的收益范围是全国的，按照"谁收益谁投资"的原则，承担义务教育应该是中央政府的职责。⑤戴罗仙（2005）强调指出，在我国现行的义务教育经费投入结构中，中央政府投入比例相对较低，而地方政府投入比例相对偏高，这与我国目前财政体制下，中央财政相对地方财政对义务教育投入有较大潜力的状况形成反差，因此，应将义务教育经费投入主体上移，实行 "以

---

① 王元京：《我国城乡义务教育差别的制度障碍分析》，《财政问题研究》2009 年第 9 期。

② 吴宏超：《义务教育均衡发展的现状与政府效能改进——基于湖北省的数据分析》，《教育发展研究》2007 年第 9 期。

③ 张雷：《论城乡义务教育不平等的诱因及破解策略》，《当代教育科学》2009 年第 24 期。

④ 梁清：《均衡发展:义务教育异化的超越》，《教育理论与实践》2006 年第 11 期。

⑤ 周金玲：《农村义务教育经费筹措主体分析》，《山东社会科学》2006 年第 3 期。

中央为主"的义务教育投资体制改革。^①第二，提倡"以省为主"的学者指出，"以县为主"的财政投入体制和教育管理体制不能保证农村义务教育的顺利实施，县级政府承担了与其财力不相匹配的教育责任。要保证农村义务教育的良好发展，其财政责任应从当前的"以县为主"转变为"以省为主"，省级人民政府应该成为我国农村义务教育经费最主要的责任承担者。^②姚莉（2008）也指出，我国地区间存在的巨大差异及中央政府义务教育财政政策的取向表明，中央政府更适合于协调地区间而非城乡间义务教育的差距，同时，"以县为主"财政投入体制的自身缺陷表明，县级政府无法承担起协调城乡教育差距的重任，而省级政府具有的财政能力才是实现城乡义务教育均等化的主要保障，推行"以省为主"的财政体制是实现城乡义务教育均等化的现实选择。^③第三，坚持"以县为主"的学者认为，应当维护地方政府负责、分级管理、以县为主的制度安排，强调指出，县级政府是义务教育的投入者之一和主要管理者，省级政府应承担更大责任，而中央政府对省进行一般补助，而且认为实施义务教育生均公用经费基本标准应该由省政府来制定而非国务院，主张，"县级为主、一般转移保底、专项转移解决特殊问题"的义务教育管理体制。^④ 第四，与单纯"以中央为主"、"以省为主"和"以县为主"不同，袁桂林（2004）从"以县为主"体制的优势和困难出发，客观地提出"多主体"推进的策略。^⑤高如峰（2004）更具体地指出，在东部发达地区，建立以县级政府和省级政府为主体，按照适当比例共同负担农村义务教育经费；在中部地区，建议实行中央政府和省级政府为主体，按照适当比例共同负担农村义务教育经费；在西部欠发达

① 戴罗仙：《义务教育投入:中央与地方财力比较研究》,《长沙理工大学学报》(社会科学版) 2005 年第 2 期。
② 范先佐：《构建"以省为主"的农村义务教育财政体制》,《华中师范大学学报》(人文社会科学版)2006 年第 2 期。
③ 姚莉：《城乡教育均等化与"以省为主"财政投入体制的构建》,《财会研究》2008 年第 23 期。
④ 吕旺实、贾康、石英华：《义务教育财政投入的不同建议比较》,《经济研究参考》2006 年第 4 期。
⑤ 袁桂林：《农村义务教育"以县为主"管理体制现状及多元化发展模式初探》,《东北师大学报》(哲学社会科学版)2004 年第 1 期。

地区，实行由中央政府和省级政府共同负责、以中央为主的农村义务教育财政投入体制。[①]

（2）路径的选择。首先，重构我国义务教育财政投入体制。王善迈、曹夕多（2005）提出在改革公共财政的框架下重构我国义务教育财政体制。具体内容有:实施免费的义务教育制度；完善义务教育贫困学生资助制度；制定义务教育经费最低保障线；明确各级政府的财政责任；完善义务教育经费财政转移支付制度；在同一行政区划内，实施以学生数为标准的均等化拨款制度；建立并完善义务教育经费的监督管理制度。[②] 孙志军、杜育红（2010）指出，完善合理的义务教育财政制度应该明确义务教育经费保障水平的基本标准，明确中央和地方各级政府间经费分担责任，应该规范财政转移支付制度尤其是省以下的财政转移支付制度。[③] 高如峰（2004）则建议在少数民族地区、贫困地区设置义务教育专项资金，以突出中央政府对弱势地区的特别支持。同时，各省级政府要依据本省实际情况设置类似的义务教育专项资金。[④] 王善迈等（2003）建议建立义务教育专项转移支付制度。[⑤] 其次，建立义务教育均等化的标准体系。杨兆山、张海波（2008）认为，建设标准化学校是实现城乡义务教育均等化的落脚点与突破口，并分别从办学规模标准、基础设施标准、师资队伍标准、课程标准等方面入手对义务教育阶段标准化学校的标准体系进行了论述。[⑥] 最后，完善师资力量均等化的相关制度。鲍传友（2005）认为，教师队伍的质量问题是制约城乡义务教育均衡发展的一

---

① 高如峰:《重构中国农村义务教育财政体制的政策建议》,《教育研究》2004 年第 7 期。

② 王善迈、曹夕多:《重构我国公共财政体制下的义务教育财政体制》,《北京大学教育评论》2005 年第 4 期。

③ 孙志军、杜育红:《中国义务教育财政制度改革:进展、问题与建议》,《华中师范大学学报》(人文社会科学版)2010 年第 1 期。

④ 高如峰:《重构中国农村义务教育财政体制的政策建议》,《教育研究》2004 年第 7 期。

⑤ 王善迈、袁连生、刘泽云:《我国公共教育财政体制改革的进展、问题及对策》,《北京师范大学学报》(社会科学版)2003 年第 6 期。

⑥ 杨兆山、张海波:《标准化学校:教育均衡发展视角下农村义务教育的发展路径》,《东北师大学报》(哲学社会科学版)2008 年第 1 期。

个"瓶颈",国家应该通过专项资金设立"百万国家农村教师岗位",甄选应届大学毕业生和城市的中小学教师到相对落后的农村地区任教,以弥补城乡义务教育在师资力量方面的差距。[①] 范先佐、付卫东(2009)建议建立农村教师工资保障机制,具体内容有:为确保农村教师工资按时足额发放,应逐步建立由中央或省级统筹为主的教师工资保障机制;为确保农村教师平均工资不低于当地公务员的平均工资收入水平,应逐步落实义务教育学校绩效工资制度;应建立农村义务教育教师激励制度,引导和鼓励优秀教师到农村薄弱学校任教;健全农村义务教育教师医疗、养老、住房等社会保障制度,保证农村中小学教师安居乐教。[②] 刘双和姜岩(2009)建议建立城乡义务教育教师双向流动体系。[③]

(二)国外义务教育均衡发展的研究集点

义务教育在全球经历了百余年的沿革,目前已有 170 多个国家和地区宣布实施义务教育。在普及义务教育过程中,各国都曾遇到过各种困难与挑战,如何实现义务教育均衡发展是各国都面临的问题之一。国外对义务教育均衡发展的研究主要集中于以下两个领域:

1.义务教育的管理体制和财政投入体制研究

经过近百年的沿革,义务教育的体制模式主要分化为两大类:一是福利化的公立学校均衡发展模式。该模式下政府把义务教育作为社会福利事业,将所有学校费用都包下来,几乎没有私立中小学的存在。学校建设按照统一标准进行,既没有薄弱学校,也没有豪华学校。欧洲多数国家和亚洲的日、韩采用这种模式。二是兼顾选择需求公立和私立学校均衡发展的模式。美国属采用该模式的典型国家,在这种义务教育体制模式下,为适应社会不同阶层的选择性需求,在保证基本公共教育服务充分供给的基础上,既存在免费的公立中小学,也设有高收费的私立学

---

① 鲍传友:《中国城乡义务教育差距的政策审视》,《北京师范大学学报》(社会科学版)2005 年第 3 期。

② 范先佐、付卫东:《农村义务教育新机制:成效、问题及对策》,《华中师范大学学报》(人文社会科学版)2009 年第 4 期。

③ 刘双、姜岩:《城乡义务教育均衡发展的研究》,《农村经济》2009 年第 10 期。

校。①　在各国的义务教育管理体制中，无论是福利化模式还是选择兼顾模式，在义务教育财政制度方面西方发达国家有着共通之处：第一，不分城市和农村，公立义务教育实行一体化的政策和财政体制；第二，义务教育财政投入体制都经历了由基层地方政府负担到联邦、中央和高层地方政府与基层地方政府共同分担的过程；第三，中央和地方各层级政府在义务教育中的财权和事权责任有着明确合理划分，形成规范的义务教育财政投入体制。②

　　2.义务教育均衡发展的途径研究

　　面对义务教育均衡发展这一同样的难题，不同的国家依据自己的国情，采取了不同的措施。美国的《不让一个孩子掉队法》（No Child Left Behind Act，简称NCLB），通过立法的形式，要求各州必须制定一套对学区、学校的奖惩制度来为改善学生学业成绩负起责任，以确保所有学生尤其是处境不利的学生达到规定的学业标准。为保证该法案的顺利实施，美国联邦教育部所提出的差异化绩效责任制在其促进义务教育均衡发展的各项举措中尤为突出。该责任制抛弃了原有的统一化的改进模式，采取了差异化处理原则，针对不同的学区、不同的起点与问题，调集有限的资源进行集中改进。③在日本国家，同样是通过法律的形式确定和保障公民教育机会均等的基本权利，其《教育基本法》明确规定国家、地方公共团体和家庭负有帮助学习者享受均等的教育机会的责任和义务。④在英国，通过走"第三条道路"的指导理念来推进义务教育的均衡发展。该理念主张将教育置于优先发展的地位，主张改变以往精英教育的模式，明确教育追求的目标是把所有人而非少数人培养成才。通过"教育行动区"计划对薄弱学校进行有效改造，通过"教育优先区"计划改善处境

---

　　① 张力:《从国际国内两个视角看义务教育均衡发展问题》,《人民教育》2010 年第 1 期。

　　② 高如峰:《农村义务教育财政体制比较：美国模式与日本模式》,《教育研究》2003 年第 5 期。

　　③ Differentiated Accountability: A More Nuanced System to Better Target Resources ［EB/OL］.http: //www.ed.gov/nclb/ accountability/differentiated/factsheet.pdf. 2008- 12-20.

　　④ 李协京:《日本教育财政制度和教育立法的若干考察——教育均衡发展的制度环境》,《外国教育研究》2003 年第 3 期。

不利地区和群体的教育状况，特别是近年来为了提升学校的质量，促进基础教育的均衡发展，政府又积极探索"连锁学校"（Chain of Schools）、"学校联盟"（Federation of Schools）等形式建立合作关系的学校网络。该类"连锁学校"分为法定和非法定两种基本类型。法定"连锁学校"的建立和运行遵照相关的法律规定，而非法定的"连锁学校"主要依靠学校之间的协议、合同来实现，组织形式较为松散。通过此项改革，加强了学校间的资源共享，提升了薄弱学校的教学质量，有效地缩小了教育差距。[①] 同属最大的发展中国家之一的印度针对城乡义务教育发展的不均衡，采取了以下措施：第一，发展非正规教育。由中央政府和邦政府提供经费，民间机构创办的非正规教育中心组织开展针对贫困地区或偏远地区的孩子的非正规教育，为他们提供灵活的学习时间和进度。[②]第二，实施"黑板行动计划"（Operation Blackboard Scheme）。[③]该计划旨在解决正规小学的基础设施问题，从而提高小学生的保持率、改善学习环境。第三，实施"教师培训计划"（Shiksha Karmi Project）。[④]该计划旨在对能力欠缺的教师提供培训，使其成为合格的教师，以实现基础教育的高质量普及。上述国家促进义务教育均衡发展的各项措施表明，无论是发达的资本主义国家，还是发展中国家，无论是通过国家立法的形式还是通过教育机构、民间教育组织自身的努力，实现义务教育均衡发展首先应是政府的责任，在该进程中政府有着不可替代的主体性作用。

（三）政府行为研究的多种视角

实现义务教育由非均衡到均衡发展的制度变迁，政府行为具有不可替代的作用。学界对政府行为的研究涉及经济学、政治学、社会学和行政学等多个学科领域，各领域的学者分别从不同的角度对政府行为的角

① Penny Todman, et al. Better Together: Exploratory Case Studies of Formal Collaborations between Small Rural Primary Schools, London: DCSF. 2009. p.5-6.

② 王长纯：《世界教育大系：印度教育》，吉林教育出版社2000年版，第246、238、257页。

③ 滕大春主编：《外国教育通史》（第六卷），山东教育出版社1994年版，第488页。

④ 张媛、任翠英：《为了更加公平的教育——由印度的基础教育改革历程着眼》，《外国教育研究》2008年第5期。

色、行为边界、行为动因、行为模式等内容进行了不同的阐述，做出了一系列富有启示意义的理论成果。

1. 经济学领域围绕政府职能边界对政府行为的研究

该领域的研究主要围绕制度变迁中政府的角色和边界这条主线展开论述。以主张自由，反对"极权社会主义"、反对"计划经济"而著称的英国经济学家、诺贝尔奖获得者哈耶克，在其"自发秩序"、"扩展秩序"理论中对政府行为有如此定位，他认为制度变迁过程中最基本的、起决定性作用的行为主体是社会中的个人而非政府，政府只能作为辅助力量处于从属地位。[①]而美国经济学家诺斯则认为，制度变迁过程中政府的行为具有双重作用，即著名的诺斯悖论：政府一方面通过向不同的利益集团提供产权，以获取自身利益的最大化；另一方面要努力降低交易费用以推动社会产出的最大化，从而获取国家税收的增加。而政府的这两个行为目标经常是冲突的，诺斯进一步从强制性变迁和自发性变迁两种制度变迁方式对政府行为予以界定。诺斯指出，在强制性变迁过程中，政府处于主导地位，其行为主要表现为："营造合理的制度环境、保护有效的产权结构和塑造良好的意识形态。"[②]而在自发性制度变迁过程中个人和团体起主要推动作用，政府退居其次，仅以辅助性行为帮助"初级行动团体"[③]实现制度变迁。[④]而我国学者林毅夫则从交易成本的角度指出，政府之所以采取行动发动制度变迁是为了弥补制度供给的不足。日本学者青木昌彦则从博弈论的角度指出，无论是外生制度的变迁还是自生制度的演化都依赖于政府权力，政府在制度变迁过程中具有其他行

① [英]哈耶克：《通往奴役之路》，中国社会科学出版社1997年版，第41页。

② 张显未：《制度变迁中的政府行为理论研究综述》，《深圳大学学报》（人文社会科学学版）2010年第3期。

③ L.E.戴维斯和 D.C.诺斯在《制度变迁与美国经济增长》一文中，将"初级行动团体"界定为一个决策单位，它们的决策支配了安排创新的进程，这一单位可能是单个人或由单个人组成的团体，正是行动团体认识到存在一些它们的成员现在不能获得的收入，只要它们能改变安排的结构，这些收入就可能增加。与此相对应的概念为"次级行动团体"，其也是一个决策单位，是用于帮助初级行动团体获取收入所进行的一些制度安排变迁。

④ [美] L.E.戴维斯、D.C.诺斯：《制度变迁的理论：概念与原因》，载陈昕《财产权利与制度变迁——产权学派与新制度经济学派译文集》，上海三联书店、上海人民出版社1994年版，第271页。

为主体不可替代的作用。①

2. 政治学、行政学领域关于政府行为多元理论视角的分析

该领域的研究主要围绕政府行为的动因，尤其是地方政府行为的动力机制展开论述，依据不同的理论视角形成了多元的政府行为分析框架，主要体现为基于公共选择理论的利益分析，基于委托—代理理论和博弈论的政府间关系分析。

美国学者丹尼斯·缪勒（Dennis C.Mueller）将公共选择理论定义为"非市场决策的经济研究"、"把经济学应用于政治科学"。②公共选择理论是以新古典经济学的理性经济人假设为基础，个人主义方法论为分析工具，对政治市场上的主体行为和政治市场的运作进行的开创性研究。以此理论视角对地方政府行为的研究主要集中于三个方面：第一，地方政府的经济人属性。认为与中央政府最大化全社会福利的目标不同，地方政府是以"成本—收益"为原则追求自身利益最大化的理性经济人。第二，地方政府利益的客观存在与构成。韦伯曾指出：科层组织虽然在理论上是非人格的部门，但在实际运行中它拥有自身的利益、价值和权力基础。③我国学者何显明也认为，转型期地方政府的利益结构是一个具有多重利益目标的组合，其特定的利益结构又决定了地方政府特定的效用偏好和效用目标。④齐杏发又进一步指出，政府行为是全社会公共利益、政府部门利益及官员利益共同组成的复合利益的产出，利益的复合状况及各利益力量格局共同决定了政府的行为。⑤第三，自利性对政府行为的影响。王桂云、李涛指出，过度扩张的政府自利性会扭曲政府价值，使其不能有效实现，会使政府输出的公共政策偏离公平、公正的价值取向，会使政府过多地干预社会、市场和私人生活领域，会使政府权力膨胀，

---

① [日]青木昌彦：《沿着均衡点演进的制度变迁》，载刘刚等《制度、契约与组织》，经济科学出版社2003年版，第22页。

② 参见 Dennis C. Mueller, *Public Choice II*, Cambridge：Cambridge University Press, 1989, p.1-2.

③ 转引自杨冠琼《政府治理体系创新》，经济管理出版社2000年版，第317页。

④ 何显明：《市场化进程中的地方政府行为自主性研究——基于浙江的个案分析》，复旦大学2007年博士论文。

⑤ 齐杏发：《政府行为的内在逻辑研究——复合利益的视角》，《江西社会科学》2008年第8期。

腐败现象蔓延，从而降低社会民众对政府的认同感，引发政府的合法性危机。①

　　基于委托—代理理论（Principal-agent Theory）的政府间关系分析。美国经济学家伯利和米恩斯针对企业所有者兼具经营者所存在的弊端提出了委托—代理理论，倡导所有权和经营权的分离。该理论引用到政府管理领域后，一般把上级政府和本辖区内的公民视为委托人，地方政府视为代理人，进而观察、理解地方政府治理行为的自利性倾向。李军杰的研究表明，在我国上下级政府间的委托—代理体制下，各级地方人大、辖区内的公民往往不能对地方政府进行有效的监督和约束，同时又存在上级政府通过单纯的经济指标对地方政府进行考核进而约束地方政府行为的简单化倾向，由于上下级政府间信息传递链过长，上下级政府间的"信息非对称"②情况严重，造成地方政府种种的短期机会主义行为。江依妮、曾明也指出，在地方领导成为上下级政府间委托—代理关系的实质要素时，由于信息不对称和中央与地方政府行为目标函数的冲突，必然引起地方官僚的信息操纵、逆向选择、道德风险、机会主义等代理人危机情况的出现。③要破解地方政府由于委托—代理体制所带来的自利性行为、代理人危机，李军杰认为应该构筑地方人大和辖区内的纳税人、公共品受益人等各种利益集团同本级政府间事实上的委托—代理关系，构建连续的、权威的委托人机制和流动的、竞争的代理人机制，构建产权清晰的制度环境和规范的政府间转移支付制度。④尽管委托—代理理论

---

① 王桂云、李涛:《政府自利性与合法性危机——一种基于公共选择理论的分析》,《社会科学家》2010 年第 8 期。

② 非对称信息(asymmetric information)指的是某些参与人拥有但另一些参与人不拥有的信息。信息的非对称性可从两个角度进行划分:一是非对称发生的时间,二是非对称信息的内容。从非对称发生的时间看,非对称性可能发生在当事人签约之前(ex ante),也可能发生在签约之后(ex post),分别称为事前非对称和事后非对称。研究事前非对称信息博弈的模型称为逆向选择模型(adverse selection),研究事后非对称信息的模型称为道德风险模型(moral hazard)。参见张维迎《博弈论与信息经济学》,上海三联书店、上海人民出版社 2004 年版,第 235—236 页。

③ 江依妮、曾明:《中国政府委托代理关系中的代理人危机》,《江西社会科学》2010年第 4 期。

④ 李军杰:《经济转型中的地方政府经济行为变异分析》,《中国工业经济》2005 年第 1 期。

对上下级政府间关系分析产生了很大的影响，但也受到了一些学者的质疑，我国学者王金秀指出，主流的委托—代理理论在我国政府领域存在"悖论"：其一，风险和不确定性是影响委托—代理合约完备性的外部条件，而政府组织的职能具有稳定性，其机构运转具有程式化的特点；其二，委托—代理理论中的激励机制是以明晰、完整具有排他性和可让渡性的产权为前提，委托人通过行使退出权对代理人形成强约束力量，而政府代理具有强制性，没有退出机制可供选择，因而降低了作为代理人的政府规避错误、提高效率的激励，使其常常损害公共的利益。①

3. 社会学领域以政府与社会互动关系为主线的政府行为阐述

该领域的研究主要从政府与社会尤其是地方政府与市场主体、民间组织等社会力量间复杂互动关系的视角展开论述。有代表性的研究模式当属以 Andrew G.Walder 和戴慕珍为代表的地方法团主义（corporatism）②模式。Walder 在考察了不同层级政府在组织特征方面存在的差异后提出"政府即厂商"的论点。他指出，政府特别是地方政府，不仅参与市场的培育和管理，而且还作为"厂商"直接参与到市场经济活动中，影响市场发展并获取经济回报。而且越是远离中央权力的地方政府，其受监控力度下降，自主能力提高，使其越有能力成为"厂商"。地方政府的这一角色模式正是中国市场经济体制成功转变、经济保持迅猛发展的重要缘由。③戴慕珍将政府单位、企业组织与社区团体之间的复杂关系，以及它们之间互相讨价还价和合作的内在机制概括为"地方政府法团主义"（local state corporatism）④。他认为，中国 20 世纪 80 年代农村非集体化组织的变化促进了乡镇企业的发展，这主要归功于地方政府基于自身政治和经济利益而寻找新资源的努力，该进程中，地方政府犹如"经济公司"而

① 王金秀：《"政府式"委托代理理论模型的构建》，《管理世界》2002 年第 1 期。

② Jean Oi. "Fiscal Reform and the Economic Foundation of Local State Corporatism in China",*World Politics*. 1992 ,45 (1) .

③ Andrew G.Walder."Local Governments as Industrial Firms: An Organizational Analysis of China's Transitional Economy",*American Sociological Review* ,1995,101.

④ Jean Oi."The Role of the State in China's Transitional Economy",*The China uarterly*,1995. 有的译为"地方性国家法团主义"；如何显明著《市场化进程中的地方政府角色：一个文献综述》，《中共杭州市委党校学报》2007 年第 5 期。

政府官员相当于"政治企业家"。地方法团主义的模式的另一研究视角是 20 世纪 80 年代 Victor Nee 提出的"市场转型理论"[①]，该理论认为市场化改革进程中政治资本将贬值和市场资本将升值。而后来的诸多研究发现，经济转型过程中地方政府的权力不仅没有被削弱反而对各种资源的控制得以加强。

（四）简要评价

从上述研究现状的描述可以看出，当前对该主题的研究呈现出"两多两少"的特征：

第一，从研究视角上看，着眼于政策本身即制度研究的多，对制度约束下政府的行为选择对城乡义务教育均衡发展的影响研究的少。当前对城乡义务教育非均衡发展问题的研究多集中于教育学领域以及教育财政角度寻找解决问题的对策。而对于义务教育均衡发展这样一个基本公共产品供给问题，政府的行为方式、策略选择理应是影响问题解决的一个核心要素，从政府的行为角度对该问题进行分析理应是一个主要的研究视角，然而当前以该视角为切入点的研究成果不多。而且现有对政府行为的研究成果多以独立的行为分析为着眼点，忽略了制度对行为及其后果的作用，忽略了制度与行为的互动。

第二，从研究方法上看，定性论述的成果多，精确的定量研究成果少。当前无论是对城乡义务教育均衡问题的分析，还是对政府行为的分析多从理论推演的角度进行定性描述，少有的定量求证也多以简单的统计分析表现出来，而通过严密的从概念出发，以约束性的前提假设为基础的数理模型构建来对研究对象加以论述或定性描述结果加以求证的量化研究成果较少。

三　概念的厘定及阐析

为了使本书的研究能在比较严格的意义上进行，我们需要对以下重

---

① Victor Nee,"A Theory of Market Transition: From Redistribution to Markets in State Socialism", *American Sociological of Review* ,1989 , 54.

要概念的含义进行界定和诠释。

（一）政府与地方政府

迄今为止，学界对"政府"概念的界定基本上分为两种：广义的政府和狭义的政府。狭义的政府指执行国家意志的行政机关。《辞海》（1999年版）载明："政府，即国家行政机关，国家机构的组成部分"；《简明政治学词典》亦载明："政府，通常指国家行政机关，国家机构的重要组成部分"；《中国大百科全书》指出："狭义政府指中央和地方各级国家权力机关的执行机关或国家行政机关。"广义的政府不仅包括行政机关，还包括立法机构、司法机构等。赵宝旭指出："政府通常是指中央和地方政府的全部立法、行政和司法机关，这就是所谓广义的解释"[①]；《中国大百科全书》也指出："广义的政府是指国家立法机关、行政机关和司法机关以及国家元首等。"本项研究在狭义意义上运用政府的概念，特指国家的行政机关，不包括立法和司法机关。

关于地方政府的界定，学界大致分为三类：一是从行政层级关系角度；二是从管辖范围的角度；三是从权力性质的角度。一般而言，地方政府是在相对于中央政府概念意义上使用，"中央政府管辖全国的行政事务，在空间上涉及全部国土；地方政府管辖地方的行政事务，在空间上仅涉及本行政区域"[②]。本项研究亦沿用该界定，地方政府指行政层级内中央政府以下的各层级政府。

（二）城乡

"城乡"中"城"与"乡"原指以地理区位为标准的行政地域概念，"城"意指城市；"乡"一般指传统意义上的农村。由于我国长期以来实行户口登记制度，城市户口和农村户口除了反映居民的居住地不同以外，还附加了差异巨大的社会福利。根据《中华人民共和国城市规划法》的规定，城市是指"国家按行政建制设立的直辖市、市、镇"。本项研究中的"城乡"概念未经特殊说明即指《中华人民共和国城市规

---

① 赵宝旭：《政治学概论》，北京大学出版社 1982 年版，第 103 页。
② 薄贵利：《近现代地方政府比较》，光明日报出版社 1988 年版，第 5 页。

划法》中的"城市"和"农村"。在实证分析过程中由于数据资料的统计口径不一致，常常出现城市（未包含县镇）与农村、城镇与农村的统计数据，本项研究在具体行文中由于数据的可获得性，采取相机的取舍标准，在所采用的"城市"数据中未包含"县镇"数据的会进行单独说明。

（三）制度与制度逻辑

"世界上任何地方，人们只要想在一起生活和工作，社会制度就必然存在。"①在我们生活的世界里，从政治决策到经济生产，从组织活动到个人行为都有制度为我们设定的框架存在。然而，正如德国学者 Claus Offe（2006）所言，"制度"作为我们使用最频繁的术语，也是社会科学中得到界定最少的概念。对于本书而言，对制度概念进行明确界定是研究展开的起点与前提。

什么是制度？从语义学角度讲，《辞源》对"制度"的解释有两层含义：第一，法令礼俗的总称；第二，指规定、用法。②在《辞海》中，"制度"的含义可以归纳为：以法令为主要表现形式的规则和以财产权让渡为内容的规定。③在《牛津英语辞典》中，"制度"被界定为："满足组织化共同体需要或符合文明一般目的的管制型原则或约定。"④

从学理意义上分析，不同的学者根据自己的学术偏好，对"制度"概念有着不同的规定和理解，其中制度主义学派的界定较有代表意义。

旧制度经济学的代表人物凡勃伦认为："制度实质上就是个人或社会对有关的某些关系或某些作用的一般思想习惯；……从心理学方面来说，可以概括地把它说成是一种流行的精神态度或一种流行的生活理论。"⑤凡勃伦对"制度"定义的积极意义在于揭示了制度的另一种存在形式——非正式规则。

---

① [美]杰克·奈特：《制度与社会冲突》，周伟林译，上海人民出版社 2009 年版，第 1 页。

②《辞源》，商务印书馆 1979 年版，第 353 页。

③《辞海》，上海辞书出版社 2000 年版，第 223 页。

④ *Oxford English Dictionary*, Oxford:Oxford University Press，1971, p.354.

⑤ 凡勃伦：《有闲阶级论》，商务印书馆 1964 年版，第 139 页。

康芒斯认为："如果我们要找出一种普遍的原则，适用于一切所谓属于'制度'的行为，我们可以把制度解释为集体行动控制个体行动。"① 康芒斯对"制度"的界定可以认为抓住了制度的本质，即制度是一种"行为准则"。②

新制度经济学家诺斯认为："制度是一系列被制定出来的规则、守法秩序和行为道德、伦理规范，它旨在约束主体福利或效用最大化利益的个人行为"；③"制度是一个社会的游戏规则，更规范地说，它们是决定人们的相互关系的系列约束。制度是由非正式约束和正式的法规组成的"④，诺斯正式把"制度"分为正式的法规和非正式的约束。

德国学者柯武刚、史漫飞认为："制度是人类相互交往的规则。它抑制着可能出现的、机会主义的和怪癖的个人行为，使行为更可预见并由此促进着劳动分工和财富创造。"⑤

青木昌彦在归纳了博弈论框架下三种制度观的基础上指出："制度是关于博弈如何进行的共有信念的一个自我维系系统。制度的本质是对均衡博弈路径显著和固定特征的一种浓缩性表征，该表征被相关域几乎所有参与人所感知，认为是与他们策略决策相关的。"⑥

休·E.S.克劳福德（Sue E.S.Crawford）和埃莉诺·奥斯特罗姆（Elior Ostrom）认为，制度包括三种基本内涵：第一，制度是一种均衡。制度是理性个体相互之间在偏好理解和行为选择基础上的一种呈现稳定状态的结果，稳定的行为方式就是制度；第二，制度是一种规范。行动者的互动方式是建立在一种超出当下手段—目的的分析，很大程度上来自一种规范性的义务；第三，制度是一种规则。行动者的互动是建立在共同

---

① 康芒斯：《制度经济学》（上册），商务印书馆 1962 年版，第 87 页。
② 卢现祥主编：《新制度经济学》，武汉大学出版社 2007 年版，第 107 页。
③ [美]道格拉斯·C.诺斯：《经济史中的结构与变迁》，上海三联书店、上海人民出版社 1994 年版，第 225—226 页。
④ [美]道格拉斯·C.诺斯：《制度、制度变迁与经济绩效》，上海三联书店、上海人民出版社 1994 年版，第 3 页。
⑤ [德]柯武刚、史漫飞：《制度经济学》，商务印书馆 2000 年版，第 35 页。
⑥ [日]青木昌彦：《比较制度分析》，上海远东出版社 2001 年版，第 28 页。

理解的基础之上，如果不遵守这些规则，将会导致惩处或低效率。[①]

　　综上所述，对于"制度"概念的界定有一个共识，即制度不仅包括传统意义上的正式规则也包括文化、行为道德、伦理规范等非正式约束；分歧在于以青木昌彦为代表的学者认为制度是自然演化的结果，是"自发秩序"、"自组织系统"，而诺斯则认为制度是人为设计的结果。本书认为无论是作为"自发秩序"的制度还是作为"人为设计"的制度都是一种包括正式法规、非正式约束和实施机制的行为准则。

　　制度逻辑是制度与逻辑概念组成的复合词。逻辑是一种思维过程，也是一种规律。民主的逻辑是参与，国家的逻辑是通过法律和官僚体制使人类活动合理化。制度的逻辑是指制度秩序的一般规律，由"一系列的物质实践和符号架构"[②]所构成。

（四）义务教育与义务教育均衡

　　义务教育均衡是一个复合词，由"义务教育"和"均衡"两个子概念组合而成。我们首先对"义务教育"和"均衡"两个概念分别进行界定，然后再给出义务教育均衡的完整含义。

　　义务教育"Compulsory Education"的中文翻译，起初有人译为"强迫教育"、"普及教育"、"免费教育"、"初等义务教育"等。后来，"'义务教育'一语由日本人就英语'Compulsory Edueation'译出，我国沿用之"[③]。一般意义上讲，义务教育是指国家根据法律规定保障适龄儿童接受规定年限的教育，具有全民性、强制性、福利性和政府保障性的特点，强制性是义务教育与非义务教育最根本的区别。世界上实施义务教育的国家根据自身生产力发展水平的不同实行不同的义务教育年限，如美国实行十二年义务教育，我国《义务教育法》规定我国实行九

---

　　① Sue E.S.Crawford, Elior Ostrom, "A Grammar of Institutions", *American Political Science Review*,Vol.89, No.3, September 1995, pp.582-599.

　　② [美]罗格·弗里德兰、罗伯特·奥尔福德，林莉编译：《回归社会：符合、官吏与制度冲突》，载薛晓源、陈家刚《全球化与新制度主义》，社会科学文献出版社 2001 年版，第 425 页。

　　③ 熊贤君：《千秋功业：中国近代义务教育研究》，华中师范大学出版社 1998 年版，第 2 页；转引自周金玲《义务教育及财政制度研究》，浙江大学 2005 年博士学位论文，第 45 页。

年义务教育制度。

　　均衡，根据《说文解字》的释义："均"释义为"平"，"衡"解为"衡量"，"均衡"即"平衡"。均衡原属物理学的一个概念，指物体同时受到方向相反的两个外力的作用而处于静止状态即为均衡，而后，西方经济学家将其引入经济学领域，指物品供给与需求大致相当的理想状态。

　　至此，义务教育均衡就是一个自明的概念，即义务教育供给与需求大致相当的状态。从内容上讲，义务教育均衡指受教育者有相对平等的受教育机会和受教育条件以及相对均衡的教育结果。

四　研究的基本思路、技术路线与主要方法

（一）研究思路的展开

　　本文围绕"一个核心、三个问题、五个领域"展开对研究对象的分析。

　　"一个核心"即制度这个核心。本研究在新制度主义分析框架内进行，以制度为逻辑起点是该分析范式的表征之一；本书以"制度逻辑"为主题，制度分析是该研究的重要内容之一。具体而言，研究紧紧围绕城乡义务教育非均衡发展中的制度约束及其影响来展开。

　　"三个问题"即"是什么、为什么、怎么办"。具体而言，指围绕城乡义务教育非均衡发展现状是什么、城乡义务教育发展为什么出现非均衡、怎么样推进城乡义务教育均衡发展三个问题对研究对象展开论述。

　　"五个领域"是本项研究的主体内容，在形式上表现为本书的六章。即第一章：新制度主义视角下我国城乡义务教育均衡发展分析框架。从"总"的意义上构建本书的研究架构；第二章：制度攸关：现阶段我国城乡义务教育"非均衡"发展的算计审度。运用定量分析的方法对当前城乡义务教育非均衡发展状况进行解读；第三章：制度成因Ⅰ：我国城乡义务教育非均衡发展的体制环境。对城乡义务教育非均衡发展的制度环境以及各制度因子的影响度进行探讨；第四章：制度成因Ⅱ：我国城乡义务教育非均衡发展的非正式制度嵌入。在对非正式制度作用机理分

析的基础上，探讨以传统社会文化和家庭教育观念为核心的非正式制度对我国城乡义务教育非均衡发展的影响；第五章：制度选择：地方政府介入城乡义务教育均衡发展的"行动策略"。对既定制度环境下的政府行为方式、目标函数及策略选择问题进行规律性剖析；第六章：制度创新：推进城乡义务教育均衡发展的政府作为。从解决问题的角度对实现我国城乡义务教育均衡发展的制度变迁给出政策建议。

具体研究思路的展开如下图所示：

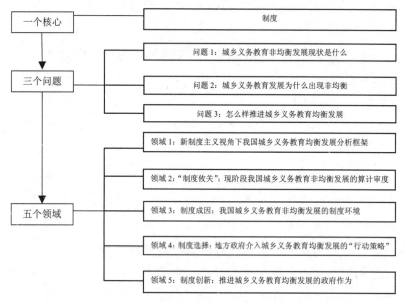

图绪—1　本书的研究思路展开

（二）研究的技术路线

本文沿着文献分析—理论研究—实证与调查研究—数据分析与检验—政策建议的路线进行。

该技术路线围绕上述五个研究领域展开研究的基本逻辑线索是：首先，进行基本理论分析，确定《新制度主义视角下我国城乡义务教育均衡发展分析框架》。其次，通过对《中国统计年鉴》、《中国教育统计年鉴》、《中国教育经费统计年鉴》等大量相关数据的分析，在构建衡量非均衡发展指标体系的基础上，运用数理统计和数学建模的方法对我国现阶段城乡义务教育非均衡发展状况进行空间计量分析，以量化的指标数据展现城乡义务教育非均衡发展的现状及影响。再次，通过采用回归分析测度城乡义务教育非均衡发展的影响因素，精确展现其中的因果关系。又次，通过数学模型构建对我国地方政府在现有制度安排下推动城乡义务教育均衡发展的"行为策略"进行探讨。最后，根据上述定性描述和定量研究的结果，有针对性地提出推进我国城乡义务教育均衡发展的政策建议。

（三）研究的主要方法

"工欲善其事，必先利其器"，方法的选择对于问题研究的展开永远是重要的。本书主要采用理论研究与实践探索相结合的方法对政府推进城乡义务教育均衡发展问题进行展开论述，具体研究中主要采用以下研究方法：

1.规范分析与实证分析相结合

规范研究亦称理论分析，是以先验的、内省的价值判断为规范演绎的前提假设，通过理论阐释、数理推导来证明的研究方法。而实证研究强调对客观事物及其相互关系的观察、度量和描述，是运用事例与经验从理论上推理并加以说明的方法。本研究的起点源于对当前我国城乡义务教育非均衡发展的判断，为证实该判断，本文采取访谈、问卷调查等方法获取大量的一手材料，同时通过对《中国统计年鉴》、《中国教育统计年鉴》等权威数据的收集与分析对我们当前的城乡义务教育发展状况展开实证分析，以把握其实际状况。同时，本书以新制度主义分析范式为理论工具，以多元效用目标经济人为前提假设，对政府及其官员在推进城乡义务教育均衡发展进程中的行为方式、行动策略选择问题进行深入分析，以探讨特定制度环境对政府行为运行逻辑的影响。

2.定性分析与定量分析相结合

定性分析是通过对事物各种表象的归类分析来揭示其性质的研究方法，是社会科学研究最常用的研究方法之一。而定量分析是从统计数据出发，借助数理模型等数学工具，考察事物"量"的规定性，从而把握事物性质的研究方法。这种方法的着眼点在于通过精确测定的数据和图表反映事物的现状、类属和相互关系，从而使不确定的、模糊的社会现象变得相对确定和明晰。对于什么是义务教育均衡、影响城乡义务教育均衡发展的制度因素有哪些等基本问题的界定，本书通过定性分析的方法对其进行详细描述，同时，对城乡义务教育非均衡状况的现实测度，各制度因子对城乡义务教育均衡发展的影响权重等问题采用定量分析的方法，使定性分析与定量分析相结合，从"质"的规定性和"量"的规定性角度全面地对研究对象展开论述。

　　3.行为分析与制度分析相结合

　　所谓行为分析，"就是运用行为科学的理论与方法对人类行为进行科学分析"[①]的一种研究方法，行为分析以行为主体的具体行为为研究的着眼点，以探求行为的基本特征以及运行规律。具体到本书，在以 GDP 为主要考核指标的绩效考核体制下，政府及其官员针对义务教育均衡发展这样的民生问题，如何进行行为选择，其目标函数是什么，行为策略有哪些。对这些问题的深入分析可以使我们对政府在当前绩效考核体制下，对民生类公共产品的供给行为有一个一般性规律化认识。而我们对政府的行为分析不是孤立进行的，而是将其置于既定的制度环境中考量。制度分析与行为分析不同，它着眼于行为的制度环境，以制度为逻辑起点，着重分析制度对行为的影响。本书将政府推进城乡义务教育均衡发展的具体行为内置于特定的制度框架内，使制度分析与行为分析相结合，从制度与行为双层面对研究对象进行剖析。

五　研究的前提假设

　　本项研究的主题被置于新制度主义的分析框架之内，因此，对于制度环境约束下的政府行为假设也借鉴新制度主义各派别尤其是理性选择制度主义的相关假设。具体前提假设条件为：

　　第一，政府尤其是地方政府及其官员是具有多元效用目标的经济人。

---

　　① 丁煌：《政策执行阻滞机制及其防治对策——一项基于行为和制度的分析》，人民出版社 2002 年版，第 82 页。

理性选择制度主义将行为个体假定为追求自身利益最大化的"经济人"，而社会学制度主义则强调行为主体在利益追求之外还有自身社会价值实现的需求，而非完全的"经济人"。本书认为，当前体制下的中国地方政府具有多重效用目标，不单单是一个简单追求一元的自身利益最大化的"经济人"。

第二，政府及其官员的行为属"多样程度理性"[①]。本书以多样程度理性代替理性选择制度主义的完全理性，并认为在一定限度内非理性因素也对政府行为选择及偏好产生影响。政府行为的多样程度理性假设抛开了"个体是否完全理性"的争论，强调多种程度影响的制度环境对政府行为的约束，即具有多样程度理性的政府及其官员在什么样的制度环境下行为最有效。

第三，机会主义假设。机会主义行为指在信息不对称情况下行为主体对信息的不完全如实披露及其从事的损人利己行为，常常导致行动者逆向选择和道德风险行为的发生。在我国当前的政治委托代理体制下，地方政府及其官员存在利用自身的信息优势进行机会主义选择的可能。

六 研究的创新性

创新是科学研究的本质所在，本书的创新意图体现为以下三个方面：

第一，尝试性构建新制度主义研究范式的分析框架。新制度主义各流派对研究对象的分析架构散落于各自的前提假设与研究立场之上，"拼盘式"的研究方式仅仅都以制度为分析逻辑起点而统一于新制度主义的大旗之下，统一的分析框架缺乏。本书沿用新制度主义各流派以制度为核心的研究传统，尝试性地构建新制度主义研究范式的分析框架，此为本书研究的创新意图之一。

第二，"制度—行为"双层面推进的研究视角。传统的研究将制度分析与行为分析隔离为两个独立的研究视角，以二元的思维将两者视为

[①] "多样程度下的理性(varying degree of rationality)"概念由奥斯特罗姆针对理性选择制度主义的不足而提出。详见 E. Ostrom, R. Gardner, J. Walker. *Rules, Games, and Common-Pool Resources*，Ann Arbor: University of Michigan Press, 1994。

对立的两面。本书沿用新制度主义重视制度分析的传统，并将制度分析与制度环境影响下的行为分析相结合，从"制度—行为"两个层面上展开对政府推进城乡义务教育均衡发展相关主题的探讨。

第三，定性描述与定量求证相结合的研究方法。定性研究和定量研究是社会科学研究常用的方法，将两者有机结合，统一于一个问题的论述中是本书试图的创新点之一。在本研究中对城乡义务教育均衡发展的影响因素及各制度因子的影响权重剖析、既定环境中政府及其官员的行为选择策略问题分析等内容在进行定性的理论推演基础上，通过回归分析和数学模型构建对定性描述的结论进行量化的求证。

第一章

基于新制度主义视角的我国城乡
义务教育均衡发展分析框架

新制度主义研究范式是本书的立论之本，在总结新制度主义基本观点和核心特征的基础上，剖析新制度主义三大理论流派的思想分歧与交流整合，尝试性构建政府推进城乡义务教育均衡发展研究主题的分析框架，此乃本章的研究目的。

一 新制度主义："硬核"、"保护带"及理论要义

（一）"硬核—保护带"理论

"硬核—保护带"理论由伊姆雷·拉卡托斯（Imre Lakatos）在其著作《科学研究纲领方法论》中提出。作为著名哲学科学家卡尔·波普尔的学生，拉卡托斯融合了波普尔的朴素证伪主义和托马斯·库恩的"范式"论的思想，提出了"科学研究纲领"（scientific research programmes）①的科学哲学理论。拉卡托斯认为科学理论总是以"研究纲领"的形式发展，该"研究纲领"既不像波普尔所认为的科学理论那样脆弱，一次反例就会被"证伪"，也不像托马斯·库恩所想象的是从一种"范式（Paradigm）"②到另一种"范式"的更替，前后间无任何连续性可循。所谓的"科学研究纲领"不是一种单一的理论，而是一个具有严密的内

---

① [匈]拉卡托斯：《科学研究纲领方法论》，欧阳锋、范建年译，商务印书馆 1992年版，第 65 页。
② [美]托马斯·库恩：《科学革命的结构》，金吾伦、胡新和译，北京大学出版社 2003 年版，第 21 页。

在结构且处于不断发展变化状态的理论体系，该理论体系一般由三个相互联系的部分组成："硬核"(hard core)、"保护带"(protective belt)和指导纲领发展的"启示法"(heuristics)。

"硬核"是科学研究纲领的最基本假设和原理，由若干反映该理论体系特征的核心概念组成。如：牛顿力学理论体系的硬核就是万有引力定律。拉卡托斯认为硬核具有"韧性"，对整个理论体系起决定性作用，不可反驳亦不可改变，以保证理论的稳定性，如果硬核遭到反驳或者否定，整个理论体系就受到反驳或者否定。但是，该硬核又不同于彭加勒的证明主义约定论的硬核，"与彭加勒不同，我们坚持这么一点：如果该纲领不再预见新事实，它的硬核就可能必须被放弃：就是说，我们的硬核可能在一定条件下粉碎"①，即科学研究纲领硬核的韧性是有条件的。

"保护带"是指围绕在硬核周围的"辅助性假说"②，"为了保护这样的'硬核'，这种辅助性假说的保护带，必须在受到考验时首当其冲加以调整和再调整甚至完全被取代"③。可以看出保护带的作用是把经验反驳的矛头从硬核引向自身，以保护理论硬核不受经验事实的反驳，为了保护理论的韧性保护带自身可以不断地修正、调整，甚至被取代。

"启示法"包括反面启示法(negative heuristics)和正面启示法(positive heuristics)。所谓的反面启示法在本质上是一种反面的禁止性规定，禁止把经验反驳的矛头指向研究纲领的硬核；正面启示法是一种积极的鼓励规定，鼓励通过完善保护带来发展整个理论体系。

（二）新制度主义的"硬核"

1.从旧制度主义到新制度主义

从旧制度主义经济学到新制度主义经济学，从经济学到政治学、再到社会学领域，制度主义的分析范式展现出了较强的学术解释力。一般

---

① [匈]拉卡托斯：《科学研究纲领方法论》，欧阳锋、范建年译，商务印书馆1992年版，第68页。

② 同上书，第65页。

③ 同上书，第66-67页。

认为，在时间上从 19 世纪末到 20 世纪中后期，是社会科学关于制度范式研究的分水岭。

　　在政治学领域，根据美国学者盖伊·彼得斯（B.Guy Peters）的观点，从 19 世纪末到 20 世纪 50 年代属于旧制度主义时期，该时期制度一直是政治学的主要研究对象。托马斯·霍布斯提出以强有力的制度把人类从其邪恶本能中拯救出来的必要性；约翰·洛克发展了一种契约化的制度概念；孟德斯鸠的政治机构需要平衡的思想为三权分立原则的确立提供了基础。在该时期制度分析和制度设计是政治思想的基础；从 20 世纪 50 年代到 80 年代，政治学转向了更多是基于个人主义方法论的行为主义和理性选择研究。行为主义政治学在研究方法和研究对象上对传统政治学进行了革新，在研究对象上强调用行为研究替代传统的政策和制度研究，在方法上强调量化和实证分析。其最显著特征在于对理论发展的明确关注，不再满足于传统政治学对各国政治现象的描述以及对不同政治体系的阐释，而是注重用更为抽象的理论框架对各种背景中的现象进行解释。行为主义政治学的局限性在于其对价值中立和研究方法科学化的过分强调使之逐渐脱离了现实政治生活，对一系列政治事件和政治现象的解释表现出无力。1984 年，詹姆斯·G.马奇（James G.March）和约翰·P.奥尔森（Johan P.Olsen）发表了《新制度主义政治学：政治生活中的组织因素》一文，强调复兴制度分析的作用，标志着制度研究的回归，"新制度主义"时期的到来。

　　政治学新制度主义兴起和发展的直接动力是对行为主义和理性选择理论的反动。新制度主义的代表人物詹姆斯·G.马奇和约翰·P.奥尔森认为，行为主义和理性选择理论的基本特点体现为背景论、简约论、功利主义、功能主义和工具主义的特征。背景论是指行为主义者倾向于把政治现象从属于经济增长、阶级机构和社会经济结构这样的宏观环境，而非相互影响，即政治与社会的关系是单向而非双向的；简约论指的是行为主义和理性选择理论都倾向于把集体行为化约为个体行为，认为任何集体的性质都来源于集体中的个人选择，而不是相反，马奇和奥尔森认为新制度主义应该把集体行为置于分析的中心；功利主义关注的是价值决策对个人产生的影响，这与理性选择分析有着内在的一致性，理性选择理论的基本假设是个人行为的动力来自于自身利益最大化，因此，对制度主义者来说，在制度框架内行事意味着要遵循个人价值和其他价值规范，而马奇和奥尔森认为决策应该更多地依赖制度而非自身利益最大化的需要；功能主义一词表达的是对行为主义和理性选择理论对待历史态度的批判；工具主义的含义是指当代政府生活仅仅是通过公共部分来完成一些事情，而不是众多复杂因素相互作用的结果，即认为结果超越了社会政治价值而居于了主导地位。①

行为主义和理性选择理论的上述研究倾向阻碍了政治学研究的发展，引起了学者们的反思，马奇和奥尔森对行为主义和理性选择理论的批判直接拉开了政治学新制度主义研究的序幕。与旧制度主义相比，政治学新制度主义具有如下特征：第一，对制度的理解由静态转向动态。与旧制度主义相比，新制度主义更加关注制度的过程；第二，研究焦点由组织转向规则。旧制度主义只重视宪法、议会、内阁、官僚机构等，将政治制度等同于政治组织，忽略了个体的行为和偏好，新制度主义指出政治制度是约束和指导行为者行为的规则；第三，关注非正式制度的作用。新制度主义不仅重视正式制度的作用，也关注习惯、符合、意识形态等非正式制度的地位。

在经济学领域，从 19 世纪末到 20 世纪 50 年代，以托斯坦·凡勃仑（Thorstein Veblen）、约翰·康芒斯（John Commons）、维雷斯·米契尔（Westley Mitchell）等为代表的美国制度主义传统和德国历史学派着重从制度的角度研究制度变革同社会经济发展的关系，该时期称为旧制度经济学时期。旧制度经济学家们的观点尽管有分歧，但是他们对于新古典经济学的"经济学可以简化为一套通用规则"的观点都有着高度一致的批判。旧制度经济学对新古典经济学的批判主要表现为：②第一，市场并非"完全竞争和均衡"，市场存在普遍的不确定性；第二，个人偏好并非内生，而是在一定的社会制度环境中形成的，具有外生性；第三，

---

① 薛晓源、陈家刚：《全球化与新制度主义》，社会科学文献出版社 2001 年版，第 83—85 页。

② W.Richard Scott, *Institutions and Organizations*, California: Sage Publications, 1995, pp.3-4.

旧制度经济学反对新古典经济学简单地运用功利主义假设，提倡运用能够反映经济动机的现实模式；第四，旧制度经济学反对新古典经济学对历史变迁的疏忽。

早期的制度主义经济学并未成为经济学的正统，新古典经济学和凯恩斯主义依然是第二次世界大战后西方经济学的主流思想，到了 20 世纪六七十年代，西方经济危机使各国经济陷入滞涨困境，学者们开始反思新古典经济学和凯恩斯主义。以科斯、诺斯和威廉姆斯等为代表的经济学家，通过修正早期制度主义的研究前提和理论假设，逐步发展为以产权理论、交易成本理论、代理理论和制度变迁理论为主要内容的新制度主义经济学。张五常认为，新制度主义经济学的"新"体现在对经济学传统问题——资源使用和收入分配的研究中注重产权、合约和价格的重要作用，"不同的产权界定与交易费用会导致不同的安排，而不同的安排会影响资源使用与收入分配，安排就是制度了。选择安排是新制度经济学的全部"[①]。具体说来，新制度主义经济学同早期的制度主义经济学相比，有如下特点：第一，人的行为假定不同。旧制度主义经济学否认经济人的假设，而新制度主义经济学接受新古典经济学关于人的理性行为的观点，不同的是新制度主义经济学认为人的行为是"有限理性"而非"完全理性"，他们认为应该用共同遵循的规则或制度约束人的行为；第二，对制度变迁的研究由静态转向动态，旧制度主义经济学对某一制度变迁的研究是在制度结构不变的假定下进行的，而新制度主义经济学则侧重于制度结构自身的历史变迁过程研究，在他们看来制度就是一种产品，可以用分析市场的方法来衡量制度的供给与需求；第三，在价值观上，旧制度主义经济学重视使用价值的整体价值观，而新制度主义经济学偏重交换价值的个体价值观；第四，在方法论上，旧制度主义经济学偏好采用归纳推理、实验推理的方法，而新制度主义经济学则采用个体理性分析法、一般均衡法来研究问题。

在社会学领域，从社会学作为一门学科诞生起就与社会制度研究紧密联系在一起，社会学家们一直认为，制度对社会和经济行动产生着某

[①] 张五常：《经济解释》，花千树出版有限公司 2002 年版，第 9—10 页。

种后果。被称为社会学旧制度主义先驱的帕森斯在 1934 年出版的《社会制度理论前言》中指出，建构制度理论是社会学的中心议题，其有关制度理论的思想为社会学新制度主义框架的形成奠定了基础。但是正如诺斯、科尔曼等人所言，帕森斯在制度理论上所做的开创性努力不能阐明制度理论所必须解释的内容，如因果机制、制度变革、正式和非正式规范间的关系、不同的文化信仰如何产生不同的制度结构等，这些问题的提出推动了社会学新制度主义范式的研究。1977 年约翰·迈耶（John W.Meyer）两篇奠基性论文《作为一种制度的教育之影响》（The Effects of Education as an Instruction）、《制度化的组织：作为神话和仪式的正式结构》（与布里安·罗恩合著）的发表标志着社会学组织研究的新制度主义诞生。与帕森斯所开创的早期社会学制度主义不同，新制度主义力图解释制度而非简单的假设它们的存在。根据沃尔特·W.鲍威尔和保罗·J.迪马吉奥的观点，新、老制度主义的差异如表 1—1 所示。

表 1—1　　　　　　　　社会学组织理论的新、旧制度主义

	新制度主义	旧制度主义
利益冲突	边缘议题	中心议题
制度惰性的根源	合法性强制	既得利益
结构化的重点	正式结构的符号性作用	非正式结构
组织嵌入	场域、部门和社会	地方社区
嵌入性的性质	建构性（constitutive）	合作—选择性的
制度化的焦点	场域或社会	组织
组织动力学	持续	变革
功能主义批判的基础	行动理论	利益聚合理论
功能主义批判的证据	非反思性活动	意外后果
认知的主要形式	分类、惯例、脚本、图式	价值观、规范、态度
社会心理学	归因理论	社会化理论

续表

	新制度主义	旧制度主义
秩序的认知基础	惯习、实践行动	承诺、义务或依附
组织目标	并存性的（模糊性的）	替代性的
研究议程	学术导向的	政策导向的

资料来源：[美]沃尔特·W.鲍威尔、保罗·J.迪马吉奥主编，姚伟译：《组织分析的新制度主义》，上海人民出版社 2008 年版，第 15 页。

如上所述，西方社会科学领域在反思政治学中的行为主义和经济学中的新古典经济理论的基础上，"重新发现"了制度主义分析范式的学术解释力，逐步形成了新制度主义的研究谱系，20 世纪 90 年代以来新制度主义分析范式已经超越某一单一的学科，成为遍及经济学、政治学、社会学甚至整个社会科学的分析途径。新制度主义分析范式的复兴并非制度分析的一种简单回归，而是制度分析的现代转型，是制度主义分析范式的演进。

2.新制度主义的基本观点与核心特征

（1）新制度主义的基本观点

新制度主义作为一种分析范式，越来越多的问题被纳入到其分析范围中。不同学科、不同流派的新制度主义者虽然至今仍未能构建统一的理论体系，但是能汇集在新制度主义的大旗下，就反映出他们有着基本的理论共识，其基本观点如下：

第一，关于制度。制度是新制度主义研究范式的核心概念，在新制度主义框架内，制度是一种规则、一种观念。在早期的制度分析框架内，制度被理解为一系列正式的规则、规范，正如道格拉斯·诺斯所讲，"制度是一系列被制定出来的规则、守法程序和行为的道德伦理规范"[①]。在新制度主义者看来，制度不仅仅是一种正式的规则，也包括价值、意识形态和习惯等非正式规则。理性选择制度主义指出制度是约束或便利行

————————

① [美]道格拉斯·C.诺斯：《经济史中的结构与变迁》，上海三联书店、上海人民出版社1994 年版，第 225—226 页。

为，并为行为者提供信息以降低不确定性的正式和非正式规则；社会学制度主义认为，制度不仅包括正式的规则、程序、规范还包括符合系统和道德模板。从纵向的制度层次上划分，制度可以分为宪法秩序层、制度安排层和规范性行为准则层。宪法秩序层次的制度是指以宪法为核心的人类活动的基本原则；规范性行为准则层次的制度包括道德、习俗、意识形态等，它从文化道德层面约束行动者的行为；制度安排层次的制度是位于上述两个层次之间的一种制度，是"支持经济单位之间可能合作与竞争的方式的一种安排，制度安排可能最接近于'制度'一词的最通常使用的含义"①。

第二，"制度攸关"。尽管不同学科、不同流派的新制度主义者对制度概念有着不同的理解，但是对"制度攸关"（institutions matter)即"制度是重要的"这一命题有着绝对的共识。"制度攸关"有两层含义，一是"制度因其存在而攸关"②。新制度主义者认为现行社会的交易并非"零成本"且存在市场不完全，通过制度可以降低交易成本、解决市场的不确定性等问题，作为一种秩序的制度，其主要功能就是约束理性人的行为以确保有合理的行为预期。二是"制度攸关来自于它的外在影响力"③，主要表现为制度影响行为进而影响行为结果，此影响力的存在在于制度能够界定行动者的互动权力，能够塑造行动者的行动策略，能够影响行动者的偏好。④总之，在新制度主义者那里，制度是分析问题的重要概念，是分析问题的逻辑起点，

第三，关于制度变迁。制度变迁理论是新制度主义的一个重要理论，所谓制度变迁不是泛指制度的任何一种变化，而是指一种效率更高的制度代替原有制度。新制度主义者认为制度变迁是一种交易过程，是作为经济人的变迁主体进行成本与收益计算后的结果，制度变迁的过程是利益的转移与再分配过程。诺斯认为，作为一种产品的制度，存在着供给

① [英] R.科斯等：《财产权利与制度变迁》，上海三联书店 1991 年版，第 377 页。
② Jan-Erik Lane , Svante Ersson. *The New Institutional Politics: Performance and Outcomes*, London : Routledge , 2000, P.16.
③ Ibid.
④ Sven Steinmo,"The New Institutionalism",in Barry Clark , Joe Forweraker (eds.), *The Encyclopedia of Democratic Thought* ,London : Routlege , 2001, P.15.

与需求以及供求的均衡与非均衡，制度变迁首先从制度的非均衡状态开始，引起制度非均衡的可能原因有四种：制度选择集合改变、技术改变、制度服务的需求改变、其他制度安排改变。[①]林毅夫认为制度变迁有两种类型：诱致性制度变迁和强制性制度变迁，前者指的是"现行制度安排的变更或替代，或者是新制度安排的创造，它由个人或一群人，在响应获利机会时自发倡导、组织和实行"[②]，是一种自下而上的、自发的制度改变；后者由政府命令和法律引入和实行，是一种自上而下的、非自发的变迁过程。

（2）新制度主义的核心特征

新制度主义的"新"是相对于旧制度而言，"新制度主义大旗下，都存在旧制度主义的事实"[③]。要缕析新制度主义的核心特征，有必要厘清旧制度主义的范式特征。旧制度主义尽管被一些学者批评为"反理论的、描述性的"[④]，但他们的研究依然蕴含着一些可循的理论基础，其特征可以概括为：第一，律法主义。旧制度主义将制度的范围限定于正式制度层面，关注法律以及法律在治理中的核心地位，认为法律既构成了公共部门自身的框架，也是政府影响公民行为的主要方式，关心政治制度就是关心法律。第二，结构主义。旧制度主义者认为结构决定行为（这成为后来的行为主义者反对的基本目标之一），研究者只要能够辨别组织结构的特征，就能对组织行为做出"预测"。第三，整体主义。旧制度主义者倾向于对整个组织系统进行比较研究，而不是对单个机构进行考察。第四，历史主义。旧制度主义者声称其分析是以历史为基础展开的，他们关注的是组织体系是如何嵌入到历史发展和社会经济文化中去的。第五，规范分析。旧制度主义者在分析中表现出一种很强的规范因素，这种规范因素也成为后来改革者攻击的目标，他们要求事实与价值

---

① R.科斯等：《财产权利与制度变迁》，上海三联书店、上海人民出版社 2003 年版，第 384 页。

② 同上。

③ James G .March, Johan P .Olsen."The New Institutionalism：Organizational Factor in Political Life"，*American Political Science Review,*1984,Vol.78, pp.734-749.

④ B.Guy Peters. *Institutional Theory in Political Science:the New Institutionalism*, London, New York Ptinter,1999.

的分离，而对于旧制度主义者而言，这种分离作为社会生活的特征是不可接受的。①

新制度主义的出现不仅仅是重申旧有制度分析方式的某些优点，更多的是为了克服旧制度主义的某些错误。新制度主义相对于早期的制度主义来讲，具有如下核心特征：

第一，制度的内涵得以扩展。新制度主义者从不同的角度分别给予了制度不同的含义：以彼得·豪尔（Peter A.Hall）、罗斯玛丽·泰勒（Rosemary C. R. Taylor）、凯瑟琳·西伦（Kathleen Thelen）为代表的学者从结构的视角将制度界定为中观层面的行为结构；②以詹姆斯·G.马奇（James G. March）、约翰·P.奥尔森（Johan P. Olsen）、保罗·J.迪马奇奥（Paul J. DiMaggio）和沃尔特·W.鲍威尔（Walter W. Powell）为代表的学者从政治行为的视角将制度定义为一种行为规则；③斯温·斯坦默（Sven Steinmo）将制度视为行为结果的转换机制，强调制度对行为后果的影响。

第二，在制度层次上，新制度主义者认为制度不仅仅是法律、宪政等正式制度，还包括文化、信仰、惯例等非正式制度；制度不仅涵盖国家宪政结构、政府体制等宏观层面，还应包括选举规则、政府层级关系等中观层面以及对个人行为和团体组织行为的具体规定的微观层面。

3.新旧制度主义范式比较

（1）新旧制度主义的共识

詹姆斯·G.马奇（James G. March）和约翰·P.奥尔森（Johan P. Olsen）在《新制度主义政治学：政治生活中的组织因素》一文中指出：无论是政治学新制度主义还是经济学新制度主义，其思想没有一个是全新的，在"新制度主义大旗下，都存在旧制度主义的事实"。④新旧制度主义的

---

① 薛晓源、陈家刚：《全球化与新制度主义》，社会科学文献出版社 2001 年版，第 73—78 页。

② M. Nabli, J. Nugent."The New Institutional Economics and Its Applicability to Development",*World Development*, Vol. 17, No. 9, 1989.

③ Paul J.Di Maggio,Walter W. Powell, The New Institutionalism in Organizations Analysis,Chicago: The University of Chicago Press, 1991.

④ James G . March, Johan P .Olsen. "The New Institutionalism：Organizational Factor in Political Life," *American Political Science Review*, 1984, Vol.78,pp.734-749.

相同之处主要表现为：第一，都将制度作为核心概念，当作重要的研究对象之一，将制度分析方法论作为研究的逻辑起点；第二，在研究方法上，新制度主义继承了如整体主义、历史主义等旧制度主义的方法；第三，在价值取向上，新旧制度主义都不主张价值与事实的分离，不主张"价值中立"。

（2）新旧制度主义的分歧

与旧制度主义相对应的新制度主义，其"新"主要表现为以下几个方面：第一，制度的内涵不同。旧制度主义视阈下的制度主要指法律、宪政结构、组织等正式制度，而新制度主义关注的制度不仅包括正式制度，也包括文化、习俗、惯例等非正式制度。旧制度主义把静态的、独立的制度作为研究的主要甚至是唯一的对象，新制度主义既关注制度（包括正式制度和非正式制度）的静态性和独立性，也注重其动态性和嵌入性的研究。第二，制度的功能不同。旧制度主义坚持"制度决定论"，他们把制度结构作为决定行为结果的唯一变量来看待，而新制度主义者主张"制度攸关论"，认为制度只是影响行为的重要因子，而非唯一因素。第三，对待行为主体的价值偏好不同。旧制度主义者对行为主体采取"偏好漠视"的态度，而新制度主义者则与其迥然不同，始终把行动者的价值偏好作为一个重要的中间变量进行分析。从旧制度主义到新制度主义的发展，不仅仅标志着制度分析又回归社会科学研究的主流，其对制度研究的解释力也大大提高。[①]

（三）新制度主义的"保护带"

1.新制度主义的流派

在新制度主义的大旗下，汇集了从各个学科蜂拥而至的新制度主义者，越来越多的问题纳入了新制度主义分析范式的范围。但是，"随着新制度学派的壮大，却没有带来理论、方法和观点的内在统一"。[②]盖伊·彼

---

① 刘欣、李永洪：《新旧制度主义政治学研究范式的比较分析》，《云南行政学院学报》2009年第6期。

② 何俊志：《新制度主义政治学的流派划分与分析走向》，《国外社会科学》2004年第2期。

得斯（B.Guy Peters）以旧制度主义、行为主义为参照物，将新制度主义划分为七个流派：规范制度主义流派、历史制度主义流派、理性选择制度主义流派、社会学制度主义流派、经验制度主义流派、利益代表制度主义流派和国际制度主义流派；克拉克（William Roberts Clark）认为新制度主义其实只有两个流派，即以行动者为中心的新制度主义流派和以结构为基础的新制度主义流派。①在对新制度主义流派进行划分的各种途径中，影响最大的当属彼得·豪尔（Peter A.Hall）、罗斯玛丽·泰勒（Rosemary C.R.Taylor），他们在《政治科学与三个新制度主义流派》一文中将新制度主义划分为历史制度主义流派、理性选择制度主义流派和社会学制度主义流派。②这三个流派的出现都是对 20 世纪六七十年代盛行的行为主义的反动，都试图阐明制度对行为及后果方面所扮演的重要角色。本书从起源、分析问题的不同视角以及各自的优缺点等方面入手分别对三个流派进行阐述。

（1）历史制度主义

历史制度主义之所以称作历史制度主义，在凯瑟琳·西伦（Kathleen Thelen）和斯温·斯坦默（Sven Steinmo）看来：第一，该流派认为对历史的考察可以克服人类理性认知的局限性，可以通过对历史的发展过程及比较探寻制度变迁的过程，进一步寻找制度及制度局限下的观念变化与

---

① 何俊志：《新制度主义政治学的流派划分与分析走向》，《国外社会科学》2004 年第 2 期。

② 豪尔和泰勒认为，在原则上讲，还可以识别出第四个这样的流派，即经济学新制度主义。但是它和理性选择制度主义有很多交叉的地方，所以将二者放在了一起。如果对理性选择制度主义和经济学制度主义作更深一步考察，会发现前者更强调策略性算计，而后者更强调财产权、租金、竞争性选择机制和交易成本等。也有学者指出，豪尔和泰勒的划分容易引起混淆和误解，应将三个流派的名称定为：理性—行动的新制度主义、社会—建构主义者的新制度主义和调节—冲突的新制度主义。但是从方法论和应用范围来讲，理性—行动的新制度主义主要是一种经济学中的新制度主义，社会—建构主义者的新制度主义属于社会学的新制度主义，而调节—冲突的新制度主义主要是政治学中心制度主义。参见何俊志、任军锋、朱德米《新制度主义政治学译文精选》，天津人民出版社 2007 年版，第 8—9 页。

政策变化之间的关系。①第二，该流派注重以制度为核心来分析历史，特别是强调构建"宏大理论"的分析框架，纠正了行为主义政治学对国家研究的忽视，重新将国家置于政治发展研究的中心地位。②

历史制度主义的理论源泉主要来自于利益集团理论和结构功能主义。利益集团理论认为，由于资源的稀缺性，使得各个集团产生冲突，这构成了政治的核心，而该理论要做的就是寻求由于不同国家的差异性而导致的政治后果及后果不平等的合理解释，而该解释的作出必须关注利益集团寻求影响时所置身其中的制度景观。这种理论构建于旧制度主义关注正式政治制度的传统之上，又对制度的重要性及如何发挥制度的作用进行了拓展。历史制度主义者接受认可了集团理论的上述观点，同时也受到结构功能主义者的影响。结构功能主义的代表人物帕森斯认为，社会结构是具有不同基本功能的、多层面的子系统所形成的一个总系统。这种整体观也影响了历史制度主义者，不过，他们在接受上述观点的同时，也反对将个体心理、文化特性看作是推动社会组织运作的因素，认为组织的制度环境和经济结构构造是产生组织行为差异性的主要因素。③

根据豪尔和泰勒的观点，相对于社会学制度主义和理性选择制度主义，历史制度主义具有四个明显的特征：

第一，它们在制度与个人行为之间的关系上采取了相对包容的态度。制度与个人行为的关系问题是制度分析的一个核心问题，新制度主义者在广泛意义上对此给出了"算计途径"和"文化途径"两种不同的回答。算计途径将个体视为利益最大化的实现者，制度对其行为属于外生变量，与此相反，文化途径倾向于将个体看成是满意而止的人，制度对其行为属于内生变量。而历史制度主义者同时使用两种途径来阐释制度与行为之间的关系。第二，它们关注制度安排对权力不平等分配的方式。第三，它们强调制度产生和发展过程中的路径依赖和非意图性后果。历

① Sven Steinmo, Kathleen Thelen, Frank Longstreth eds, *Structuring Politicals: Historical Institutionalism in Comparative Analysis*,aombridge: aombridge University Press, 1994.

② P. Evans,etc. *Bring the State Back in*, Cambridge: Cambridge University Press ,1985.

③ Peter A. Hall, Rosemary C. R. Taylor. "Political Science and Three Institutionalism," *Political Studies*, 1996, XLIV, pp. 936-957.

史制度主义者认为"某一运作性力量所发挥出的影响将会受到从过去继承过来的既定环境因素的调节",①在对制度如何产生出某种路径的解释中,强调现存制度所产生出的非意图性后果和无效率现象。第四,它们注重将制度分析和其他因素整合起来进行问题研究。很少有历史制度主义者坚持说,制度是产生政治结果的唯一因素,他们倾向于将制度与其他因素一道定为与因果链之中。

同历史制度主义优势的存在一样,其也有明显的不足:首先,其对制度界定的宽泛化,使得制度本身存在冲突甚至对立;其次,与另两种制度主义分析问题具有较强的现实意义相比,历史制度主义分析问题具有时空的滞后性;最后,历史制度主义重视文化观念对制度偏好的影响,但其对观念在制度中的定位缺乏明确的界定。

（2）社会学制度主义

在社会学的历史上有着丰富的制度主义传统,但是,一般认为,社会学制度主义流派出现在 20 世纪 70 年代。当时的社会学界有两个不同的传统,"一个是认为社会世界反映的是与现代组织形式或官僚体制相联系的正式手段——目的'合理性',另一个是认为社会世界所展示的是与'文化'相联系的一系列实践模式"。②与此两个传统不同,社会学制度主义者认为,现代组织所采用的一些制度形式和程序,不是因为其最有效率而是其被看成是文化的具体实践模式,他们认为,即使那些最典型的官僚制组织其特征也须用文化术语来解释。我国学者周雪光认为,社会学制度主义的出现有两个学术背景值得注意。第一个背景是早期制度学派的研究工作。在传统的韦伯式的理性组织模式中,组织只是一个技术的组合体,是一个为完成任务的技术体系,而以塞尔兹尼克（Philip Selznick）为代表的早期制度学派认为,组织是一个制度化的组织,是一个受到所处环境的影响并不断适应周围环境的自然产物,而不是一个封闭的系统,不是一个人为设计的结果。第二个背景是 20 世纪 60 年代后

---

① Peter A. Hall, Rosemary C. R.Taylor. "Political Science and Three Institutionalism," *Political Studies*, 1996, XLIV, pp.936-957.

② 何俊志、任军锋、朱德米:《新制度主义政治学译文精选》,天津人民出版社 2007 年版,第 58 页。

管理学科的研究工作。组织如果不是理性设计的,那么组织和他所处的环境之间有什么关系?这样一个问题是后韦伯理性组织时代的组织社会学者们所关心的,当时的权变理论(Contingency Theory)给出了一个解决问题的思路:组织所处的环境条件、技术、目标和规模决定着组织的最佳结构。①

相比于历史制度主义和理性选择制度主义,社会学制度主义有如下三个特征:

首先,打破了制度与文化概念之间的界限,在更广泛意义上界定制度。社会学制度主义者认为制度不仅包括正式的规则、规范、法律等,还应包括个体行动的象征系统、认知模式和道德模板。

其次,在对待制度与行为之间的关系上,社会学制度主义者强调制度影响行为的方式是通过认知模板、范畴和模式。认为"制度影响行为不仅仅是规定个体应该干什么,而是因为制度指明了某人在既定的背景下能够把自己想象成是什么样子"。

最后,在制度起源与变迁问题上,社会学制度主义者认为,组织之所以会采用某一制度而放弃其他制度,不是因为前者比后者更能有效提高组织的效率,而是因为前者提高了组织存在的社会合法性。

社会学制度主义的最大贡献在于它从组织外部环境的角度运用制度性同形的概念解释了组织行为为什么会发生趋同的现象,跳出了从组织内部运用效率机制进行解释的框架,但是,该理论也有明显的不足,即其理论解释缺乏微观基础,它在强调制度变化会引起组织变化的同时,对制度自身的变化,什么因素推动制度自身的变化等问题没有提供更深入的解释。

(3)理性选择制度主义

理性选择制度主义在时间上与历史制度主义同时出现并分别发展。它的产生源自对美国国会行为的研究。按照传统的理性选择理论,美国国会立法者中新的多数往往会倾向于推翻已通过的议案,从而出现"阿罗循环现象",使得美国国会的立法就不可能保持稳定,然而现实情况

---

① 周雪光:《组织社会学十讲》,社会科学文献出版社 2009 年版,第 69—71 页。

却与之推论大相径庭，美国国会投票的结果表现出了极大的稳定性，这种理论与现实的不相符促使一部分学者开始从制度的角度去研究该问题，得出国会的议事规则和委员会体制最终造就了立法过程中的稳定多数。此后，借用经济学里产权、寻租、交易成本等分析工具对制度运作和发展进行研究的理性选择制度主义得以逐步发展。

尽管理性选择制度主义内部也充满了争论和不一致，但是从整体上而言，它表现出了如下四个明显的特征：

第一，理性选择制度主义以"理性经济人"作为理论分析的起点，认为个体的行为完全是偏好最大化的工具，且该偏好源自于算计而产生的高度策略性。但是与社会学制度主义不同的是，理性选择制度主义把个体偏好看作是既定的、与理论和理论家无关的、外生的变量。而社会学制度主义把个体偏好看作是制度的内生变量，制度影响偏好和自我认同的具体方式。

第二，理性选择制度主义采用个人主义方法论。把个体看作最基本的分析单元，把制度作为理解和预测个体行为及其结果的解释变量。以自利和理性为特征的"经济人"假设是理性选择制度主义的理论前提，其行为假定有三层含义：一是人的行为同时具有追求财富最大化和追求非财富最大化的双重动机，制度在塑造这种双重动机方面有着至关重要的作用；二是人的理性是"有限理性"。所谓"理性"指：知识的完备性、个人的偏好稳定且有序、个人拥有达到完全理性的计算能力，而面对复杂的环境，人的计算能力和认识能力是有限的，即人的理性是"有限理性"，新制度主义者认为制度可以通过设定一系列的规则减少环境的不确定性，提高人的认知能力；三是人具有机会主义倾向（opportunism），即"人具有随机应变、投机取巧、为自己谋取更大利益的行为倾向"[1]。

第三，与历史制度主义强调行为的结果受历史力量所驱使，社会学制度主义强调行为结果是认知模式、道德模板等符合系统所赋予的不同，理性选择制度主义强调行为结果受行动者策略性算计的影响深刻，即通

---

[1] 卢现祥主编：《新制度经济学》，武汉大学出版社2007年版，第3-7页。

过算计途径来解释制度对行为的影响方式。第四，理性选择制度主义认为制度的创设是由于制度的功能能够增进个体的效用，因此，人们通过对制度的人为再设计来实现制度的变化。由此可见，在制度与行为个体的关系上，理性选择制度主义认为，两者是相互影响，一方面，制度构成了个人算计的策略背景影响行为的选择，同时，制度又是个人为了提高收益而人为塑造的。

理性选择制度主义在建立了一套精美的概念框架体系来解释制度与行为间关系的同时，也由于其对个人行为动机的相对简化，在构建模型时对偏好结构的武断假设而受到了不少学者的批评。

2.新制度主义各流派的比较

（1）新制度主义各流派间的分歧与贡献

前文对新制度主义各流派的研究取向进行分析归纳时，隐约间都以对方的理念作为参照物，体现了三个流派间的思想分歧，现具体总结如下：

首先，在对制度的概念界定上存在差异。理性选择制度主义把制度定义为"规则"，强调制度的功能作用，社会学制度主义界定的制度包括认知模式、道德模板等符合系统和文化传统，强调制度的价值、惯例特性，而历史制度主义所指的制度位于中间层次，指正式规则及标准化操作程序，是价值与结构的结合体。三种制度主义对制度概念的界定对应了其各自不同的分析层次和领域，理性选择制度主义关注的是情景相对明晰的微观行动领域，而社会学制度主义则更多的是通过社会文化传统对宏观的社会行为的解释，处于中轴线上的历史制度主义更关注于制度变迁这样中观层次的分析。

其次，对于制度起源的解释三者也各不相同。理性选择制度主义者建立起来的制度起源模式关注的是制度的执行所发挥的功能及其带来的好处，认为制度是因为其能够为个体带来更多的利益而得以存在，这种高度"功能主义"、"目的主义"的解释将制度的存续混同于制度的起源。历史制度主义和社会学制度主义对制度起源的解释采用了相同的起点，即都将制度的创设置于一个充满制度的世界中进行。前者借用路径依赖的概念指出新制度的创设是为某些行动者提供更多的权力，同时又强调现有制度对制度改革提供的模板作用，即认为利益、观念和制度因素共同促成了新制度的创设。而社会学制度主义则从更为宏观的角度关注既存制度是如何影响、塑造期望中的制度改革及其视阈的，关注社会合法性在这一过程中的作用，将制度视为文化传统和社会规范的产物。

再次，在行为主体偏好形成上针锋相对。理性选择制度主义把理性视为行为主体拥有的，先验于任何制度的一个外在属性。即制度构成行为的一个场景或游戏规则，但行为主体在制度代表的游戏规则下仍然可以追求自身利益的最大化。行为主体的行为偏好在理性选择制度主义框架下是一种假设前提，理性选择制度主义者不关心偏好的来源；社会学制度主义认为理性行为本身的选择偏好来自制度，而不是一种先验的、外在的存在，制度化的理性神话与制度本身的规范都以内生的形式来建构行为的选择偏好；历史制度主义学派则认为理性只能是具体的，而不是在一个具体的场景之前就界定一个先验的选择偏好。他们认为行为主体如何界定利益不是一个假设，而本身是一个问题，是一个因变量，只有通过历史的研究，我们才能揭示行动者试图将什么样具体的利益最大化。

最后，在对制度与行为关系的解释上三者各抒己见。理性选择制度主义采用"算计途径"，认为制度为有着固定偏好的行为个体提供行动信息，个体在制度约束下采取高度策略性的行动。而采用"文化途径"解释模式的社会学制度主义则认为行为受制于行动者的认知、道德等价值观系统而非策略性的选择，制度的作用在于为行动者提供认知模式和道德模板。历史制度主义则采用折中的途径，即承认行为个体理性偏好的存在，同时又强调该偏好的存在是制度约束和塑造的结果，与社会学制度主义相比它将文化因素视作制度的内生变量。①

我们借鉴 Mark D. Aspinwall 和 Gerald Sehneider 的观点，对理性选择制度主义、历史制度主义和社会学制度主义的特点作出如下总结：

---

① 参见何俊志《结构、历史与行为——历史制度主义对政治科学的重构》，复旦大学博士学位论文 2003 年，第 193—212 页。

表1—2　　　　　　　　　三种新制度主义流派的特征比较

项目	理性选择制度主义	历史制度主义	社会学制度主义
方法论	个人主义	修正利己主义	整体主义
研究层次	微观层次	中观层次	宏观层次
制度的界定	规则、操作性程序	正式与非正式规则、机构	社会规范、文化认知
制度与行为	为行为提供信息的中介变量	提供机会与受文化传统约束同时存在的中介与独立变量	受文化约束的独立变量
制度的演进	交易选择	路径依赖	认知、记忆的过程
个体偏好假设	固定存在的外生变量	受制度影响的内生变量	制度构建中内生变量

资料来源：参见 Mark D. Aspinwall, Gerald Sehneider.Same Menu, Parate Tables: The Institutionalist Turn in Politisal Sciene and the study of European Integration. *European Journal of Political Researsh*,2000, (38), pp.1-36。.

（2）新制度主义各流派间的交流与整合

卡罗尔·索尔坦（Karol Soltan）等认为，"尽管制度研究的各种方法长期以来存在诸多差异，但它们已经开始融合"[①]。豪尔、泰勒的研究也发现一些理性选择制度主义者已经将文化、信仰等因素纳入到他们的研究框架中。与此类似，一些社会学制度主义者也逐步认识到行动主体在制度创设过程中的作用，在其研究框架中也为行动者的能动性留下了空间。卡瑟琳·瑟伦（Kathleen Thelen）的研究发现历史制度主义与理性选择制度主义间已经产生出四个切点，使得两者的界限开始变得模糊。第

---

① Karol Soltan, Eric M.Uslaner,Virginia Haufler, *New Institutionalism:Institutions and Social Order*；Karol Soltan, *Institutions and Social Order*, The University of Michigan Press，1998.

一个切点：理论与经验。理性制度主义曾被指责为了建构精细的理论而牺牲现实，与此相反，历史制度主义被指责成只有"叙事"而缺乏理论建构。而近年来的研究成果尝试性地对二者进行整合，使得理性选择制度主义和历史制度主义间理论与经验的差异已不那么明显。第二个切点：偏好形成的外在性与内在性。原有的观点认为，理性选择制度主义将个体的偏好选择视为外生的，而历史制度主义则与此相反，认为个体的偏好是内生的。卡瑟琳·瑟伦认为，假设一种普遍而共同的偏好选择的做法本身就是错误的。所以，有些理性选择主义学者已经开始接受个体行为偏好的固定性假设只能适用于特定的制度背景的观点。第三个切点：微观基础与宏观历史。原有观点认为，理性选择制度主义着眼于微观问题的研究，而历史制度主义则关注中观层次的问题。而随着他们各自的发展，理性选择制度主义所处理问题的对象已经由个体层面拓展到集体层面，而历史制度主义也进一步发展出在宏观层面处理中观和微观层面问题的框架。第四个切点：功能主义与制度主义。理性选择制度主义常常由于其认为制度的存在源于制度为个体带来了利益最大化而被认为是功能主义的，而历史制度主义常常被认为是反功能主义的。但随着研究的发展，理性选择制度主义也逐步认识到制度不一定都带来最优的结果，也开始关注历史进程中的无效率现象。[①]以上研究表明，随着三个流派间的交流，其差异已不是那么明显，三者之间的交叠日益增多且不仅仅出现于各自的边缘地带，而是逐步延伸至相互间的理论假设等核心地带。

二　分析框架的构建：制度攸关—制度成因—制度选择—制度创新

（一）新制度主义分析框架的理论谱系

1.以制度为分析的逻辑起点

尽管新制度主义者对于制度的内涵未达成共识，研究方法、理论诉

---

① 参见何俊志《新制度主义政治学的交流基础与对话空间》，《教学与研究》2005年第3期。

求仍存分歧，但是将制度分析作为研究的逻辑起点，他们的行动是一致的。在新制度主义框架内，制度是一种规则，这种规则可以是正式的也可以是非正式的；是一种双向互动制约关系的表现，制度是行为的结果，同时行为又受制度的约束。宏观层面的规则包括宪政规则、科层制、契约、产权等；微观层面的规则包括行为互动中的规范、程序、指令以及纪律等等；同时，观念、文化也是制度，长期存在的价值观念、习惯、风俗等认知网络为行为主体提供意义框架并约束其行为。

新制度主义者认为，制度一旦形成在一定时期内是稳定的，但总会随着社会的变化而改变，即出现制度变迁。制度变迁是一种效率更高的制度代替原有制度的过程，其动力来源于行为主体对制度变迁的"成本——收益"计算。制度变迁从制度的非均衡开始，其与制度需求、制度供给、制度均衡一起构成制度变迁的整个过程。变迁模式有两种，一种是自下而上的诱致性变迁，一种是自上而下的强制性变迁。诱致性变迁受利益驱使，由行为主体"响应获利机会时自发倡导、组织和实行"[①]，具有自发性、自主性和渐进性等特性；强制性变迁由国家强制推行，"由政府命令、法律引入和实行"，具有强制性、被动性和突发性等特征。就本质而言，诱致性变迁是现存制度下的制度完善，而强制性变迁是对现存制度的改变，即实现制度的转轨。[②]

制度性同形变迁问题是对制度变迁理论的发展，受到新制度主义学者尤其是社会学新制度主义者的关注。现代组织理论多认为，"组织世界是多样而分化的，并试图解释组织间在结构和行为上的差异"[③]，而沃尔特·W.鲍威尔和保罗·J.迪马吉奥则认为，现代组织在形式和实践中制度性同形表现明显。制度性同形变迁存在三种发生机制：第一，源于政治影响和合法性问题的强制性同形。"强制性同形源于一个组织所依赖的其他组织向它施压的正式与非正式压力，以及由其所运行的社会中存在

---

① 科斯等：《财产权利与制度变迁》，上海三联书店、上海人民出版社1991年版，第384页。

② 薛晓源、陈家刚：《全球化与新制度主义》，社会科学文献出版社2004年版，第13页。

③ [美]沃尔特·W.鲍威尔、保罗·J.迪马吉奥主编：《组织分析的新制度主义》，姚伟译，上海人民出版社2008年版，第69页。

的文化期待对其所施加的压力。这种压力可能被组织感知为要求其加入共谋的某种强制力量、一种劝诱或一种邀请。"[①]第二，源于对不确定性进行合乎公认的反应的模仿性同形。"并非所有的制度性同形都源于强制性权力，不确定性也是促进制度性同形的一个重要因素。"[②]当组织的技术未得到认可时、组织的目标模糊不清甚至相互矛盾时，总之当组织面对不确定时，可能模仿其他组织来建立自己的制度结构。第三，源于专业化进程的规范性同形。专业化表现为两个方面，"一是大学专家提供的认知层面上的合法化和正规教育，另一方面是跨组织的、新组织模式赖以快速扩散的人才网络的成长和完善"[③]。专业化的两个方面产生了一群可以相互替代的个体，他们所具有的相似倾向会超越组织的多样化而影响组织的行为，从而导致组织的同形。

2.以制度—行为分析为重要途径

任何制度分析的核心都有这么一个问题：制度是如何影响行为的？新制度主义研究范式形成于对行为主义的反动中，制度与行为关系的研究是其重要组成部分，制度—行为分析路径也是新制度主义分析框架的一种重要研究途径。理性选择制度主义、社会学制度主义和历史制度主义三个新制度主义流派对制度与行为互动关系的阐述分别给出了自己的思考。

（1）理性选择制度主义视野中的制度与行为。理性选择制度主义对制度与行为关系分析建立在严格的假定基础之上：行为主体的偏好稳定且为内生；行为主体是追求利益最大化的"经济人"；行为主体的行为目标是可以自我设定的；行为主体实现目标的手段是策略性的。所采取的途径为"算计"途径，所谓"算计"途径是指制度对行为的影响方式是通过向具有稳定偏好的行为主体提供其他行为者现在或未来的确实性，以分析行为主体在这种情况下的策略选择行为。换言之，制度通过向行为者提供必要的信息，以影响其心理预期，导致其不同的行为选择。

---

① [美]沃尔特·W. 鲍威尔、保罗J. 迪马吉奥主编：《组织分析的新制度主义》，姚伟译，上海人民出版社2008年版，第72页。

② 同上书，第74页。

③ 同上书，第76页。

这些信息包括：行为应该被限定在何范围内，遵循规则会有怎样的收益，不遵循规则会有怎样的惩罚；行为相对方在该制度框架内的行动方式如何，会对自己的利益得失形成怎样的影响；要达到目标，自己在行为互动中可以采取的行动策略有哪些；面对行为相对方的行为变化，自己可以采取怎样的替代方案。由此可以看出，理性选择制度主义对制度与行为关系的分析呈现如下几个特点：第一，制度的作用表现为向行为者提供信息；第二，在制度框架内，行为是互动的，行为相对方的行为是行动者作出行为选择的基础；第三，行为互动发生时行为主体策略性算计的结果；第四，制度影响行为的途径是通过对行为者期望的改变而实现的①。

　　（2）社会学制度主义视野中的制度与行为。社会学制度主义对制度与行为关系分析的前提假设为：行为主体的行动偏好及目标是可以改变的，而非内生的；行为主体的行动受其自身的世界观、价值观的影响，而非完全策略性的；行为主体在利益追求之外还有自身社会价值实现的需求，而非完全的"经济人"。与理性选择制度主义的"算计"途径不同，社会学制度主义的研究途径采取文化途径，所谓文化途径是指行为主体的行为主要被嵌入到制度而非行为策略中，行为主体所处的社会情境为主要分析对象。社会学制度主义者认为制度不仅仅是基于效率、利益获取等而采用的，它们"具有超越所谓理性的一面，是一种具有意义判断作用的文化的具体实践模式"②。社会学制度主义者认为，行动者是制度世界中的行动者，其行动是经过制度过滤之后，在特定的价值观环境中被构建出来的。制度对行为的构建途径主要有两种方式：第一，"规范版本"。该观点认为"个体在特定制度下的社会化过程即内化了与角色相连的制度规范"③。制度通过提供必要的道德范本使其对行为主体的

---

① 曹胜：《制度与行为关系：理论差异与交流整合》，《天津市委党校学报》2009 年第 4 期。

② 曹胜：《新制度主义视野中的制度与行为关系》，《黄河科技大学学报》2009 年第 7 期。

③ Peter Hall and Rosemary C. R.Taylor,"Political Science and the Three New Institutionalisms,"*Political Studies*, 1996,XLIV, pp.936-957.载薛晓源、陈家刚《全球化与新制度主义》，社会科学文献出版社 2004 年版，第 205 页。

行为方式进行价值判断和道德判断，赋予遵循制度的行为于道德上的优势地位，反之则处于道德上的劣势地位，以此来影响行为主体的行为选择。在此，制度的功能不是信息的负载者而是行为合法性的裁断者。第二，"认知版本"。该观点强调"制度影响行为的方式是通过提供行为所必不可少的认知模板、范畴和模式，而不仅仅是因为没有制度就不能解释世界和其他人的行为"①。在这里，行为主体在不同的制度环境中会形成不同的身份认同、自我印象和偏好判断，制度对行为的影响不仅仅是规矩其应该做什么，而是指明行为者在既定制度环境中能够把自己想象成什么样。在社会学制度主义者看来，制度与行为之间的互动关系是建立在某种"实践理性"的基础之上，与理性选择制度主义"理性行动"是行为主体内生的不同，它认为个体的"理性行动"本身也是社会建构出来的。

（3）历史学制度主义视野中的制度与行为。对于行为主体的行为假设，历史制度主义者认为"严格的理性假设极为有限"②，它不把行为主体假设为全知全能的理性最大化者，而更倾向的认为他们是遵守规则的"满意者"③。与理性选择制度主义的算计途径和社会学制度主义的文化途径不同，历史制度主义折中糅合上述两个学派的观点，采取了一种包容的现实主义态度，认为制度"不仅提供何种策略才有用的信息，而且还影响着行动者的身份认同、自我印象和偏好"④。历史制度主义关于制度与行为关系的分析并没有因为其所采取的折中主义而丧失自我特征，

---

① Peter Hall and Rosemary C. R.Taylor,"Political Science and the Three New Institu-tionalisms,"*Political Studies*, 1996, XLIV, pp. 936-957, 薛晓源、陈家刚《全球化与新制度主义》, 社会科学文献出版社 2004 年版, 第 205 页。

② Kath Leen,ThLeen, "Historical Institutionalism in Comparative Politics,"*Annual Reviews of Potitical Science*, 1999, (2), 载薛晓源、陈家刚《全球化与新制度主义》, 社会科学文献出版社 2004 年版, 第 240 页。

③ Kath Leen,ThLeen, "Historical Institutionalism in Comparative politics,"*Annual Reviews of Potitical Science*, 1999, (2), 载薛晓源、陈家刚《全球化与新制度主义》, 社会科学文献出版社 2004 年版, 第 240 页。

④ Peter Hall and Rosemary C. R.Taylor,"Political Science and the Three New Institu-tionalisms,"*Political Studies*, 1996, XLIV, pp. 936-957, 载薛晓源、陈家刚《全球化与新制度主义》, 社会科学文献出版社 2004 年版, 第 198 页。

历史制度主义认为，包括国家、组织、个人等一切行为者在内的行为都是在一定的制度环境中展开的，在该环境中"制度通过建构和维护不同的力量对比格局以形成权力的非对称关系"[①]，从而形成对行为的影响。由此可以看出，历史制度主义者注重制度的发展及其与此相关联的权力结构，而非行为者自身。根据彼得·豪尔和罗斯玛丽·泰勒的观点，在历史制度主义者看来，制度对行为者行为目标设定和行为方式的影响是通过赋予其一定的特权而将其他人置于不利地位而实现的。

如上所述，关于制度与行为间互动关系的阐述，算计途径和文化途径分别从微观和宏观两个层次对其进行分析，可以说各有各的特点，但同时又各有偏颇。以奥斯特罗姆(E.Ostrom) 代表的"印第安纳(Indiana)学派"对理性选择制度主义的观点进行改造，给出了具有参考性意义的观点。

奥斯特罗姆在承认制度可以影响人的行为的基础上认为，以严格的假设条件为基础的理性选择制度主义是一种"忠告理论（a theory of advice）"、"规范理论(normative theory)"，而非说明或预测现实中行为主体的行为和社会现象的"描述性理论（descriptive theory）"[②]。她运用伊姆雷·拉卡托斯的"硬核-保护带"理论，把理性选择制度主义关于行为主体是追求自身利益最大化的"经济人"假设界定为"硬核"，把个人层次上的信息水平、个人的行为目标函数以及作出决定的规则界定为"保护带"，并对该"保护带"进行改造，认为，个人的决定大多数不是在拥有完全信息情况下而是在不确实和危险的情况下作出的；个人行为目的可能是自私的也可能是利他或理想的；个人作出决定的规则除了效用最大化外，也有"极小极大(minimax criteria) "、"极大极小(maxmin criteria) "规则[③]。在奥斯特罗姆看来，人在本质上是追求自身利益的，但同时也具有遵循自己认为正当的规则的能力，人不仅是制度

---

① Peter Hall and Rosemary C. R.Taylor,"Political Science and the Three New Institutionalisms,"*Political Studies*, 1996,XLIV,p948.

② E.Ostrom,"Rational Choice Theory and Institutional Analysis, Toward Complementarity," *American Political Science Review*, 1991, (85), pp. 237-243.

③ 参见[韩]周长焕《制度与行为者之间的关系——印第安纳学派的新制度主义》，《北京行政学院学报》2003 年第 3 期。

的被动接受者，也具有适应制度、改造制度的潜能。由此我们可以看出，印第安纳学派将制度作为行为的一个"保护带"，更强调制度与行为的互动，而非单方决定。

（二）分析框架的构建及内容

一般来说，制度分析提出的问题是：制度如何影响行动者的行为选择？面对该问题，新制度主义研究范式给出的答案可以归纳为如下四段论式的步骤[①]：第一，陈述和坚持行为者的行为假定；第二，正式刻画有效的制度；第三，推导从制度环境中产生的行为以及既定行为假设下行为导致的结果；第四，运用资料评估推导出经验结论。

根据上述分析框架，结合本文的研究主题，我们需要解决以下问题：政府的行为假设是什么？影响城乡义务教育均衡发展的制度因素有哪些？各影响因素的权重有什么不同？在上述制度环境中政府的行为选择策略是什么？政府行为策略选择对推动城乡义务教育均衡发展的结果是什么？

对于上述问题，我们通过构建"制度攸关—制度成因—制度选择—制度创新"的分析框架予以解答，如图1—1所示。

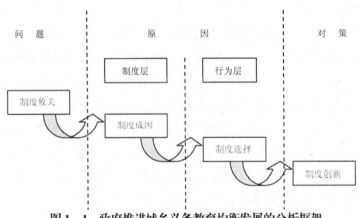

图1—1　政府推进城乡义务教育均衡发展的分析框架

---

① Diermeier and Keith Krehbiel,"Institutionalism as Methodology", *Methodological Issues in the Theory of Institutions*,2001，载薛晓源、陈家刚《全球化与新制度主义》，社会科学文献出版社 2004 年版，第 123 页。

所谓制度攸关，前文已述，即"制度因其存在而攸关"，制度能够约束行为人的行为预期；"制度攸关来自于它的外在影响力"，制度能够影响行为策略进而影响行为结果。对此古丁给出了很好的解读，他认为行为主体在追求目标过程中都要受制于所处制度环境的约束，这些制度引导行动者的行为同时又被行为所塑造，制度与行为、行为结果间相互影响，同时又为行动者的行为提供动力。现阶段城乡义务教育非均衡的现状及其带来的负效应，是当前政府行为选择的动力来源，因此我们把对当前我国城乡义务教育非均衡现状的审度及其由此带来的负效应作为本文研究的起点，从另一角度讲，城乡义务教育非均衡现状的考察是本研究问题意识的体现，是社会科学研究问题-原因-对策三段论开展的起点。

所谓制度成因，主要探寻造成当前城乡义务教育非均衡发展状况的制度影响因素。从宏观的城乡二元社会体制、中国的财政分权体制到微观的义务教育管理体制等正式制度对义务教育非均衡发展的影响以及等级文化、不平等观念等非正式制度对城乡义务教育非均衡发展的影响等方面对其展开论述，从制度层次分析前述问题出现的原因。

所谓制度选择，主要遵循新制度主义制度—行为分析的逻辑，探寻在前述制度环境下，政府的行为选择策略问题。分析面对多重环境压力的政府，尤其是具有多重代理人身份的地方政府在追求多重目标过程中，对推进城乡义务教育均衡发展的行动选择过程，从行为层次分析前述问题出现的原因，与制度成因一起构成问题—原因—对策三段论研究的原因分析。

所谓制度创新，属于问题—原因—对策三段论研究的对策篇。主要在前文制度、行为分析的基础上，遵循新制度主义"制度"是问题核心的思想，从制度层面对行为及其结果的环境进行改善，对行为选择进行约束和引导，以期通过制度—行为的路径完善，实现行为结果的最优化。

（三）分析框架的学理价值

"制度攸关—制度成因—制度选择—制度创新"的分析框架，遵循了新制度主义以"制度"为核心分析问题的逻辑，沿着问题—原因—对策三段论的传统路径对政府推动城乡义务教育均衡发展问题进行了研究，该分析框架对研究政府行为方式及其行动策略选择的规律性认识有一定的借鉴意义，其学理价值具体表现为：

第一，该分析框架体现了新制度主义以制度为起点的分析逻辑。制度是塑造政府行为动机及其行为偏好的重要因素。从计划经济体制到今天的市场经济体制，政府的角色演变过程实质上是社会环境变迁诱发政府行为动机及其行为方式变迁的过程，地方政府从一个中央政府指令的执行者演变为一个具有独立利益结构的行为主体；制度为地方政府行为选择提供了激励结构。制度通过塑造一定的激励结构来引导地方政府的行为方向，为地方政府行为提供动力支撑；制度为地方政府行为选择提供了约束条件。约束性的制度安排限定了地方政府的行为边界，在一定限度内抑制地方政府的任意行为和机会主义倾向；制度为地方政府行为选择提供了信息支持。制度通过确立行为规范，为行为主体提供预测其他行为人行为过程的信息，"给人类相互关系带来秩序和可预测性"[1]，从而减少行为过程的不确定性，以增强行为主体的能力、拓展其行动范围。[2]

第二，该分析框架承袭了新制度主义制度—行为分析的研究路径。对政府行为模式及其行动策略选择的规律性认识包括以下几个方面，一是具有多重代理人身份的地方政府，有着多重目标追求，其偏好排序如何？二是实现上述目标选择过程中地方政府的行为策略有哪些？三是地方政府行为方式及其行动策略选择的依据和动机是什么？上述问题的解答对理解、认识政府行为的规律性特征有着重要意义，而每一个问题的解决都绕不开地方政府所处的政治、经济和社会环境对其行为选择的影响，在既定的制度环境中探寻地方政府的行为规律具有一定的可借鉴意义。

---

① [美]丹尼尔·布罗姆里：《经济利益与经济制度——公共政策的理论基础》，上海三联书店、上海人民出版社 1996 年版，第 51 页。

② 参见何显明《市场化进程中的地方政府行为逻辑》，人民出版社 2008 年版，第 68—69 页。

三　本章小结

新制度主义的基本观点和研究方法是本书的立论之本。包括正式规则和非正式规则的制度是新制度主义研究范式的逻辑起点，历史制度主义、理性选择制度主义和社会学制度主义是新制度主义的"保护带"，三个理论流派间有着思想分歧，也有着交流与整合。

根据新制度主义的理论谱系，本文构建了"制度攸关—制度成因—制度选择—制度创新"的分析框架，以解决"城乡义务教育非均衡发展现状是什么"、"城乡义务教育发展为什么出现非均衡"和"怎么样推进城乡义务教育均衡发展"三个基本问题。

第二章

"制度攸关"：现阶段我国城乡义务教育"非均衡"发展的算计审度

目前关于我国城乡义务教育非均衡状况的研究成果可谓是汗牛充栋，但多数集中于均衡与非均衡内涵、非均衡的政策审视以及对非均衡状况的定性描述方面[①]，或者通过运用城乡生均教育经费、城乡人口平均受教育年限等单一指标对我国城乡义务教育差距进行定量分析[②]，而通过构建非均衡发展的指标体系，对我国城乡义务教育非均衡状况进行时间和空间上测度的研究成果相对较少。因此，从现有研究成果中，我们很难对我国义务教育的城乡差异状况有准确、全面的认识——不能了解我

---

① 主要文献有：刘新成、苏尚锋：《义务教育均衡发展的三重意蕴及其超越性》，《教育研究》2010 年第 5 期；王少华：《义务教育均衡发展的三个"不等式"》，《教学与管理》2010 年第 22 期；王善迈：《教育公平的分析框架和评价指标》，《北京师范大学学报》2008 年第 3 期；褚宏启、杨海燕：《教育公平的原则及其政策含义》，《教育研究》2008 年第 1 期；安晓敏、邬志辉：《教育公平研究:多学科的观点》，《上海教育科研》2007 年第 10 期；鲍传友：《转型时期我国义务教育公平的内涵与政策取向》，《教育科学》2007 年第 10 期；张雪：《如何理解"教育机会均等"》，《教育研究》2007 年第 8 期；刘向荣、刘旭辉：《科南特教育机会均等思想述评》，《河北大学学报》(哲学社会科学版) 2006 年第 2 期；杨东平：《从权利平等到机会均等》，《北京大学教育评论》2006 年第 4 期；褚宏启：《关于教育公平的几个基本理论问题》，《中国教育学刊》2006 年第 12 期；向丽：《教青机会均等与教育制度公平探析》，《教育探索》2005 年第 5 期等。

② 主要文献有：付尧：《我国城镇地区间义务教育资源投入差异研究——以调整价格的人员经费支出为例》，《北京师范大学学报》(社会科学版)2011 年第 3 期；李祥云：《税费改革前后义务教育投入地区差异及其变化的实证分析》，《教育研究》2009 年第 10 期；樊继达：《公共经济视角下的城乡义务教育:差距及收敛》，《中央财经大学学报》2009 年第 9 期；吴春霞：《中国城乡义务教育经费差距演变与影响因素研究》，《教育科学》2007 年第 6 期；许莉、万春：《城乡义务教育差距及其收敛——基于江西省的数据分析》，《生产力研究》2010 年第 12 期；翟瑛：《本世纪初我国义务教育经费的城乡差距分析》，《教育导刊》2008 年第 2 期等。

国城乡义务教育差距在时间序列上的变动趋势、不能了解全国各地区间城乡义务教育差距的空间分布状况等。上述问题的答案影响着我国义务教育政策的选择,影响着我国农村义务教育的发展,影响着农村一代甚至几代孩子的未来。面对当前的研究状况,我们以现有研究成果为基础,并根据本文研究的需要,通过构建一个相对完整的衡量教育均衡发展的指标体系,对我国的城乡义务教育状况进行时间和空间上的计量分析,以期准确、全面地反映出当前城乡义务教育差距①的实际状况。

一 城乡义务教育非均衡测度的方法论

在本文绪论中对义务教育均衡给出了界定,即义务教育供给与需求大致相当的状态。从内容上讲,指受教育者有相对平等的受教育机会和受教育条件以及相对均衡的教育结果。那么城乡义务教育均衡发展即城乡受教育者在受教育机会、受教育条件以及受教育结果方面有大致相当的状态。这种状态也是衡量城乡义务教育非均衡发展的参照物,本章以此参考系为标准,分别从起点、过程和结果的不均衡三个方面构建衡量我国城乡义务教育非均衡状况的指标体系。

(一)城乡义务教育非均衡发展测度的指标体系

从统计学意义上讲,指标是衡量总体数量特征的概念,用来反映社会现象在一定条件下的规模、程度、比例、结构、速度、频度等。指标名称和指标数值是构成一个完整指标必不可少的要素,它们分别表示事物在质和量两方面规定性的特点。对于什么是教育指标,我国台湾学者孙志麟给出了一个较全面的定义,他认为"教育指标系衡量教育系统状况或表现的一种统计量数,提供相关的教育信息,据以理解或判断教育发展的程度"②。

---

① 文中提到的"城乡义务教育差距",除特殊说明外,一般指城镇地区的测度指标值大于农村地区的程度。

② 孙志麟:《国民教育指标体系建构之研究》,《国立台北师范学院学报》1997 年第 132 期。

1.构建指标体系的原则

为了实现本文的研究目的，根据本文的研究需要和数据的实际可得性，我们依据以下原则构建衡量城乡义务教育非均衡发展的指标体系：

第一，可比性原则。反映城乡义务教育状况的可选指标众多，为了更好地描述和说明问题，本文选择即能够体现城市和农村义务教育状况，又能在同一地区的城乡之间、不同地区的城乡间具有统一特征的代表性指标。另外，选取的指标既能进行同一对象的历时性比较，又能进行不同对象的共时性比较。

第二，可操作性原则。对城乡义务教育差距的衡量不仅是理论研究的问题，更偏重的是实践应用问题。因此，在差距衡量指标的选择上，具有可操作性尤其重要，即选择的指标在可量化程度上、数据的获得上应能够满足研究的需要。

第三，系统性原则。该原则要求构建的指标体系具有整体性、关联性、自组织性等特征，能够全面反映城乡义务教育的状况及差距。同时，教育系统是一个具有自组织特性的非线性系统，各种影响因子的对系统的影响力不可相提并论，这要求在构建指标体系时要抓住影响城乡差距的核心因子。

2.指标体系的设计

从上述指标设计的原则出发，以义务教育均衡发展的内涵为基点，从义务教育的起点、过程和结果三方面入手，对当前城乡义务教育的可及性差异、条件差异和质量差异进行全面测度。具体而言，指标体系的一级指标包括：

第一，起点不均衡：可及性差异。所谓教育的可及性指受教育者获得教育机会的难易程度。城乡义务教育的起点不均衡即受教育机会的不均衡，主要体现为城乡适龄儿童的入学率、辍学率差异。入学率指适龄学生入学的比例，分为净入学率和毛入学率。通常情况，小学使用净入学率指标(小学净入学率=小学在校学龄人口数/小学学龄人口数)；初中使用毛入学率指标(初中毛入学率=初中在校学生总数/初中学龄人口数)。辍学率指辍学学生占学生总数的比率，即：辍学率=辍学学生数/上学年初学生总数。因此，本文分别选择城市和农村的小学入学率、初中入学率、小学辍学率、初中辍学率作为衡量可及性差异的三级指标。

表2—1 城乡义务教育非均衡测度指标体系

一级指标	二级指标	三级指标
可及性差异指标	入学率	小学入学率
		初中入学率
	辍学率	小学辍学率
		初中辍学率
办学条件差异指标	硬件设施	小学生均校舍面积
		初中生均校舍面积
		小学生均图书量
		初中生均图书量
		小学生均仪器设备
		初中生均仪器设备
	师资力量	小学生师比
		初中生师比
		小学教师学历达标率
		初中教师学历达标率
		小学教师专科以上比例
		初中教师本科以上比例
	教育经费	小学生均公用经费
		初中生均公用经费
		小学生均教育事业费
		初中生均教育事业费
		小学生均专项经费
		初中生均专项经费
教育质量差异指标	升学率	小学升学率
		初中升学率
	人口平均受教育年限	

第二，过程不均衡：办学条件差异。办学条件差异主要指资源配置的不均衡，是当前城乡义务教育非均衡的最重要的体现，它包括静态的存量差异和动态的流量差异。城乡义务教育的存量差异又包括生均校舍面积、生均图书量、生均仪器设备等硬件设施差异和生师比、教师学历达标率，小学教师专科以上比例和初中教师本科以上比例等师资力量差异；流量差异主要指生均教育经费的差异，具体表现为生均公用经费、生均教育事业费、生均专项经费的差异。

第三，结果不均衡：教育质量差异。结果均衡是义务教育均衡发展追求的最终目标。所谓教育结果均衡不是追求有着不同智力基础、来自不同背景的每个学生都有着几乎相同的学业成绩，而是指将教育自身无法控制的变量，如学生家庭背景、学生智力水平等因素剔除，仅测度教育自身变量对学生学习成绩所造成的影响是均衡的，即每个学生通过教育，所获得的增加量是基本相等的。[①]当前城乡义务教育的差异不仅表现为起点的不均衡和过程的不均衡，教育结果即教育的最终质量也存在差异。本文通过升学率和人口平均受教育年限指标对城乡义务教育的结果不均衡进行测度。其中，普通小学升学率=普通初中招生数/普通小学毕业生数；普通初中升学率=普通高中招生数/普通初中毕业生数。

（二）城乡义务教育非均衡发展的测度方法

从统计学意义上讲，对数据分布的特征、规律分析可以从三个统计特征数的测算开始：一是数据分布的集中趋势，它反映一组数据向某中心值靠拢的倾向，其特征数是代表一组数据典型水平或集中趋势的统计量，主要指标有算术平均数、加权平均数、几何平均数、中位数和众数等；二是数据分布的离散程度，与集中趋势相反，离散程度反映数据远离某中心值的趋势；三是数据分布的偏斜度和峰度，它反映数据分布的形状是否对称、偏斜的程度以及分布的扁平程度等。我们对城乡义务教育的非均衡状态进行测度，实质上就是对相关数据的离散程度进行测度，测度指标一般分为绝对差异指标和相对差异指标两类。

---

① 辛涛、黄宁：《教育公平的终极目标:教育结果公平——对教育结果公平的重新定义》，《教育研究》2009 年第 8 期。

绝对差异指标反映的是变量偏离参照量的绝对值。包括极差、四分位差、平均差、方差和标准差等指标。

1.极差（R）：指总体中最大标志值与最小标志值之差，其计算公式为：$R=X_{max}-X_{min}$；

2.四分位差（Q）：是指去掉序列中最高的 1/4 和最低的 1/4，仅就中间的一般数值来测定数据的离散程度，其计算公式为：$Q=Q_3-Q_1$，其中 Q_1 为第 1 四分位数，Q_3 为第 3 四分位数；

3.平均差（M.D.）：是样本值域均值之差的绝对值的平均数，即 M.D.=

$$\frac{1}{n}\sum_{i=1}^{n}(X_i-\bar{X});$$

4.标准差与方差：标准差（S）为方差（S^2）的平方根，它们是表示一组数据离散程度最好的指标，其值越大，说明离散程度越大，相反，其值越小说明数据越集中。

$$S=\sqrt{\frac{1}{n-1}\sum_{i=1}^{n}(X_i-\bar{X})^2}$$

$$S^2=\frac{1}{n-1}\sum_{i=1}^{n}(X_i-\bar{X})^2$$

其中，$\bar{X}$ 为样本的平均数。

相对差异指标反映的是变量偏离参照量的相对值。包括变异系数、极差率、基尼系数（Gini Coefficient）以及泰尔指数（Theil Index）等指标。

1.变异系数（CV）是一组数据的标准差与平均数之比，即 $CV=\frac{S}{\bar{X}}\times 100\%$，其中，$S$ 为样本的标准差，$\bar{X}$ 为样本的平均数。它适用于比较有不同算术平均数或有不同量纲的两组数据的情况。

2.极差率是一组数据中最大标志值与最小标志值的比率；

3.基尼系数是由意大利经济学家基尼提出，根据洛伦兹曲线判断收入分配的平等程度的指标，后来被拓展应用于一切均衡问题和分配问题的测度。其特点在于其取值在 0 和 1 之间，取值越小说明平等度越高，反之，取值越大，平等程度越低。

4.泰尔指数由荷兰经济学家泰尔提出，同基尼系数一样，该指标被经常用于衡量个人或区域间的收入差距，后被广泛应用于一切不平等程度的测量。

二　现阶段我国城乡义务教育非均衡发展的空间计量分析

（一）城乡义务教育非均衡发展的时间序列测度

根据前文确定的一级指标，我们从义务教育的可及性、办学条件以及教育质量三个方面对城乡义务教育非均衡状况在时间序列上进行测度。

1.城乡义务教育可及性差异测度

（1）入学率

我国《义务教育法》明确规定接受义务教育是每个公民的义务，随着《义务教育法》的实施落实，以及近年来"两基"（基本普及九年义务教育、基本扫除青壮年文盲）教育工作的推进，我国义务教育事业得以飞速猛进的发展，学龄儿童入学率从 1952 年的 49.2%提高到 2009 年的 99.4%，普通初中的毛入学率也从 1991 年 69.7%提升到 2009 年的 99%①。

在我国义务教育普及成绩斐然的背后，城乡义务教育的差距依然存在。由于普通初中城乡学龄人口数难以获得，致使普通初中的入学率难以统计，本文以城乡小学的净入学率为对象对我国城乡义务教育的可及性进行测度，具体如表 2—2 所示。

---

① 中华人民共和国教育部网站, http://www.moe.edu.cn/publicfiles/business/ htmlfiles/moe/s4962/index.html

表2—2		城乡普通小学净入学率		单位：%
年份	全国	城镇	农村	差值
1996	98.8	99.4	98.5	0.90
1997	98.9	99.4	98.7	0.70
1998	98.9	99.4	98.7	0.70
1999	99.1	99	98.9	0.10
2000	99.1	99.4	98.9	0.50
2002	98.6	98.6	98.5	0.10
2003	98.7	—	—	—
2004	98.9	—	—	—
2005	99.15	—	—	—
2006	99.3	—	—	—
2007	99.5	—	—	—
2008	99.54	—	—	—
2009	99.4	—	—	—

资料来源：《中国教育统计年鉴》1997—2010 年各年以及中华人民共和国教育部网站（http://www.moe.edu.cn/publicfiles/business/htmlfiles/moe/s4962/index.html）相关数据整理得出。

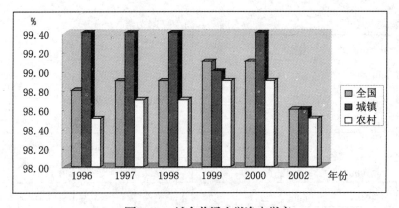

图2—1　城乡普通小学净入学率

由图 2—1 可以看出，尽管近年来我国城乡普通小学的净入学率一直保持在 98%以上，但是城乡差距依旧存在，1996—2002 年间，城乡普通小学净入学率的平均差值在 0.5%左右，再加上农村地区的学龄儿童基数远远大于城镇，农村未入学适龄儿童数的绝对值绝不可小觑且应该远远多于城市。2009 年全国普通小学的净入学率高达 99.4%，而 0.6%的未入学适龄儿童则高达 58 万之多。

（2）辍学率

除了在入学机会上城乡存在差距之外，城乡义务教育学校的辍学率也存在明显的差异。由于现可查证的数据中没有辍学率指标的具体数值，本文根据如下公式来衡量城乡义务教育辍学率的高低。

辍学率=（1－保留率）×100%

其中：

小学保留率=当年小学五年级在校生人数/五年前小学一年级在校生人数×100%

初中保留率=当年初三在校生人数/三年前初一在校生人数×100%

由上述辍学率的表达式可以看出，该辍学率反映的内容不是"年辍学率"，而是小学五年、初中三年的总辍学率。此概念更能反映出城乡义务教育的总体概况。本文以城镇和农村普通初中和小学的辍学率为对象对城乡义务教育的可及性差异进行考量，具体如表 2—3、表 2—4 所示。

表 2—3　　　　　　　　　　　城乡普通小学辍学率

年份	城镇				农村			
	五年前一年级在校生（人）	当年五年级在校生（人）	保留率（%）	辍学率（%）	五年前一年级在校生（人）	当年五年级在校生（人）	保留率（%）	辍学率（%）
2001	7704321	7580883	0.9840	1.60	18037657	16951192	0.9398	6.02
2002	7021000	7243572	1.0317	-3.17*	15840686	15342684	0.9686	3.14
2003	6840151	7167600	1.0479	-4.79	14060386	13951495	0.9923	0.77
2004	6976881	6933204	0.9937	0.63	12921716	13154406	1.0180	-1.80

续表

年份	城镇				农村			
	五年前一年级在校生（人）	当年五年级在校生（人）	保留率（%）	辍学率（%）	五年前一年级在校生（人）	当年五年级在校生（人）	保留率（%）	辍学率（%）
2005	6365558	7111848	1.1172	-11.72	13457310	12401954	0.9216	7.84
2006	6616942	7415790	1.1207	-12.07	13198310	12163878	0.9216	7.84
2007	6401194	7626974	1.1915	-19.15	12159626	10830197	0.8907	10.93
2008	6201960	7685162	1.2392	-23.92	11545531	9975157	0.8640	13.60
2009	6062232	7513270	1.2394	-23.94	10882969	9315540	0.8560	14.40

资料来源：中华人民共和国教育部网站(http://www.moe.edu.cn/publicfiles/ business/ htmlfiles/moe/s4962/index.html)相关数据整理得出。

　＊ 由于部分农村学生到城镇学校就读，致使城镇学校的保留率大于100%，从而辍学率出现负值。在进行城乡辍学率数据比较过程中，我们将负辍学率按照零辍学率计算。

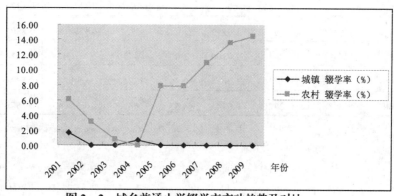

图2—2　城乡普通小学辍学率变动趋势及对比

　　图2—2显示出在2001—2009年间，城镇普通小学一直保持着低辍学率，而农村普通小学辍学率则经历了先降低后逐步升高的趋势，尤其是2004年以后，农村辍学率节节攀高，2009年辍学率高达14.4%，五年辍学人数达到1567429人。城乡对比而言，城镇和农村普通小学辍学率差距明显，除2004年以外，研究期间其他年份农村小学的辍学率都远远高于城镇，2009年，城乡小学辍学率差距更是达到了14.4%，

表 2—4 城乡普通初中辍学率

	城镇				农村			
	三年前初中一年级在校生（人）	当年初中三年级在校生（人）	保留率（%）	辍学率（%）	三年前初中一年级在校生（人）	当年初中三年级在校生（人）	保留率（%）	辍学率（%）
1999	7453100	7066866	0.9482	5.18	10686462	9250229	0.8656	13.44
2000	8195823	7922476	0.9666	3.34	11483813	9801123	0.8535	14.65
2001	9164327	10014472	1.0928	-9.28	12391704	9160360	0.7392	26.08
2002	9990354	10933414	1.0944	-9.44	12690777	9383887	0.7394	26.06
2003	11440788	11052766	0.9661	3.39	11228650	9853355	0.8775	12.25
2004	11746852	10767475	0.9166	8.34	10843839	10291579	0.9491	5.09
2005	11343791	11099104	0.9784	2.16	10666620	9371631	0.8786	12.14
2006	10570913	10879102	1.0292	-2.92	10272254	8759144	0.8527	14.73
2007	10965312	11184310	1.0200	-2.00	8847708	7627011	0.8620	13.80
2008	11166908	11217208	1.0045	-0.45	8129175	6890820	0.8477	15.23
2009	11527789	11233258	0.9745	2.55	7166054	6360063	0.8875	11.25

资料来源：中华人民共和国教育部网站 （http://www.moe.edu.cn/publicfiles/business/htmlfiles/moe/s4962/index.html）· 相关数据整理得出。

　　从整体变动趋势上看，城镇普通初中的辍学率呈现出先降低再升高再降低的波浪状走势，而农村普通初中的辍学率则呈现出先升高再降低再升高的变动趋势（具体如图 2—3 所示）；从城乡普通初中辍学率的绝对值来看，形势亦不容乐观，城镇辍学率最高值达 8.34%，而农村则更为严重，辍学率最高值为 26.08%，1999—2009 年间的平均辍学率也高达 14.97%，由此可知，虽然近年来我国义务教育的普及率大幅度提高，普通初中的毛入学率也保持在高位[①]，但是控制义务教育辍学率的任务依然艰巨；城乡对比而言，除2004年外，农村普通初中的辍学率都远远高于城镇。

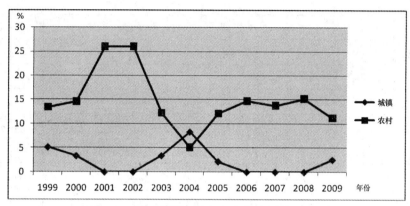

图2—3 城乡普通初中辍学率变动趋势及对比

由上可知，尽管《中华人民共和国义务教育法》保证了公民受教育权利和机会的平等，但是城乡义务教育的可及性差距依然存在。无论从入学率指标还是辍学率指标来衡量，农村义务教育都明显落后于城镇。

2.城乡义务教育办学条件差异测度

根据办学条件差异测度的二级指标，我们从硬件设施、师资力量和教育经费三方面分别对城乡小学和普通初中的硬件设施差异状况进行测度。

（1）硬件设施差异测度

我们从校舍面积、校舍中的危房面积、图书藏量、电子图书藏量以及仪器设备等方面对城乡小学、普通初中生均硬件设施差异的总体概况进行统计，如表2—5、表2—6所示：

---

① 2006年、2007年、2008年和2009年普通初中毛入学率分别为97%、98%、98.5%和99%，资料来源：中华人民共和国教育部网站（http://www.moe.edu.cn/ publicfiles/ business/htmlfiles/moe/s4962/index.html）。

表 2—5　　　　　　　**城乡小学硬件设施差异**　　　　　单位：/生均

年份	地区	校舍面积（m²）	危房面积（m²）	计算机（台）	图书藏量（册）	电子图书藏量（片）	仪器设备总值（万元）
2001	城镇	4.62	0.17	0.047	13.84	0.19	0.439
	农村	4.49	0.36	0.030	9.71	0.05	0.063
	城乡比	1.03	0.48	1.53	1.42	3.84	6.99
2002	城镇	4.77	0.15	0.034	13.93	0.12	0.047
	农村	4.69	0.36	0.010	10.21	0.04	0.017
	城乡比	1.02	0.42	3.34	1.36	3.12	2.77
2003	城镇	4.92	0.15	0.041	14.30	0.20	0.045
	农村	4.95	0.42	0.013	10.90	0.05	0.017
	城乡比	0.99	0.36	3.05	1.31	3.76	2.60
2004	城镇	4.97	0.11	0.048	14.54	0.34	0.050
	农村	5.24	0.38	0.018	11.64	0.09	0.017
	城乡比	0.95	0.30	2.62	1.25	3.65	3.01
2005	城镇	5.00	0.09	0.055	15.05	1.00	0.055
	农村	5.54	0.32	0.022	12.81	0.22	0.019
	城乡比	0.90	0.28	2.47	1.18	4.58	2.89
2006	城镇	5.03	0.11	0.057	15.00	1.40	0.047
	农村	5.74	0.37	0.026	13.13	0.48	0.019
	城乡比	0.88	0.29	2.23	1.14	2.89	2.55
2007	城镇	5.09	0.07	0.059	15.09	1.77	0.049
	农村	5.86	0.28	0.027	13.38	1.49	0.019
	城乡比	0.87	0.26	2.15	1.13	1.18	2.65
2008	城镇	5.05	0.11	0.061	15.09	1.87	0.048
	农村	6.00	0.34	0.029	13.74	0.62	0.020
	城乡比	0.84	0.33	2.07	1.10	3.03	2.47

续表

年份	地区	校舍面积（m²）	危房面积（m²）	计算机（台）	图书藏量（册）	电子图书藏量（片）	仪器设备总值（万元）
2009	城镇	5.19	0.49	0.053	15.60	0.17	0.053
	农村	6.21	1.29	0.027	13.81	0.14	0.022
	城乡比	0.84	0.38	2.00	1.13	1.26	2.40

资料来源：2002--2010年度《中国教育统计年鉴》。

表2—6　　　　　　　　城乡普通初中硬件设施差异　　　　　单位：/生均

年份	地区	校舍建筑面积（m²）	危房面积（m²）	计算机（台）	图书藏量（册）	电子图书藏量（片）	仪器设备总值（万元）
2001	城镇	10.4	0.33	0.03	12.05	0.048	0.25
	农村	5.61	0.33	0.03	12.26	0.045	0.13
2002	城镇	10.93	0.27	0.03	11.49	0.076	0.032
	农村	5.71	0.3	0.02	12.45	0.044	0.025
2003	城镇	5.09	0.16	0.04	11.95	0.143	0.036
	农村	5.02	0.32	0.03	12.88	0.066	0.027
2004	城镇	5.4	0.13	0.04	12.66	0.226	0.039
	农村	5.41	0.28	0.03	13.64	0.098	0.027
2005	城镇	5.79	0.11	0.05	13.55	0.811	0.046
	农村	5.99	0.24	0.04	15.04	0.273	0.033
2006	城镇	6.13	0.14	0.05	13.82	1.209	0.046
	农村	6.74	0.29	0.05	16.72	0.6	0.036
2007	城镇	6.48	0.11	0.06	14.55	1.501	0.049
	农村	7.35	0.27	0.06	18.07	0.745	0.036

续表

年份	地区	校舍建筑面积（m²）	危房面积（m²）	计算机（台）	图书藏量（册）	电子图书藏量（片）	仪器设备总值（万元）
2008	城镇	6.78	0.16	0.06	15.24	1.746	0.053
	农村	7.96	0.36	0.07	19.58	1.416	0.04
2009	城镇	7.15	0.69	0.06	15.82	—	0.058
	农村	8.6	1.39	0.06	20.61	—	0.047

资料来源：2002—2010 年度《中国教育统计年鉴》。

第一，生均校舍面积。在小学阶段，近 10 年来，城镇小学生均校舍面积逐年改善，年平均增长率为 14.5%，与此相比，农村小学的生均校舍面积以更快的速度逐年提高，年平均增长率高达 41.3%。尤其是 2001 年"以县为主"的义务教育管理体制得以确立后，农村小学的生均校舍面积在 2002 年超出城镇小学，且在 2009 年生均校舍面积的城乡比达到了 0.84∶1，而该指标在 2001 年为 1.03∶1（具体如图 2—4 所示）。但是，在农村小学的生均校舍面积超过城镇小学的同时，生均危房面积的指标也一直在高位波动。从整体变动趋势上看（如图 2—5 所示），2001—2009 年间，农村小学的生均危房面积一直远远高于城镇，且呈现出波浪状变动趋势，反映出农村小学的危房改造工作任务量一直较大，该研究区间内，城镇小学的生均危房面积大致呈现平稳的下滑趋势。①从图 2—6 的城乡对比指标来看，生均危房面积的城乡比从 2001 年到 2007 年一直呈现上升的趋势，到 2007 年达到最高 3.83 倍，从 2008 年开始，该比值有所回落，但从研究区间的整体来看，城镇与农村的生均危房面积比一直都在 2 倍以上。综上数据反映出，与城镇小学相比，虽然农村小学的生均校舍面积得以改善，但是较高的生均危房面积使得农村小学的办学条件在校舍建筑面积指标上不容乐观。

① 2009 年，城乡生均危房面积出现异动，均大幅度提高，可能的解释是，随着全国义务教育学校布局调整工作的推进，许多小学得以合并，被合并的原小学校舍可能出现大量空置，危房面积出现大幅度提高。

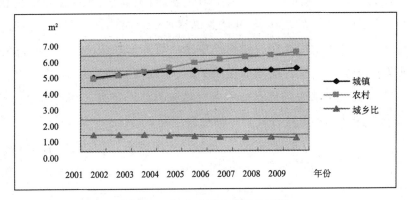

图 2—4　城乡小学生均校舍面积

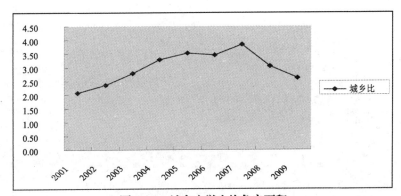

图 2—5　城乡小学生均危房面积

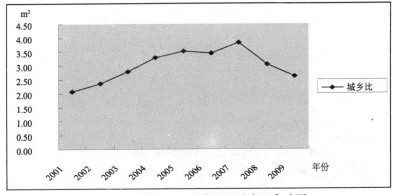

图 2—6　小学生均危房面积城乡比变动图

在初中阶段，由图 2—7 所知，城镇普通初中的生均校舍面积在 2003 年大幅度回落后，从 2004 年开始逐渐增加，年平均增长率为 5.83%；农村普通初中的生均校舍面积指标的变动趋势基本与城镇一致，在 2003 年的小幅度降低后呈现逐年增长的趋势，年平均增长率达 9.39%，且在 2004 年度超过城镇。从生均校舍面积绝对值来看，近年来，随着对农村义务教育投入的增加，农村普通初中的校舍用房得以改善，城乡比从 2001 年的 1.85 倍到 2009 年的 0.83 倍，农村校舍用房条件从远远落后到优于城镇。但是，从其中的危房面积衡量，形势并不容乐观，农村的生均危房面积一直远远高于城镇，2007 年农村的生均危房面积是城镇的 2.45 倍，具体如图 2—8 所示。

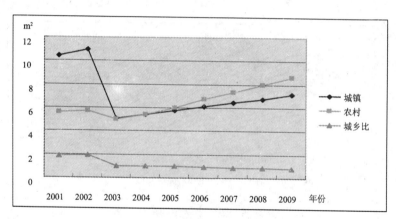

图 2—7　城乡普通初中生均校舍面积

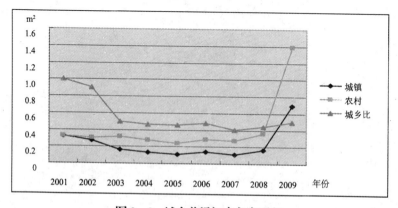

图 2—8　城乡普通初中危房面积

第二，生均计算机数量。小学阶段，生均计算机拥有量从整体趋势看，无论是城镇还是农村都呈现总体上升的趋势（如图2—9所示），在2002年至2008年间，城镇小学生均计算机拥有量的年平均增长率达到10.27%，农村小学年平均增长率则达到19.42%。从生均计算机拥有量的绝对值来看，农村小学远远低于城镇小学。2002年城乡生均计算机拥有量的比值高达3.34，具体如图2—10所示。且由于计算机专任教师的缺乏，农村小学的计算机利用率要远远低于城镇小学。在普通初中，城镇和农村的生均计算机拥有量基本相当（如表2—5、表2—6所示），但同样也存在农村初中计算机的利用率要低于城镇的状况。

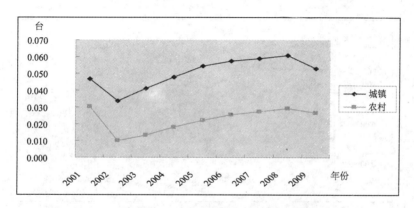

图2—9 城乡小学生均计算机数量

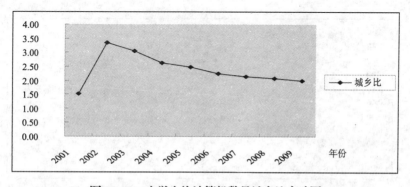

图2—10 小学生均计算机数量城乡比变动图

第三，生均图书藏量。从 2001 年到 2009 年间，城乡小学生均图书藏量均呈现上升趋势，城镇小学生均图书藏量平均年增长率达到 1.5%，在农村，平均年增长率则达 4.5%。反映在生均图书藏量的城乡比上，该比值一直高于 1，2001 年该比值最高为 1.42 倍。比值的总体走向呈现下行趋势，说明城乡生均图书藏量的差距在逐渐减小（具体如图 2—12 所示），但是，从绝对值来看，城镇的生均图书藏量一直高于农村（具体如图 2—11 所示）。生均电子图书藏量的整体变动趋势以及城乡差异状况基本同纸质生均图书藏量一致，具体如图 2—13 所示。上述指标反映出从生均图书藏量方面衡量，城乡办学条件差距依然存在。

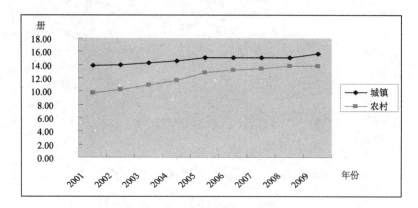

图 2—11　城乡小学生均图书藏量

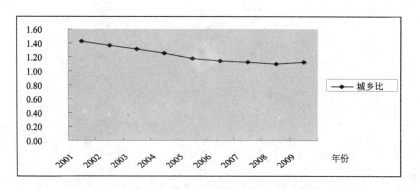

图 2—12　小学生均图书藏量城乡比变动图

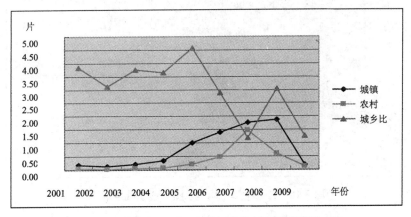

图 2—13 城乡小学生均电子图书藏量变动趋势及对比

在初中阶段，纸质图书生均藏量农村略高于城镇，而生均电子图书藏量城镇高于农村，具体如图 2—14 所示，生均电子图书藏量的城乡比值在研究期间内一直高于 1，2005 年该指标的城乡差异最大，城镇普通中学的生均电子图书藏量为农村的近 3 倍，具体变动如图 2—15 所示。

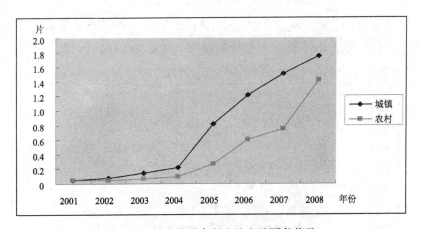

图 2—14 城乡普通中学生均电子图书藏量

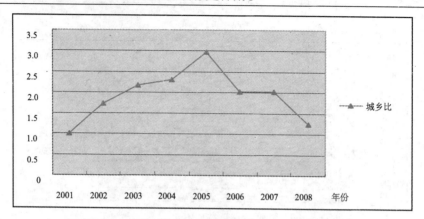

图 2—15　普通中学生均电子图书藏量城乡对比图

第四，生均仪器设备总值。在小学阶段，2002 年至 2009 年间，城镇和农村生均仪器设备总值总体变动趋势不明显（如图 2—16 所示），在研究期间，城乡比在 2001 年达到最高，城镇为农村的 6.99 倍，以后逐年呈现缩小的趋势，年平均减少率达 14%。从该指标的绝对值来看，城镇小学的生均仪器设备总值一直远远高于农村，在年平均递减率为 14%的趋势下，2009 年城镇小学的生均仪器设备总值仍为农村的 2.4 倍（如图 2—17 所示）。在初中阶段，城镇和农村的生均仪器设备总值在变动趋势和城乡对比状况上基本与小学一致，在生均仪器设备总值的绝对量比较中，仍旧呈现出城镇高于农村的趋势（如图 2—18、图 2—19 所示）。

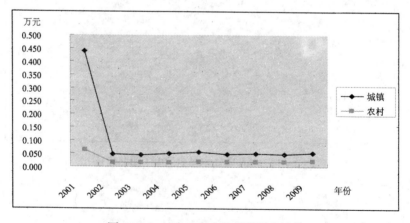

图 2—16　城乡小学生均仪器设备总值

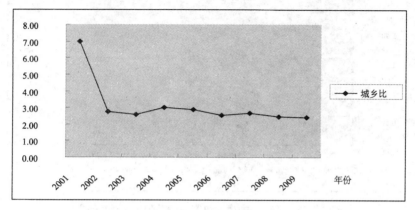

图 2—17 小学生均仪器设备总值城乡比变动图

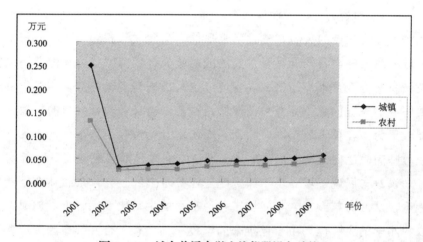

图 2—18 城乡普通中学生均仪器设备总值

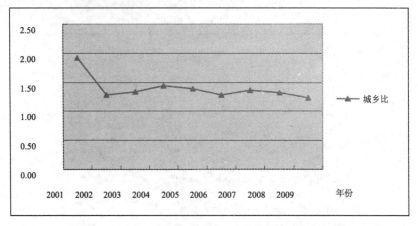

图2—19　普通初中生均仪器设备总值城乡比变动图

（2）师资力量差异测度

教师是学校的灵魂，建设高素质的、配置大致相当的教师队伍对于促进城乡义务教育发展具有重要的战略意义。当前师资力量配置不均衡是城乡义务教育不均衡的主要表现，也是促进城乡义务教育均衡发展所要解决的关键问题。师资力量薄弱是目前农村义务教育发展的短板，主要表现为：整体素质不高、教师补充困难且岗位吸引力下降，再加上城乡教师的"逆向流动"，更加速了城乡义务教育师资配置的不均衡。

表2—7展现了城乡小学师资配置在数量上的差异。从整体变动趋势上看，从2001年到2009年间城镇普通小学的生师比变动幅度不明显，而农村小学的生师比则由于近年来的学校布局调整、合并等原因呈现逐年下降的趋势。就城乡对比而言，2001—2005年城镇小学的生师比要明显低于农村，从2006年起，农村师资队伍建设在数量上有所改善，以17：1的生师比低于城镇的19：1，但是在农村边远地区教师缺乏问题仍一直存在。2008年国家教育督导报告明确指出，中西部农村学校部分学科教师短缺、农村边远地区教师数量不足等教师配备结构性问题仍影响着义务教育的均衡发展。

表 2—7　　　　　　　城乡普通小学生师比及代课教师占专任教师比

年份	城镇		农村		农村代课教师占城乡总量的比例
	生师比	代课教师占专任教师比	生师比	代课教师占专任教师比	
2001	19.65137	0.03264	22.68316	0.135863	0.89
2002	19.48375	0.030012	21.89715	0.111659	0.87
2003	19.44809	0.028785	21.09107	0.100021	0.86
2004	19.42568	0.029642	20.28273	0.087853	0.84
2005	19.35025	0.027322	19.46942	0.077163	0.83
2006	19.52337	0.027798	17.67441	0.067343	0.82
2007	19.49816	0.028241	18.38223	0.061701	0.77
2008	19.28778	0.026484	17.75371	0.057036	0.76
2009	18.89874	0.025826	17.15452	0.052825	0.74

资料来源：《中国教育统计年鉴》2002—2010 年相关数据计算得出。

　　在农村小学生师比下降的同时，代课教师大量存在的问题仍值得关注。2001 年农村小学代课教师占专任教师的比例高达 13.6%，而同期城镇该指标数值为 3.3%，代课教师中 89% 在农村，城乡差距显而易见。同时，在调研中我们发展，城乡代课教师存在的原因也不尽相同，在农村，由于师资力量得不到及时补充，特别是英语、音乐、美术等学科师资力量严重不足，因此不得不大量聘请代课教师；其次，在一些较为偏远的地区，由于地理位置偏僻、教学条件艰苦等原因只能聘请代课教师。而在城镇，聘请代课教师更主要的原因是为了满足学校间不断加剧的竞争的需要，为了提高学校的影响力，聘请那些素质高、经验丰富的优秀教师来代课，以吸引更多优质生源。如此一来，城乡师资力量的实际差距被进一步扩大，图 2—21 展示了城乡小学代课教师占专任教师比例的变动趋势。由图 2—21 可知，虽然农村小学近年来代课教师的比例呈现下降的趋势，但该比例却一直远远高于城镇，城乡教师在数量上的差距依然存在。

表2—8　　　　　　　　　　城乡普通小学专任教师变动状况

年份	城镇			农村		
	增加	减少	差值	增加	减少	差值
2003	243249	242068	1181	502349	579049	−76700
2004	240960	215338	25622	488561	587771	−99210
2005	257875	206417	51458	467395	555260	−87865
2006	237098	198423	38675	451274	495266	−43992
2007	269922	207547	62375	420389	457583	−37194
2008	249884	197137	52747	407556	451103	−43547
2009	258289	196939	61350	414044	463885	−49841

資料来源:《中国教育统计年鉴》2004—2010 年相关数据计算得出。

　　如果说农村普通小学在教师存量方面与城镇相比差距不甚明显,那
么在流量方面,城乡差距就显而易见,如表 2—8 所示,从 2003 年到 2009
年间,城镇小学专任教师每年变动差值均为正,即增加的教师多于减少
的教师,年均净增加额为 41915 人,而同期农村小学专任教师的变动差
值均为负值,表明每年从农村自然减少和流失的教师要远远多于新增加
的教师数量,年均净减少额为 62621 人。更值得关注的是从农村流失的
专任教师中多数为优质资源,且绝大多数流向了城镇,这种教师资源的
逆向流动更加剧了城乡小学师资力量的不平衡。

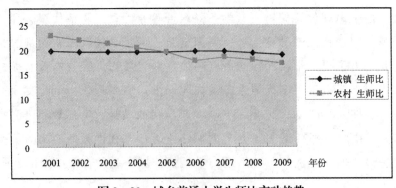

图 2—20　城乡普通小学生师比变动趋势

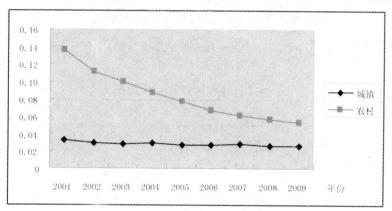

图 2—21 城乡代课教师占专任教师比例

表 2—9   城乡普通初中生师比

年份	城镇			农村		
	专任教师	在校生人数	生师比	专任教师	在校生人数	生师比
2003	1888621	66938832	35.44323	1578114	31603983	20.02643
2004	1843790	33067347	17.93444	1632994	31682659	19.40158
2005	1938136	33871485	17.47632	1533703	27846594	18.15644
2006	1964235	33737216	17.17575	1499243	25636576	17.09968
2007	2068933	34775814	16.80857	1395363	22433178	16.07695
2008	2125006	35099125	16.51719	1343951	20642417	15.35950
2009	2191878	34991359	15.96410	1321560	19345061	14.63805

资料来源：《中国教育统计年鉴》2004—2010 年。相关数据计算得出。

　　同小学一样，城镇和农村普通初中的生师比在研究期间内均呈现下降的趋势，城乡差距在教师存量方面表现不明显，具体如表 2—9 所示。在专任教师流量方面，城乡差异明显。城镇普通初中专任教师在 2003—2009 年间，每年的净变动值为正，即增加人数多于减少人数，平均年净增加值为 35721 人；而在同期的农村普通初中，专任教师的净变动值除 2003 年外均为负值，年均净减少值为 25273 人，具体如表 2—10 所示。普通初中的师资资源也表现出同小学一样的逆向流动，即大量的优质教师从更需要的农村学校流向了资源相对充沛的城镇，进一步加剧了城乡义务教育的不均衡。

表 2—10　　　　　　　　　　城乡普通初中专任教师变动状况

年份	城镇			农村		
	增加	减少	差值	增加	减少	差值
2003	235679	215793	19886	191711	174836	16875
2004	219939	201797	18142	168873	181014	−12141
2005	252017	205596	46421	149269	200450	−51181
2006	217850	204627	13223	141132	168692	−27560
2007	244974	201219	43755	118351	161285	−42934
2008	220880	182680	38200	113542	147185	−33643
2009	251027	180606	70421	120810	147139	−26329

资料来源：《中国教育统计年鉴》2004—2010 年相关数据计算得出。

由上述可知，城乡义务教育学校师资力量的数量差异，主要表现为流量差异，即农村专任教师，特别是其中的优质资源流向了城镇，加剧了城乡义务教育在师资力量指标上的不均衡。其实，比数量更重要的是质量，在数量不占优势的情况下，农村义务教育教师在质量上与城镇相比差距更是明显。表 2—11 从学历合格率指标上对城乡义务教育教师进行了比较。

图 2—22、图 2—23 分别展示了城乡小学和普通初中教师学历合格率的变动趋势。由图可知无论小学还是普通初中，农村教师的学历合格率呈现出逐年提高的态势。但是，就城乡比较而言，差距明显。2001 年城乡小学教师的学历合格率相差 2.61 个百分点，普通初中的差距更大，城乡差达 10.91%。

表2—11　　　　　　　　　　城乡义务教育教师学历合格率

年份	小学			普通初中		
	城镇	农村	差值	城镇	农村	差值
2001	98.65	96.04	2.61	95.65	84.74	10.91
2002	99.01	96.69	2.32	96.45	86.62	9.83
2003	99.24	97.22	2.02	97.09	88.74	8.35
2004	99.45	97.78	1.67	97.72	91.31	6.41
2005	99.10	98.10	1.00	97.20	93.20	4.00
2006	99.73	98.72	1.01	98.78	95.82	2.96
2007	99.50	98.70	0.80	98.40	96.00	2.40

资料来源：《中国教育统计年鉴》2002—2008年相关数据计算得出。

注：1. 小学教师学历合格率，是指具有中师和高中及以上学历的专任教师数占专任教师总数的比重。用公式表示为：小学教师学历合格率＝(具有中师和高中及以上学历的专任教师数÷专任教师总数)×100%

2. 初中教师学历合格率，是指具有大学专科及以上学历的专任教师数占专任教师总数的比重。用公式表示为：初中教师学历合格率＝(具有大学专科及以上学历的专任教师数÷专任教师总数)×100%

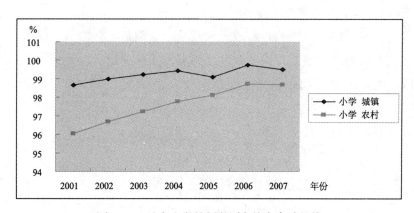

图2—22 城乡小学教师学历合格率变动趋势

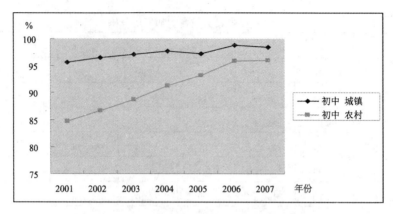

图2—23 城乡普通初中教师学历合格率变动趋势

综上所述，近年来农村义务教育教师无论在数量上还是在质量上都有大幅度的改善，但是，城乡差距依旧明显。从教师数量指标而言，在农村义务教育生师比降低的同时，存在着大量的代课教师，其次，农村义务教育教师的流量低于城镇，优质教师资源逆向流动状况明显；从教师质量指标衡量，城乡差距更为明显，无论是小学还是普通初中，农村教师的学历合格率都远远低于城镇。

（3）教育经费差异测度

从总体上讲，我国教育财政投入规模一直偏低。1993年中共中央、国务院颁布的《中国教育改革和发展纲要》明确指出：20世纪末，国家财政性教育经费占GDP的比重要达到4%，而直至2011年底，该目标仍未实现。在教育经费总量不足的情况下，经费的城乡配置又偏重于城镇，使得农村义务教育经费严重不足，城乡差距明显。

表2—12　　　　　　　　城乡义务教育经费绝对值差距　　　　　　单位：元

年份	小学（城镇-农村）			普通初中（城镇-农村）		
	生均教育经费	生均预算内教育事业费	生均预算内公用经费	生均教育经费	生均预算内教育事业费	生均预算内公用经费
1999	379	209	35	650	306	77

续表

年份	小学（城镇-农村）			普通初中（城镇-农村）		
	生均教育经费	生均预算内教育事业费	生均预算内公用经费	生均教育经费	生均预算内教育事业费	生均预算内公用经费
2000	419	227	38	734	329	80
2001	554	300	54	695	313	75
2002	609	317	53	764	371	74
2003	693	355	66	875	345	81
2004	684	335	62	859	338	76
2005	694	339	67	833	335	73
2006	729	340	59	842	316	57
2007	–	301	52	–	405	67
2008	1074	326	79	835	380	70

资料来源：《中国教育经费统计年鉴》2000—2009 年相关数据计算得出。

注：城镇教育经费根据城市、县镇、农村在校生人数和全国、农村教育经费加权分解计算得出。

表2—13　　　　　　　　城乡义务教育经费相对值差距　　　　　单位：元

年份	小学（城镇—农村）			普通初中（城镇—农村）		
	生均教育经费	生均预算内教育事业费	生均预算内公用经费	生均教育经费	生均预算内教育事业费	生均预算内公用经费
1999	1.66	1.6	2.48	1.74	1.6	2.73
2000	1.65	1.55	2.56	1.83	1.62	3.06
2001	1.69	1.55	2.93	1.69	1.48	2.66
2002	1.64	1.45	2.24	1.68	1.49	2.14
2003	1.65	1.44	2.08	1.72	1.4	1.95
2004	1.52	1.33	1.65	1.58	1.31	1.61
2005	1.44	1.28	1.47	1.46	1.25	1.38

续表

年份	小学（城镇/农村）			普通初中（城镇/农村）		
	生均教育 经费	生均预算内 教育事业费	生均预算内 公用经费	生均 教育 经费	生均预算内 教育事业费	生均预算内 公用经费
2006	1.39	1.23	1.24	1.38	1.18	1.16
2007	–	1.14	1.13	–	1.17	1.12
2008	1.34	1.12	1.14	1.21	1.12	1.08

资料来源：《中国教育经费统计年鉴》2000—2009 年相关数据计算得出。

注：城镇教育经费根据城市、县镇、农村在校生人数和全国、农村教育经费加权分解计算得出。

表 2—12、表 2—13 展现了 1999—2008 年间城乡义务教育经费差距的基本概况。生均教育经费、生均预算内教育事业费和生均预算内公用经费三个测度指标，均显示出城镇与农村的比值大于1，即近十年间城镇的义务教育经费一直高于农村。近年来，国家不断加大对农村义务教育的经费保障力度，在相关措施的推动下，城乡教育经费差距的加速度在不断减小，1999 年，城镇生均教育经费是农村的 1.66 倍，到 2008 年该比值为 1.34∶1。但是，从生均教育经费的绝对值衡量，城乡义务教育经费差距并未减小，且从整体变动趋势来看，生均教育经费的差距在逐步扩大。1999 年城乡生均教育经费差值为 379 元、生均预算内教育事业费差值为 209 元，到 2008 年上述两个指标的差距分别为 1074 元和 326 元。农村义务教育基础相对城镇而言明显薄弱，缩小城乡差距，无论是办学条件差距还是师资力量差距，教育经费投入是根本。在当前财政投入总量不足的情况下，更多的教育经费流向城镇，更加剧了城乡义务教育差距的扩大。

3. 城乡义务教育教学质量差异测度

（1）升学率

升学率是衡量教育质量的一个重要指标，本文通过对 1999—2009 年间义务教育学校升学率的城乡对比来衡量城乡义务教育的质量差异，具体如表 2—14 所示。

表 2—14　　　　　　　1999—2009 年城乡义务教育升学率

年　份	普通初中升学率		普通小学升学率	
	城市 *	乡村 * *	城市 *	乡村 * *
1999	0.5537937	0.1857891	1.0490016	0.9092047
2000	0.6671145	0.2206281	1.0647833	0.9138702
2001	0.7061539	0.2545965	1.1060256	0.916228
2002	0.7423944	0.2827261	1.1186846	0.9318114
2003	0.7735066	0.2928903	1.1295225	0.9416575
2004	0.8068639	0.3100087	1.1474866	0.9445498
2005	0.8708013	0.327378	1.1520216	0.9494434
2006	0.9005827	0.3397929	1.1419233	0.9732889
2007	0.9198993	0.3338923	1.1611847	0.9655231
2008	0.9089909	0.3525610	1.1496187	0.9647403
2009	0.8966246	0.3658276	1.1450642	0.9581292

资料来源：《中国教育统计年鉴》2000—2010 年相关数据计算而得。

注：* 由于部分县镇和农村的毕业生到城市就读，使得城市当年的招生数可能会大于下一级学校当年的毕业生数，从而出现升学率大于 1 的情形。

* * 相关统计资料中对城乡的区域划分为：城市、县镇和农村，由于县镇招收大量的农村地区的毕业生，使得农村的义务教育学校升学率畸低，而县镇畸高，有违常识，故此处将县镇与农村相关数据合并计算，以表示乡村的升学率。

图 2—24 反映了 1999—2009 年间城乡普通小学升学率的变动趋势，从图中变动曲线可知，城市普通小学的升学率整体上呈现上升趋势，年平均增长率为 0.88%，乡村小学的升学率也以年平均 0.53% 的速率增长，2009 年达 95.81%，但是考察期间，城市普通小学的升学率一直高于乡村，基本在 1.2 : 1 的位置上下波动。

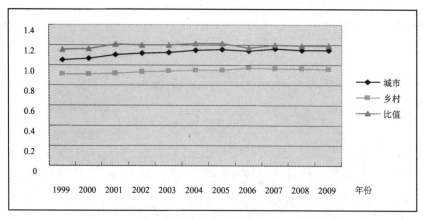

图2—24 城乡普通小学升学率变动趋势及对比

城乡普通初中升学率的变动趋势及其比较如图2—25所示，在1999
—2009年间，城市普通初中的升学率以年平均4.9%的速率增加，而乡村
年平均增长率则达7%，但是，从绝对值衡量，城市普通初中的升学率在
研究期间内一直远远高于乡村，城乡最大差距达3∶1。

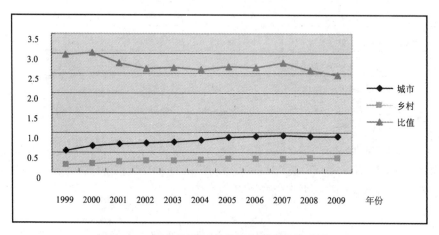

图2—25 城乡普通初中升学率变动趋势及对比

仅从升学率指标考量城乡义务教育的质量状况，可以明显看出城乡
差距的存在，如果考虑城市家庭禀赋以及教育代际传递优势的存在，城
乡义务教育的结果差异会更大。

（2）人口平均受教育年限

人口平均受教育年限的差距反映的是人力资本存量的差异，在我国，人均受教育年限较低，截至 2009 年年底，15 岁以上人口平均受教育年限为 8.9 年，说明我国目前城乡人口平均受教育年限的差异主要表现为义务教育普及的差异。

表 2—15 　　　　　　　　　**城乡人口平均受教育年限**

年份	人均受教育年限（年）			文盲半文盲比例（%）		
	城镇	农村	差值	城镇	农村	差值
1999	8.78	6.37	2.41	8.02	16.06	8.04
2000	9.21	6.94	2.27	4.4	9.47	5.07
2001	9.22	6.75	2.47	6.01	12.6	6.59
2002	9.21	6.79	2.42	6.09	12.87	6.78
2003	9.38	6.86	2.52	5.84	12.42	6.58
2004	9.44	7.01	2.43	5.38	11.75	6.37
2005	9.10	6.79	2.31	6.23	13.66	7.43
2006	9.34	6.88	2.46	5.32	11.50	6.18

资料来源：《中国教育统计年鉴》2000—2007 年相关数据计算而得。

由图 2—26 可知，从 1999 年到 2006 年间，城镇的人口平均受教育年限以平均 0.88%的速度增长，农村人均受教育年限的年平均增长率为 1.1%，但是，从绝对值来看，城镇的人均受教育年限明显高于农村，平均差值为 2.41 年。说明现阶段我国城市的人力资本存量要远远高于农村。从文盲、半文盲占人口比例的数据看，我国农村的文盲半文盲比例要明显高于城镇，1999 年，城乡差值为 8.04%，尽管近年来城乡文盲半文盲比例均呈现下降的趋势，但是到 2006 年，农村文盲半文盲比例仍高出城镇 6.18%（如图 2—27 所示）。

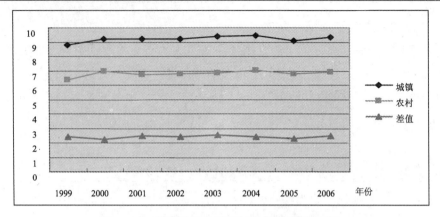

图2—26　城乡人均受教育年限变动趋势及对比

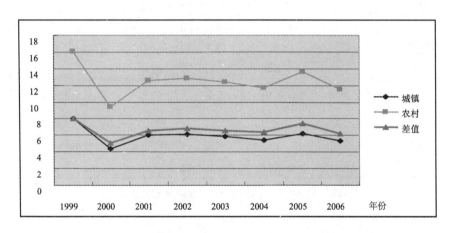

图2—27　城乡人口文盲半文盲比例变动趋势及对比

（二）城乡义务教育非均衡发展的空间序列测度

　　城乡义务教育非均衡发展的时间序列测度显示的是在某一时间段内，城镇和农村义务教育及其差距的变动趋势，反映的是城乡义务教育的动态差距，对差距的静态空间分布状况未能描述。本小节以全国各地区间城乡义务教育各指标状况为变量，对城乡义务教育差距的空间分布状况进行测度。由于数据的可得性原因，本文仅对全国各地区城乡义务教育的办学条件差异进行衡量。办学条件差距是当前我国城乡义务教育差异的主要表现，是政府推进城乡义务教育均衡发展的核心工作。

1.全国各地区间城乡义务教育硬件设施差距测度

以生均校舍面积、生均计算机台数、生均图书藏量和生均仪器设备总值为变量对全国 31 个省、市、自治区（未统计港澳台地区，下同）义务教育的城乡差异状况进行统计，结果如表 2—16、表 2—18 所示。

表 2—16　　　　　2008 年城乡小学硬件设施空间分布状况

	生均校舍建筑面积（m²）	生均危房面积（m²）	生均计算机数量（台）	生均图书藏量（册）	生均仪器设备总值（万元）
	城镇/农村	农村/城镇	城镇/农村	城镇/农村	城镇/农村
合计	0.84	3.05	2.07	1.10	2.47
北京	0.76	0.69	0.76	0.74	0.72
天津	0.83	0.76	0.87	0.71	0.94
河北	0.74	2.24	0.95	0.83	1.26
山西	0.59	3.23	1.01	0.77	1.14
内蒙古	0.54	4.66	0.93	0.83	0.83
辽宁	0.94	5.40	1.54	1.58	1.72
吉林	0.64	5.60	1.27	0.79	2.92
黑龙江	0.69	1.45	1.43	0.77	1.48
上海	1.23	0.00	2.29	1.06	4.03
江苏	0.93	0.00	1.16	0.89	1.67
浙江	0.85	0.85	1.12	0.87	1.40
安徽	0.87	2.69	3.73	1.18	2.85
福建	0.55	1.87	1.02	0.96	1.37
江西	0.75	4.60	2.13	0.94	2.13
山东	0.96	4.67	1.68	1.03	2.29
河南	0.89	3.31	2.83	0.94	1.84

续表

	生均校舍建筑面积（m²）	生均危房面积（m²）	生均计算机数量（台）	生均图书藏量（册）	生均仪器设备总值（万元）
	城镇/农村	农村/城镇	城镇/农村	城镇/农村	城镇/农村
湖北	0.64	5.12	2.43	0.89	1.96
湖南	0.67	2.23	1.51	0.95	1.77
广东	0.92	1.51	3.18	1.18	3.58
广西	0.82	2.29	4.74	1.35	2.51
海南	0.71	2.03	1.95	0.96	2.10
重庆	0.74	2.26	1.38	0.92	1.95
四川	0.77	1.71	1.67	1.05	1.83
贵州	0.91	1.71	2.37	1.48	1.92
云南	0.78	0.03	3.64	1.40	2.80
西藏	0.97	1.98	1.92	0.97	1.69
陕西	0.56	3.84	1.31	0.77	1.50
甘肃	0.78	1.95	1.69	0.99	1.56
青海	0.73	1.68	1.81	1.05	1.91
宁夏	0.89	14.48	1.96	0.97	1.41
新疆	0.89	4.63	1.79	1.20	0.92

资料来源：《中国教育统计年鉴》2009 年相关数据计算得出。

注：其中城镇相关数据根据城市、县镇、农村在校生人数和全国、农村地区相关数据加权分解计算得出。

表 2—17　　　　　2008 年城乡小学硬件设施空间分布统计分析结果

		生均校舍建筑面积（m²）	生均危房面积（m²）	生均计算机数量（台）	生均图书藏量（册）	生均仪器设备总值（万元）
N	Valid	31	31	31	31	31
	Missing	3	3	3	3	3

续表

	生均校舍建筑面积（m²）	生均危房面积（m²）	生均计算机数量（台）	生均图书藏量（册）	生均仪器设备总值（万元）	
均数		.7916	3.2087	1.8732	1.0006	1.8710
标准误		.02687	.53985	.16799	.03932	.13715
中位数		.7800	2.2400	1.6800	.9600	1.7700
众数		.89	.00*	.76*	.77	.72*
标准差		.14958	3.00577	.93535	.21895	.76363
方差		.022	9.035	.875	.048	.583
最小值		.54	.00	.76	.71	.72
最大值		1.23	14.48	4.74	1.58	4.03
Percentiles	10	.5660	.1760	.9340	.7700	.9240
	20	.6520	1.4740	1.0600	.8060	1.3040
	25	.6900	1.6800	1.1600	.8300	1.4000
	30	.7220	1.7100	1.2940	.8820	1.4520
	40	.7480	1.9740	1.4940	.9360	1.6480
	50	.7800	2.2400	1.6800	.9600	1.7700
	60	.8340	2.7980	1.8320	.9740	1.9120
	70	.8900	4.1440	2.0280	1.0500	2.0160
	75	.8900	4.6300	2.2900	1.0600	2.1300
	80	.9160	4.6660	2.4060	1.1800	2.4220
	90	.9560	5.5600	3.5480	1.3900	2.9060

注：*表示有多个众数存在，只显示最小者

　　由表 2—17 的统计分析结果可知，在生均校舍建筑面积指标方面，农村小学的指标值从总体上要高于城镇，全国小学生均校舍建筑面积城乡比为 0.84，城乡比在 0.956 以下的地区占 90%。从地区来看，城乡差距最大的为上海，城镇生均校舍面积为农村的 1.23 倍。但是，在生均校舍建筑面积农村总体优于城镇的情况下，生均危房面积农村也远远高于城镇。全国小学生均危房面积农村为城镇的3.05倍，除天津、上海、江苏、浙江和云南外，其他26个地区农村小学生均危房面积均高于城镇，宁夏差距最大，农村为城镇的14.48倍。

在生均计算机数量指标方面，全国小学的城乡比为2.07，差距大于该比值的地区有广西、安徽、云南、广东、河南、湖北、贵州、上海和江西。全国城乡比值为1的地区不足20%，城乡差距最大的地区为广西，城镇生均计算机台数为农村的4.74倍。

在生均图书藏量指标方面，从总体衡量，全国各个地区的城乡差距水平相当，城镇略高于农村，城乡比为1.1，全国城乡比值为1的地区近70%。城乡差距最大的地区为辽宁，城镇生均图书藏量为农村的1.58倍。

在生均仪器设备总值指标方面，城乡差距明显，全国小学城乡比为2.47。其中上海、广东、吉林、安徽、云南和广西的差距大于全国的平均水平。上海差距最大，城镇为农村的4.03倍。全国城乡比值小于1.3的地区不足20%。

表2—18　　　　　　　　　2008年城乡普通初中硬件设施空间分布状况

	生均校舍建筑面积（m²）	生均危房面积（m²）	生均计算机数量（台）	生均图书藏量（册）	生均仪器设备总值（万元）
	城镇/农村	农村/城镇	城镇/农村	城镇/农村	城镇/农村
合计	0.85	2.25	0.94	0.78	1.32
北京	0.54	0.44	0.65	0.53	0.37
天津	0.88	0.00	0.91	0.77	1.04
河北	0.80	1.77	0.80	0.59	0.83
山西	0.64	3.39	0.56	0.60	0.90
内蒙古	0.50	3.56	0.58	0.54	0.59
辽宁	0.86	5.63	1.10	1.01	1.26
吉林	0.85	2.58	0.79	0.70	1.29
黑龙江	0.81	1.43	0.91	0.61	1.16

续表

	生均校舍建筑面积（m²）	生均危房面积（m²）	生均计算机（台）	生均图书藏量（册）	生均仪器设备总值（万元）
	城镇/农村	农村/城镇	城镇/农村	城镇/农村	城镇/农村
上海	1.30	0	2.22	0.88	1.42
江苏	0.94	0	1.06	0.84	1.54
浙江	0.83	1.38	0.94	0.76	1.04
安徽	0.75	2.85	0.81	0.69	1.22
福建	0.60	1.94	0.67	0.60	0.86
江西	0.70	2.43	0.67	0.67	2.14
山东	0.83	5.29	1.08	0.81	1.28
河南	0.94	2.13	1.03	0.84	1.28
湖北	0.81	2.23	1.07	0.90	1.58
湖南	0.64	2.34	0.59	0.56	0.72
广东	1.08	2.22	1.15	1.06	1.61
广西	0.75	1.68	0.74	0.73	0.82
海南	0.44	2.08	0.42	0.45	0.21
重庆	0.83	2.51	0.82	0.90	0.97
四川	0.67	1.90	0.57	0.59	0.80
贵州	0.85	0.31	0.82	0.92	0.92
云南	0.83	1.63	0.84	0.89	1.00
西藏	1.00	0.00	0.49	0.87	0.23
陕西	0.72	2.88	0.69	0.56	0.83
甘肃	0.68	1.71	0.59	0.60	0.76
青海	0.46	1.98	0.40	0.37	0.49
宁夏	0.71	1.78	0.76	0.63	0.88
新疆	0.89	2.38	0.87	0.65	0.81

资料来源：《中国教育统计年鉴》2009 年相关数据计算得出。

注：其中城镇相关数据根据城市、县镇、农村在校生人数和全国、农村地区相关数据加权分解计算得出。

表2—19   2008年城乡普通初中硬件设施分布统计分析结果

		生均校舍建筑面积（m²）	生均危房面积（m²）	生均计算机数量（台）	生均图书藏量（册）	生均仪器设备总值（万元）
N	Valid	31	31	31	31	31
	Missing	3	3	3	3	3
均数		.7784	2.0145	.8258	.7135	.9952
标准误		.03238	.23976	.05914	.03010	.07518
中位数		.8100	1.9800	.8000	.6900	.9200
众数		.83	.00	.59*	.60	.83*
标准差		.18026	1.33493	.32927	.16756	.41860
方差		.032	1.782	.108	.028	.175
最小值		.44	.00	.40	.37	.21
最大值		1.30	5.63	2.22	1.06	2.14
Percentiles	10	.5080	.0000	.5040	.5320	.3940
	20	.6400	.8160	.5840	.5720	.7360
	25	.6700	1.4300	.5900	.5900	.8000
	30	.6920	1.6600	.6620	.6000	.8160
	40	.7440	1.7780	.7300	.6260	.8540
	50	.8100	1.9800	.8000	.6900	.9200
	60	.8300	2.2220	.8240	.7620	1.0400
	70	.8500	2.4000	.9100	.8400	1.2360
	75	.8600	2.5100	.9400	.8700	1.2800
	80	.8860	2.7420	1.0480	.8860	1.2860
	90	.9880	3.5260	1.0960	.9160	1.5720

注：*表示有多个众数存在，只显示最小者

同小学相比，普通初中在硬件设施指标上的城乡差距有所缩小。在生均校舍建筑面积、生均危房面积、生均计算机数量、生均图书藏量和生均仪器设备总值五个指标中，只有两个指标——生均危房面积、生均仪器设备总值，城镇要高于农村。上述五个指标的城乡比（其中生均危房面积指标为农村/城镇）分别为 0.85、2.25、0.94、0.78、1.32。由表 2—19 可知，生均危房面积和生均仪器设备总值的标准差最大，分别为 1.33493、0.41860，说明上述指标的城乡差距与其他指标相比，在地区间的分布也较为离散。普通初中的生均校舍建筑面积城乡差距最大的地区为上海，城乡比值 1.30，其中生均危房面积指标辽宁城乡差距最大，比值为 5.63，其次，山东、内蒙古、山西、陕西、安徽、吉林、重庆、江西、新疆和湖南的城乡差距水平要高于全国城乡差距的平均水平；生均计算机数量指标城乡差距最大的地区为上海，城镇地区为农村的 2.22 倍；生均图书藏量指标在测度的五个指标中，城乡差距最小，且全国各地区间分布也最为均匀（标准差 0.16756，为最低），其中，差距最为明显的地区为广东，城乡比值为 1.06；生均仪器设备总值指标城乡差距最大的地区为江西，城镇为农村的 2.14 倍，除江西以外，广东、湖北、江苏和上海的城乡差距也高于全国城乡比的平均值。

2. 全国各地区间城乡义务教育师资力量差距测度

拥有一支"素质优良、数量充足、结构合理、相对稳定"的师资队伍是义务教育发展的关键因素，师资力量不均衡也是城乡义务教育不均衡的主要表现之一。相对于硬件设施条件而言，师资力量差距对城乡义务教育整体差距的影响因子更高，且城乡差异度更为明显，表 2—20、表 2—22 具体反映了 2008 年城乡义务教育师资力量差距的分布状况。

2006 年，教育部、财政部、人事部和中央编办联合下发《决定实施农村义务教育阶段学校教师特设岗位计划》的通知，如此相关政策的逐步实施，使得近年来农村小学师资力量得以改善，仅从专任教师的数量指标而言，2008 年全国城镇小学专任教师的生师比为 16.52，农村小学的生师比为 15.36，农村地区教师相对数量略高于城镇。但是，由于农村地区小学有大量原来民办教师转岗而来的公办教师存在，专任教师的学历合格率与城镇相比有明显差距，2008 年全国城镇小学专任教师学历合格率为 98.38%，而农村地区为 96.87%；专任教师中大专学历以上的教师比例城乡差距更大，城镇为 60.11%，农村地区则为 42.33%，差距达到近

18 个百分点。另外，如果考虑到农村地区学校大量教师的学历是通过自考、后期进修等途径获得，城乡小学师资力量的实际差距会更严重。

表 2—20　　　　　2008 年城乡小学师资力量空间分布状况

地区	专任教师生师比			专任教师学历合格率（%）			专任教师大专以上比例（%）		
	城镇	农村	差值	城镇	农村	差值	城镇	农村	差值
合计	19.29	17.75	1.53	99.75	98.93	0.82	82.65	62.82	19.83
北京	14.30	10.42	3.88	99.85	99.55	0.31	92.01	87.58	4.43
天津	13.71	12.92	0.79	99.64	99.32	0.32	81.41	73.84	7.57
河北	17.34	13.88	3.46	99.92	99.71	0.21	85.48	72.77	12.70
山西	19.19	15.07	4.12	99.81	99.46	0.35	84.47	65.35	19.12
内蒙古	16.99	9.17	7.83	99.71	99.15	0.56	85.32	69.33	15.99
辽宁	17.66	14.29	3.37	99.84	99.39	0.45	84.36	60.23	24.12
吉林	15.19	8.95	6.24	99.82	99.37	0.45	87.31	75.49	11.82
黑龙江	15.75	10.43	5.32	99.85	99.13	0.72	85.95	67.67	18.28
上海	14.28	20.25	−5.97	99.88	98.69	1.19	91.78	77.21	14.57
江苏	16.96	14.94	2.02	99.85	99.49	0.36	85.18	70.64	14.55
浙江	20.24	18.61	1.63	99.70	99.28	0.42	85.02	73.03	11.99
安徽	20.83	20.68	0.14	99.91	99.81	0.10	76.54	54.80	21.74
福建	18.09	13.63	4.46	99.78	99.02	0.77	79.15	57.99	21.16
江西	22.96	20.63	2.33	99.62	98.04	1.58	74.30	47.25	27.05
山东	17.71	15.42	2.28	99.89	99.69	0.20	83.16	59.36	23.79
河南	22.09	21.09	1.01	99.85	99.42	0.43	84.10	60.44	23.66
湖北	18.62	17.47	1.15	99.65	98.67	0.98	81.41	57.47	23.94
湖南	19.53	17.44	2.10	99.75	99.36	0.40	76.77	57.51	19.25
广东	22.14	24.02	−1.88	99.84	99.33	0.51	86.98	68.59	18.39
广西	19.28	20.97	−1.69	99.71	98.45	1.25	79.65	58.48	21.16
海南	20.20	15.33	4.86	99.84	99.18	0.67	76.17	57.46	18.71

续表

地区	专任教师生师比			专任教师学历合格率（%）			专任教师大专以上比例（%）		
	城镇	农村	差值	城镇	农村	差值	城镇	农村	差值
重庆	19.94	17.75	2.19	99.58	97.75	1.84	82.70	64.84	17.86
四川	20.98	21.19	−0.21	99.70	98.82	0.89	77.75	62.81	14.94
贵州	22.96	23.71	−0.75	99.20	96.43	2.77	72.34	58.55	13.80
云南	20.00	19.85	0.15	99.45	97.15	2.30	79.72	66.12	13.61
西藏	15.85	17.94	−2.10	98.33	97.15	1.19	78.24	75.59	2.64
陕西	20.18	14.27	5.91	99.85	98.95	0.90	86.91	69.27	17.64
甘肃	19.70	18.74	0.96	99.28	97.70	1.58	77.15	55.93	21.22
青海	21.21	18.82	2.38	99.58	99.10	0.48	85.71	80.43	5.28
宁夏	21.42	20.65	0.77	99.89	98.83	1.06	83.66	61.34	22.32
新疆	18.12	13.81	4.31	99.74	99.30	0.44	84.44	67.08	17.36

资料来源：《中国教育统计年鉴》2009 年相关数据计算得出。

注：其中城镇相关数据根据城市、县镇、农村在校生人数和全国、农村地区相关数据加权分解计算得出。

从地区比较而言，如表 2—21 所示，专任教师生师比的标准差为 2.85458，说明该指标在全国各地区间的差异状况也有很大的差距。城乡专任教师生师比差距最大的地区为上海，该地区城镇学校生师比为 14.28，而农村地区学校的生师比为 20.25，城乡差距达到 5.97。专任教师学历合格率城乡差距在全国各地区间的差异程度在三个测度指标中最低，标准差为 0.63713，说明该指标在全国各地区间分布大致相当，其中贵州差距表现最为明显，城镇专任教师学历合格率为 99.20%，而农村只有 96.43%，城乡差达到近 3 个百分点。而且，值得注意的是该指标在全国的 31 个地区中，无一例外的城镇均高于农村。与上述两个指标相比，专任教师中大专以上学历比例指标的城乡差距最大，且该指标差距在全国也分布最为不平衡，标准差达到 6.08103，差距最大的地区为江西，该地区城镇学校专任教师大专以上学历比为 74.30%，而农村地区只有 47.25%，城乡差距大于 27.05 个百分点，全国 31 个地区中差距超过 20 个百分点的地区达到近 70%。

表 2—21　　　　　　　2008 年城乡小学师资力量空间分布统计分析结果

		专任教师生师比	专任教师学历合格率	专任教师大专以上占比
N	Valid	31	31	31
	Missing	3	3	3
Mean		1.9697	.8284	16.7955
Std. Error of Mean		.51270	.11443	1.09218
Median		2.1000	.5600	17.8600
Mode		−5.97*	.45*	21.16
Std. Deviation		2.85458	.63713	6.08103
Variance		8.149	.406	36.979
Range		13.80	2.67	24.41
Minimum		−5.97	.10	2.64
Maximum		7.83	2.77	27.05
Sum		61.06	25.68	520.66
Percentiles	10	−1.8420	.2300	5.7380
	20	−.0700	.3540	12.2740
	25	.1500	.4000	13.6100
	30	.7820	.4260	14.2500
	40	1.1220	.4500	15.7800
	50	2.1000	.5600	17.8600
	60	2.3400	.7940	18.7920
	70	3.6280	1.0120	21.1600
	75	4.1200	1.1900	21.2200
	80	4.4000	1.2260	22.0880
	90	5.7920	1.7880	23.9100

注：*表示有多个众数存在，只显示最小者。

同小学的城乡差异状况相似，在数量上，普通初中的专任教师生师比农村地区略高于城镇，农村为 15.36，城镇为 16.52。而在专任教师的质量指标上，城乡差距依然明显。2008 年全国城镇普通初中专任教师学历合格率为 98.38%，农村地区为 96.87%，在地区分布上，全国 31 个省、市、自治区中，有 30 个地区的城乡差值为正值，即有 30 个地区城镇普通初中的专任教师学历合格率高于农村。专任教师本科学历以上比例指标的测度中，城镇的比例达到 60.11%，而农村地区仅有 42.33%，差距达到近 18 个百分点。上述指标测度的结果反映出，随着农村地区普通初中学校师资力量的改善，教师的数量不足状况有所改观，但是，城乡学校教师质量差距依然明显。

表 2—22　　　　　　　2008 年城乡普通初中师资力量空间分布状况

地区	专任教师生师比			专任教师学历合格率（%）			专任教师本科以上比例（%）		
	城镇	农村	差值	城镇	农村	差值	城镇	农村	差值
合计	16.52	15.36	1.16	98.38	96.87	1.51	60.11	42.33	17.78
北京	11.16	9.25	1.91	99.52	99.38	0.14	89.60	89.60	0.00
天津	11.66	11.17	0.49	97.67	95.58	2.09	79.39	68.18	11.22
河北	15.22	12.63	2.59	98.98	97.93	1.05	61.59	49.07	12.52
山西	16.26	13.05	3.21	98.19	95.96	2.23	52.78	35.44	17.34
内蒙古	14.41	9.61	4.80	98.47	96.90	1.57	63.12	51.56	11.56
辽宁	13.89	14.50	−0.62	99.06	96.68	2.38	68.27	39.23	29.03
吉林	14.45	11.75	2.70	99.23	98.47	0.77	72.82	62.54	10.28
黑龙江	13.68	13.13	0.56	98.73	97.12	1.62	64.18	49.37	14.81
上海	12.84	12.19	0.65	99.82	99.12	0.71	90.39	71.68	18.71
江苏	14.68	15.08	−0.39	98.33	98.09	0.24	68.53	49.55	18.98
浙江	15.89	14.69	1.19	99.28	98.73	0.55	78.39	70.25	8.14
安徽	20.22	19.39	0.84	98.57	97.17	1.39	53.77	39.74	14.03
福建	15.31	15.34	−0.03	98.76	98.18	0.58	67.36	58.34	9.02

地区	专任教师生师比			专任教师学历合格率（%）			专任教师本科以上比例（%）		
	城镇	农村	差值	城镇	农村	差值	城镇	农村	差值
江西	16.38	14.46	1.92	97.59	96.02	1.57	49.19	37.17	12.02
山东	13.74	11.79	1.95	98.45	97.80	0.65	64.32	50.88	13.43
河南	17.60	17.46	0.14	98.60	96.77	1.83	47.35	30.57	16.77
湖北	15.79	16.15	−0.36	96.78	94.04	2.74	53.90	37.97	15.93
湖南	13.71	10.66	3.05	98.24	96.27	1.97	51.65	40.36	11.29
广东	19.86	21.18	−1.32	98.22	96.40	1.82	56.43	36.86	19.57
广西	18.41	16.62	1.78	97.72	96.80	0.92	48.78	41.69	7.09
海南	20.15	16.42	3.72	98.39	96.47	1.92	53.51	33.94	19.57
重庆	18.14	18.48	−0.33	98.29	97.17	1.12	67.98	50.92	17.06
四川	18.79	18.09	0.70	97.64	95.90	1.73	54.93	37.68	17.24
贵州	19.53	19.61	−0.09	98.53	97.84	0.69	45.82	31.80	14.02
云南	18.15	18.10	0.05	98.48	97.36	1.13	59.77	43.57	16.20
西藏	17.10	22.90	−5.80	97.64	100.00	−2.36	65.81	73.77	−7.96
陕西	19.28	15.37	3.91	98.55	96.79	1.76	63.60	42.47	21.12
甘肃	18.26	17.53	0.73	97.52	94.69	2.83	50.35	35.17	15.18
青海	16.75	13.37	3.38	98.22	97.69	0.53	60.26	46.46	13.80
宁夏	18.61	16.05	2.56	98.17	97.36	0.81	75.14	63.85	11.29
新疆	14.53	12.53	2.00	99.20	98.56	0.64	64.29	41.55	22.74

资料来源：《中国教育统计年鉴》2009 年相关数据计算得出。

注：其中城镇相关数据根据城市、县镇、农村在校生人数和全国、农村地区相关数据加权分解计算得出。

表 2—23 的统计分析结果显示，在三个测度指标中，专任教师本科以上比例的城乡差距在全国各地区间分布最为不平衡，标准差为 6.69579，其次为专任教师生师比指标，标准差为 2.00676，差距分布在

地区间较为平衡的指标为专任教师合格率，标准差为 0.97496。专任教师

表 2—23　　　　2008 年城乡普通初中师资力量空间分布统计分析结果

		专任教师生师比	专任教师合格率	专任教师本科以上比例
N	Valid	31	31	31
	Missing	3	3	3
Mean		1.1577	1.2416	13.9355
Std. Error of Mean		.36042	.17511	1.20260
Median		.8400	1.3900	14.0300
Mode		−5.80*	1.57	11.29*
Std. Deviation		2.00676	.97496	6.69579
Variance		4.027	.951	44.834
Range		10.60	5.19	36.99
Minimum		−5.80	-2.36	−7.96
Maximum		4.80	2.83	29.03
Sum		35.89	38.49	432.00
Percentiles	10	−.5740	.2980	7.3000
	20	−.2340	.6080	10.6560
	25	−.0300	.6900	11.2900
	30	.1040	.7460	11.4520
	40	.6320	1.0240	13.2480
	50	.8400	1.3900	14.0300
	60	1.9120	1.5800	15.9840
	70	2.2240	1.7840	17.1320
	75	2.5900	1.8300	17.3400
	80	2.9100	1.9500	18.8720
	90	3.6520	2.3500	20.8100

注：a. Multiple modes exist. The smallest value is shown

生师比差距最大的地区为西藏，该地区城镇生师比为 17.10，农村地区则为 22.90，城乡差距达 5.8。甘肃的城乡专任教师学历合格率差距最大，城镇初中合格率为 97.52%，农村地区的合格率为 94.69，差距近 3 个百分点。专任教师本科以上学历比例指标城乡差距最大的地区为辽宁，城镇初中的比例为 68.27%，农村学校的比例为 39.23%，城乡差距高达近 30 个百分点，全国近 90% 的地区城乡差距达到 20 个百分点。

3.全国各地区间城乡义务教育经费差距

《中华人民共和国教育法》明确规定教育经费投入要实现"三个增长"，即各级政府教育财政拨款的增长应高于财政经常性收入的增长、生均教育费用应逐步增长、生均公用经费应逐步增长。"三个增长"的规定意味着地区教育经费的多少与该地区经济发展水平密切相关。那么该规定是否意味着经济越发达的地区生均教育经费就越高？经济越发达的地区城乡义务教育差距越小呢？表 2—24、表 2—25 反映了 2008 年全国各地区（除港澳台地区）城乡义务教育生均教育经费差距状况。

表 2—24　　　　　2008 年城乡小学生均教育经费空间分布　　　　单位：元

地区	农村		城镇		城乡差距			
	生均教育经费	生均预算内教育经费	生均教育经费	生均预算内教育经费	生均教育经费		生均预算内教育经费	
					相差	相比	相差	相比
合计	3116.83	2640.82	3804.39	2984.88	687.56	1.22	344.06	1.13
北京	14724.81	11770.72	13463.62	10129.02	−1261.19	0.91	−1641.70	0.86
天津	6985.74	6119.14	7955.77	7037.65	970.03	1.14	918.51	1.15
河北	3614.62	3118.76	3311.64	2764.26	−302.98	0.92	−354.50	0.89
山西	3297.29	3004.97	2927.38	2317.39	−369.91	0.89	−687.58	0.77
内蒙古	6436.32	5030.69	4273.89	3334.74	−2162.43	0.66	−1695.95	0.66
辽宁	4642.31	3821.41	4875.17	3712.01	232.86	1.05	−109.40	0.97
吉林	5409.26	4522.55	4768.22	3582.13	−641.04	0.88	−940.42	0.79
黑龙江	4782.22	4601.41	4434.54	4054.96	−347.68	0.93	−546.45	0.88
上海	13322.81	12207.01	15815.21	13093.39	2492.40	1.19	886.38	1.07
江苏	5042.47	4323.79	5668.32	4426.92	625.85	1.12	103.13	1.02

续表

地区	农村		城镇		城乡差距			
	生均教育经费	生均预算内教育经费	生均教育经费		生均教育经费		生均预算内教育经费	
					相差	相比	相差	相比
浙江	5958.15	4645.71	6122.52	4538.68	164.37	1.03	−107.03	0.98
安徽	2490.52	2081.55	2797.56	2134.79	307.04	1.12	53.24	1.03
福建	4171.20	3349.20	4300.72	3190.20	129.52	1.03	−159.00	0.95
江西	2176.43	1869.74	2228.51	1762.33	52.08	1.02	−107.41	0.94
山东	3043.44	2824.55	3531.78	3029.09	488.34	1.16	204.54	1.07
河南	1836.21	1615.51	2177.56	1739.63	341.35	1.19	124.12	1.08
湖北	2432.57	2279.25	3263.04	2509.05	830.47	1.34	229.80	1.10
湖南	2897.34	2275.12	3216.50	2419.07	319.16	1.11	143.95	1.06
广东	2504.82	1963.86	4076.97	3023.21	1572.15	1.63	1059.35	1.54
广西	2468.20	2289.72	2839.35	2449.63	371.15	1.15	159.91	1.07
海南	3080.22	2746.21	3139.33	2646.54	59.11	1.02	−99.67	0.96
重庆	2834.88	2129.80	3392.47	2274.80	557.59	1.20	145.00	1.07
四川	3128.11	2306.18	3141.83	2200.55	13.72	1.00	−105.63	0.95
贵州	1901.22	1783.50	2320.53	2069.84	419.31	1.22	286.34	1.16
云南	2610.12	2099.14	2780.03	2044.78	169.91	1.07	−54.36	0.97
西藏	6243.93	5904.51	5954.89	6515.87	−289.04	0.95	611.36	1.10
陕西	3689.39	3355.41	3036.04	2562.56	−653.35	0.82	−792.85	0.76
甘肃	2763.36	2449.78	3020.77	2568.27	257.41	1.09	118.49	1.05
青海	4097.91	3571.01	4608.08	3693.46	510.17	1.12	122.45	1.03
宁夏	3272.04	2956.93	3633.08	3045.90	361.04	1.11	88.97	1.03
新疆	4563.91	3732.86	4737.65	3712.89	173.74	1.04	−19.97	0.99

资料来源：根据《中国教育经费统计年鉴》2009年、《中国教育统计年鉴》2008年相关数据计算得出。

注：1.城镇生均教育经费根据城市、县镇、农村在校生人数和全国、农村教育经费加权分解计算得出。

2.统计数据未包括港澳台地区。

　　根据《中华人民共和国教育经费统计年鉴》(2009) 公布的数据可知，2008 年全国小学生均教育经费由表 2—24 可知农村地区小学生均经费为 3116.83 元，预算内教育经费农村为 2640.82 元，即从总量上而言，农村小学的教育经费投入少于全国平均水平。就各地区而言，生均教育经费的前三甲分别为北京 (14724.81 元)、上海 (13322.81 元)、天津 (6985.74 元)，后三位分别是江西 (2176.43 元)、贵州 (1901.22 元)、河南 (1836.21 元)；生均预算内教育经费前三名分别为黑龙江 (13065.51 元)、天津 (10374.87 元) 和西藏 (6850.83 元)，最后三位是湖北 (1865.91 元)、宁夏 (1831.05 元) 和广东 (1650.41 元)。全国小学生均教育经费的极差为 11486.6 元，极差率为 7.26，即生均教育经费最高的地区是最低地区的近 7 倍；生均预算内教育经费的极差为 6214.68 元，极差率为 1.91。由此可以看出教育经费投入在地区间存在巨大差距，且教育经费投入量和地区经济发展水平不成正比。[①]

　　同小学生均教育经费地区分布一样，普通初中的生均教育经费在各地区间分布不均衡。从总量上而言，2008 年全国普通初中生城镇地区均教育经费 4070.16 元，其中预算内教育经费 2801.67 元，而同期农村地区普通初中的生均教育经费为 4005.78 元，预算内教育经费为 3390.1 元，两指标均明显低于全国的平均水平；就各地区间教育经费分布而言，生均教育经费最高的为北京 (21756.06 元)，最低的为贵州 (2455.23 元)，极差为 19300.83 元，极差率为 8.86，生均预算内教育经费最高的地区是上海 (15994.70 元)，最低的地区是贵州 (2416.50 元)，极差为 13578.2 元，极差率 6.62。具体如表 2—25 所示。

　　[①] 2008 年我国地区生产总值前五位的是广东、山东、江苏、浙江和河南，最后五位分别是甘肃、海南、宁夏、青海和西藏，其中未统计港澳台地区。

表 2—25　　　　　　2008 年城乡普通初中生均教育经费空间分布　　　单位：元

地区	农村		城镇		城乡差距			
	生均教育经费	生均预算内教育经费	生均教育经费	生均预算内教育经费	生均教育经费		生均预算内教育经费	
					相差	相比	相差	相比
合计	4005.78	3390.10	4841.21	3794.88	835.43	1.21	404.78	1.12
北京	21756.06	18111.97	19337.18	13351.32	−2418.88	0.89	−4760.65	0.74
天津	6683.18	6119.88	9920.69	8331.84	3237.51	1.48	2211.96	1.36
河北	4363.57	3825.73	4171.24	3448.39	−192.33	0.96	−377.34	0.90
山西	3929.50	3612.12	4178.15	3194.94	248.65	1.06	−417.18	0.88
内蒙古	6724.88	5717.01	5666.15	4556.39	−1058.73	0.84	−1160.62	0.80
辽宁	5178.66	4316.70	6394.63	4961.86	1215.97	1.23	645.16	1.15
吉林	5235.58	4501.76	5469.14	4128.99	233.56	1.04	−372.77	0.92
黑龙江	4149.07	3949.44	5228.10	4645.35	1079.03	1.26	695.91	1.18
上海	16695.88	14180.32	18725.78	15994.70	2029.90	1.12	1814.38	1.13
江苏	5431.53	4351.89	6562.83	4727.44	1131.30	1.21	375.55	1.09
浙江	7915.63	5711.51	8398.52	5834.82	482.89	1.06	123.31	1.02
安徽	3021.57	2586.97	3371.25	2599.49	349.68	1.12	12.52	1.00
福建	4165.36	3423.09	4852.32	3688.81	686.96	1.16	265.72	1.08
江西	3159.64	2804.92	3224.87	2572.65	65.23	1.02	−232.27	0.92
山东	4673.81	4230.53	5157.63	4463.92	483.82	1.10	233.39	1.06
河南	2786.42	2461.95	3143.35	2518.31	356.93	1.13	56.36	1.02
湖北	3333.39	3064.07	4017.20	3187.66	683.81	1.21	123.59	1.04
湖南	4999.50	3928.66	4876.15	3604.30	−123.35	0.98	−324.36	0.92
广东	3087.28	2499.40	4665.34	3527.99	1578.06	1.51	1028.59	1.41
广西	3181.77	2883.59	3563.49	3078.79	381.72	1.12	195.20	1.07
海南	4503.47	3532.05	4676.91	3651.12	173.44	1.04	119.07	1.03
重庆	3457.69	2759.44	4232.97	2978.21	775.28	1.22	218.77	1.08

续表

地区	农村		城镇		城乡差距			
	生均教育经费	生均预算内教育经费	生均教育经费	生均预算内教育经费	生均教育经费		生均预算内教育经费	
					相差	相比	相差	相比
四川	3676.58	2690.16	4070.50	2801.67	393.92	1.11	111.51	1.04
贵州	2455.23	2269.57	2791.70	2416.50	336.47	1.14	146.93	1.06
云南	3418.73	3045.18	3679.84	3019.89	261.11	1.08	-25.29	0.99
西藏	—	—	—	—	—	—	—	—
陕西	3896.63	3534.85	4161.26	3435.56	264.63	1.07	−99.29	0.97
甘肃	3464.29	3149.43	3691.70	3180.62	227.41	1.07	31.19	1.01
青海	5489.31	4980.44	5592.71	4494.20	103.40	1.02	−486.24	0.90
宁夏	5727.42	5162.22	5445.96	4569.56	−281.46	0.95	−592.66	0.89
新疆	5811.28	4540.43	6906.22	5334.42	1094.94	1.19	793.99	1.17

资料来源：根据《中国教育经费统计年鉴》2009 年、《中国教育统计年鉴》2008 年相关数据计算得出。

注：1.城镇生均教育经费根据城市、县镇、农村在校生人数和全国、农村教育经费加权分解计算得出。

2.统计数据未包括港澳台地区。

如表 2—26 所示，城乡义务教育生均经费差距在各地区间也表现各异。在小学阶段，全国生均教育经费城乡比为 1.22：1，差距绝对值为 687.56 元，生均预算内教育经费城镇为农村的 1.13 倍，差值绝对量为 344.06 元。教育经费投入城乡差距最大的地区为广东，城镇生均教育经费为农村的 1.63 倍，差额绝对值为 1572.15 元，生均预算内教育经费城乡比为 1.54：1，绝对值差距为 1059.35 元。在初中阶段，全国生均教育经费城乡比为 1.21：1，差距绝对值为 835.43 元，生均预算内教育经费城镇为农村的 1.12 倍，差距绝对值为 404.78 元。在地区分布上，城乡生均教育经费、生均预算内教育经费差距最大的前三位地区均为广东、天津和黑龙江。2008 年广东生均教育经费的城乡比为 1.51：1，绝对值差额为 1578.06 元，生均教育经费城镇为农村的 1.41 倍，相差 1028.59 元。

表 2—26 2008 年全国各地区义务教育生均经费城乡差距状况排名

排名	小学				普通初中			
	地区	城乡生均教育经费比值	地区	城乡生均预算内教育经费比值	地区	城乡生均教育经费比值	地区	城乡生均预算内教育经费比值
1	广东	1.63	广东	1.54	广东	1.51	广东	1.41
2	湖北	1.34	贵州	1.16	天津	1.48	天津	1.36
3	贵州	1.22	天津	1.15	黑龙江	1.26	黑龙江	1.18
4	重庆	1.20	西藏	1.10	辽宁	1.23	新疆	1.17
5	上海	1.19	湖北	1.10	重庆	1.22	辽宁	1.15
6	河南	1.19	河南	1.08	江苏	1.21	上海	1.13
7	山东	1.16	上海	1.07	湖北	1.21	江苏	1.09
8	广西	1.15	山东	1.07	新疆	1.19	重庆	1.08
9	天津	1.14	广西	1.07	福建	1.16	福建	1.08
10	青海	1.12	重庆	1.07	贵州	1.14	广西	1.07
11	江苏	1.12	湖南	1.06	河南	1.13	贵州	1.06
12	安徽	1.12	甘肃	1.05	上海	1.12	山东	1.06
13	宁夏	1.11	青海	1.03	广西	1.12	四川	1.04
14	湖南	1.11	宁夏	1.03	安徽	1.12	湖北	1.04
15	甘肃	1.09	安徽	1.03	四川	1.11	海南	1.03
16	云南	1.07	江苏	1.02	山东	1.10	河南	1.02
17	辽宁	1.05	新疆	0.99	云南	1.08	浙江	1.02
18	新疆	1.04	浙江	0.98	陕西	1.07	甘肃	1.01
19	福建	1.03	云南	0.97	甘肃	1.07	安徽	1.00
20	浙江	1.03	辽宁	0.97	山西	1.06	云南	0.99
21	江西	1.02	海南	0.96	浙江	1.06	陕西	0.97
22	海南	1.02	四川	0.95	吉林	1.04	湖南	0.92

续表

排名	小学				普通初中			
	地区	城乡生均教育经费比值	地区	城乡生均教育经费比值	地区	城乡生均教育经费比值	地区	城乡生均教育经费比值
23	四川	1.00	福建	0.95	海南	1.04	吉林	0.92
24	西藏	0.95	江西	0.94	江西	1.02	江西	0.92
25	黑龙江	0.93	河北	0.89	青海	1.02	青海	0.90
26	河北	0.92	黑龙江	0.88	湖南	0.98	河北	0.90
27	北京	0.91	北京	0.86	河北	0.96	宁夏	0.89
28	山西	0.89	吉林	0.79	宁夏	0.95	山西	0.88
29	吉林	0.88	山西	0.77	北京	0.89	内蒙古	0.80
30	陕西	0.82	陕西	0.76	内蒙古	0.84	北京	0.74
31	内蒙古	0.66	内蒙古	0.66	西藏	—	西藏	—

资料来源：根据《中国教育经费统计年鉴》2009年、《中国教育统计年鉴》2008年相关数据计算得出。

注：1.城镇生均教育经费根据城市、县镇、农村在校生人数和全国、农村教育经费加权分解计算得出。

2.统计数据未包括港澳台地区。

三　城乡义务教育非均衡发展的效应分析

教育不平等尤其是义务教育不均衡对社会发展的影响是多方面的。既包括居民自身收入水平的提高，也包括对整个社会的经济增长、社会流动以及公平正义目标实现等等

（一）城乡义务教育不均衡拉大了城乡居民收入差距

美国经济学家舒尔茨在20世纪中期提出的人力资本理论明确指出，教育是使收入分配趋于平等的重要因素。他认为教育对收入的影响表现

在三个方面：一是教育差别是引起工资收入差别的主要原因，教育能够提高个人收入的能力；二是教育水平提高可以缩小因教育不同而产生的收入差异。正因为如此，当今世界上绝大多数国家实行免费义务教育，通过对义务教育的公共支出来实现对低收入家庭的再分配效果，以减少社会财富的分配不均；三是人力资本的快速增长（主要依靠教育实现），可以弥补由财产、政策等因素带来的社会差距的影响，使社会各阶层趋于均等化。

教育，尤其是以义务教育为主体的公共教育，调节收入差异的作用机制在于，政府通过为所有学龄儿童提供一定年限的免费教育，以均等的教育机会来提高其劳动能力，以弥补他们在以后可能由于家庭环境的不同而出现的代际贫困，从而缩小收入分配的差距。在当今社会，贫富差距存在的一个核心问题是有大量低收入群体的存在，该群体中绝大多数是文盲或半文盲，这些未接受过最基础教育的劳动者，很难适应现代化社会生产的需要，其获取收入的能力也必然有限。学者李实等（2000）通过对不同教育程度的群体收入的实证分析结果得出，小学以下文化程度的就业者与小学文化程度、初中文化程度、高中文化程度、中专文化程度、大专文化程度、大学文化程度的就业者的收入比为 1∶1.5∶1.68∶1.76∶1.97∶2.12∶2.42，从而再一次验证了教育差异所带来的收入的差距。

在教育与收入间存在正相关关系得以不断证实的同时，对于城乡义务教育差异对城乡居民收入差距有着什么样的影响，两者之间的相关度有多高，成为另一个需要解决的问题。本文为分析城乡义务教育的不均衡对城乡居民收入差距的影响，建立回归方程 "（2—1）"：

$$\text{Ln IR} = \alpha + \beta_1 \ln ER_1 + \beta_2 \ln ER_2 + \upsilon \qquad\qquad (2\text{—}1)$$

其中被解释变量城乡居民收入差距（IR），用城镇居民家庭人均可支配收入 / 农村居民家庭人均纯收入表示；解释变量城乡义务教育的差距分别用城乡普通初中的升学率之比（ER_1），城乡普通小学的升学率之比（ER_2）；用 υ 表示未纳入的其他解释变量。

表 2—27　　　　　　　　　　城乡居民收入及义务教育升学率

年份	城镇居民家庭人均可支配收入（元）	农村居民家庭人均纯收入（元）	普通初中升学率		普通小学升学率	
			城镇	农村	城镇	农村
1999	5854.0	2210.3	0.488447894	0.061871915	1.156034437	0.811240192
2000	6280.0	2253.4	0.580592699	0.071208996	1.171277915	0.807522929
2001	6859.6	2366.4	0.562255690	0.079712991	1.471540577	0.689200871
2002	7702.8	2475.6	0.597778615	0.088457947	1.511107941	0.685518431
2003	8472.2	2622.2	0.633818070	0.086861113	1.520068168	0.698185790
2004	9421.6	2936.4	0.687585825	0.094536065	1.552164881	0.70341880
2005	10493.0	3254.9	0.698044298	0.090206308	1.589028481	0.663059302
2006	11759.5	3587.0	0.702914323	0.087638034	1.562601158	0.666033047
2007	13785.8	4140.4	0.683975255	0.084097846	1.514077379	0.642744368
2008	15780.8	4760.6	0.692696377	0.086536742	1.494707412	0.629170737
2009	17174.7	5153.2	0.689464847	0.087967547	1.467236117	0.620040826

资料来源：《中国统计年鉴》、《中国教育统计年鉴》2000—2010 年及中华人民共和国教育部网站（http://www.moe.edu.cn/publicfiles/business/htmlfiles/moe/s4962/index.html）相关数据整理得出。

注：1.普通初中城镇升学率=（城市普通高中招生数+县镇普通高中招生数）/（城市普通初中毕业生数+县镇普通初中毕业生数）

2.普通初中农村升学率=农村普通高中招生数/农村普通初中毕业生数

3.普通小学城镇升学率=（城市普通初中招生数+县镇普通初中招生数）/（城市普通小学毕业生数+县镇普通小学毕业生数）

4. 普通小学农村升学率=农村普通初中招生数/农村普通小学毕业生数

5.由于农村大量小学毕业生进入县镇普通初中就读，因此城镇普通小学升学率大于 1；同时，由于普通高中多集中于城镇，农村初中毕业生进入农村普通高中的学生偏少，造成农村初中的升学率极低。

根据表 2—27 的数据，对方程（2—1）进行回归分析，结果如表 2—28 所示：

表 2—28　　　　　　　　　　方程（2—1）回归分析结果

Model	Unstandardized Coefficients		Standardized Coefficients	T	Sig
	B	Std. Error	Beta		
（Constant）	.240	.302		.793	.450
ln ER$_1$	.295	.144	.237	2.050	.075
ln ER$_2$	.401	.048	.967	8.362	.000
F			35.019***		
R Square			.897		
Adjusted R Square			.872		

注：其中***代表 1%的显著性水平。

根据回归分析结果，得出如下方程：

Ln IR=0.24+0.295ln ER$_1$+0.40ln ER$_2$　　　　　　　　（2—2）

该方程 R^2 的值为 0.897，R^2 的调整值为 0.872，表明模型的拟合效果较好，解释变量对被解释变量的解释度达到了 87.2%。方程的 F 值为 35.019，检验的显著性水平小于 1%，反映出变量间线性关系明显，回归方程显著。

依据 1999—2009 年间的数据，我们可以发现：变量 ln ER$_1$、ln ER$_2$ 的系数均为正，说明城乡居民收入的差距与城乡义务教育差距之间存在正相关关系，城乡普通初中的差距每增加 1%，城乡收入差距就会增加 0.295%，城乡普通小学的差距每增加 1%，城乡收入差距就会增加 0.401%，由此可以证实，城乡义务教育的不均衡拉大了城乡居民收入的差距。城乡收入差距与义务教育水平差距的具体变动趋势如图 2— 28 所示：

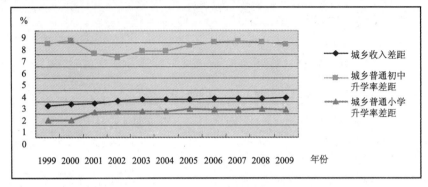

图 2—28　城乡收入差距与义务教育差距的变动趋势

（二）城乡义务教育不均衡阻碍了城乡经济同步增长

经济增长的实现不仅取决于实物资本的投入，同时还取决于人力资本的投入。20 世纪 50、60 年代 Solow（1956、1957）、Denison（1962）、Jorgenson（1963）、Arrow（1962）等经济学家对技术进步、人力资本投入及教育等因素对经济增长的作用从理论和实证的角度分别予以了阐述和论证。其后，Romer（1986，1987，1990）、Lucas（1988）等人又通过建立内生经济增长模型印证了大力发展教育对一个国家或地区经济增长的作用。

在教育能够促进经济增长成为共识的同时，学术界关于教育不平等对经济增长的影响却存在分歧，主要有三种观点：第一种观点认为，教育的不平等发展有利于国家或地区的经济增长。代表人物有 Benabou（1996）、Galor（1997）、Tsiddon（1997）等。Benabou 认为在国内人力资本的互补性较国际上更强时，短期内的教育不平等会带来较高的经济增长；Galor 和 Tsiddon 认为在经济欠发达的国家或地区，较高的教育不平等是经济"起飞"的重要条件。第二种观点认为，教育的不平等发展影响国家或地区的经济增长。Castello 等（2000）通过 85 个国家的实证数据研究发现，教育基尼系数与经济增长间呈现负相关关系，Kevin 等（2007）的研究成果也显示初期的教育不平等将会影响经济增长。张长征等（2003）通过估算 1978—2004 年间的教育基尼系数测度我国的教育不公平程度，最终得出教育的不平等对经济增长有显著影响；杨俊，李雪松（2007）的研究成果表明，在我国目前发展阶段教育不平等将阻碍经济增长。第三种观点认为，教育的不平等与国家或地区的经济增长间关系特征不确定。持这种观点的学者多为我国本土学者，他们从中国实际出发，利用中国的数据通过不同的角度给出上述结论。王家赠（2002）以我国第四次人口普查数据为分析基础，通过对教育基尼系数与宏观经济增长指标的回归分析结果表明，人均教育年限差异及教育基尼系数对我国经济增长的影响不甚明显。聂江（2006）的研究表明，教育不平等与经济增长间的相关关系不具有长期稳定性，经济增长并不一定必然带来教育平等。

目前的研究成果多从宏观层面研究教育的不平等对经济增长、发展的影响，由于研究的前提假设不一致、样本选取的对象范围不一致以及衡量指标的不同，不同的学者从不同的角度对上述两个变量间的相关关系得出了不同的结论。尤其值得注意的是国内现有研究成果几乎全部以区域间的教育不平等为解释变量对上述两个变量间关系进行分析论证，少有对城乡间教育不平等状况对城乡经济增长影响的研究。据此，本文以城乡义务教育不平等为解释变量，以城乡经济增长为被解释变量，通过对我国1999—2009年间经济发展和教育发展的有关数据对上述两个变量间的相关关系进行研究，以印证城乡义务教育的不平等与城乡经济同步增长间的相关关系。

通常情况下经济增长的衡量指标为 GDP 或 GNP，由于衡量城乡经济发展水平的城镇人均 GDP（或 GNP）和农村人均 GDP（或 GNP）指标不可获得，本文选用城乡恩格尔系数（Engel's Coefficient）作为反映城乡经济发展水平的衡量指标。恩格尔系数是根据恩格尔定律得出的比例数，指食品支出总额占消费支出总额的比重，是衡量一个家庭、一个国家或地区经济富裕程度的主要标准之一。恩格尔系数越大，说明在消费总额一定的条件下，食品支出的比重越大，经济发展水平相对越落后，由此可以看出恩格尔系数与经济发展程度呈现负相关关系。鉴于此本文把（1−EC）作为反映城乡经济发展水平的被解释变量。解释变量的衡量指标有很多，本文选取城乡义务教育的结果差异指标即升学率（ER）城乡之比作为解释变量。建立如下方程：

Ln（$1- EC_{m1}$）/（$1- EC_{m2}$）= $\alpha + \beta_1 \ln ER_{m1j1}/ ER_{m2j1} + \beta_2 \ln ER_{m1j2}/ ER_{m2j2}$ + υ　　（2—3）

其中，m1 代表城镇，m2 代表农村；j1 代表普通初中，j2 代表小学。υ 表示未纳入方程的其他解释变量。

令：Y =（$1- EC_{m1}$）/（$1- EC_{m2}$）表示城乡经济发展水平水平差异

　　$X_1 = ER_{m1j1}/ ER_{m2j1}$ 表示城乡普通初中升学率之比

　　$X_2 = ER_{m1j2}/ ER_{m2j2}$ 表示城乡小学升学率之比

则方程（2—3）可以简化为：

$\ln Y = \alpha + \beta_1 \ln X_1 + \beta_2 \ln X_2 + \upsilon$　　　　　　　　　　（2—4）

表 2—29　　　　　　　　1999—2009 年城乡恩格尔系数及义务教育升学率

年份	城镇恩格尔系数	农村恩格尔系数	普通初中城乡*升学率之比	普通小学城乡*升学率之比
1999	42.07	52.60	2.980765287	1.153757344
2000	39.44	49.10	3.023705956	1.165136252
2001	38.20	47.70	2.773619826	1.207151058
2002	37.68	46.20	2.625843175	1.200548308
2003	37.10	45.60	2.640943042	1.199504597
2004	37.70	47.20	2.602713730	1.214850292
2005	36.70	45.50	2.659926140	1.213365220
2006	35.80	43.00	2.650387045	1.173262430
2007	36.29	43.10	2.755077910	1.202648285
2008	37.89	43.67	2.578251423	1.191635407
2009	36.52	40.97	2.450948480	1.195104168

资料来源：《中国统计年鉴》2010 年、《中国教育统计年鉴》2000—2010 年及中华人民共和国教育部网站（http://www.moe.edu.cn/publicfiles/business/htmlfiles/moe/s4962/index.html）相关数据整理得出。

注：* 表示该处的城乡数据使用的城市和乡村（县镇+农村）。

根据表 2—29 的数据，对方程（2—4）进行回归分析，结果如下：

表 2—30　　　　　　　　　方程（2—4）回归分析结果

Model	Unstandardized Coefficients		Standardized Coefficients	T	Sig
	B	Std. Error	Beta		
（Constant）	-.555	.243		-2.282	.052
ln X_1	.575	.164	.959	3.515	.008
ln X_2	.710	.601	.322	1.181	.272
F			7.021**		
R Square			.637		
Adjusted R Square			.546		

注：其中**代表 5%的显著性水平。

根据回归分析结果，得出如下方程：

$$LnY = -0.555 + 0.575 \ln X_1 + 0.71 \ln X_2 \qquad\qquad (2—5)$$

该方程F值为7.021，检验的显著性水平小于5%，说明被解释变量与解释变量间的线性关系明显，方程在95%的置信区间内显著。方程的R^2为0.637，调整R^2值为0.546，说明该方程用城乡义务教育的升学率差异对城乡经济发展水平差异影响的解释率为54.6%。

方程（2—5）中X_1、X_2的系数均为正，说明城乡义务教育的升学率差异与城乡经济增长水平呈现正相关关系，即随着城乡义务教育升学率差距的扩大，城乡经济增长水平的差距也随之扩大。普通初中升学率城乡比每扩大1个单位，城乡经济增长水平的差距扩大0.575，城乡小学升学率的城乡差距对城乡经济增长水平差距的贡献率为0.71。由此可以证实，城乡义务教育的不均衡加剧了城乡经济发展的差距，阻碍了城乡经济的同步增长。

（三）城乡义务教育不均衡阻滞了农村劳动力的社会流动

"社会流动"的概念最早由美籍俄裔社会学家索罗金（Pitirim A.Sorokin）提出，他对社会流动概念的界定偏重于人口流动，后来"社会流动"与"人口流动"两个概念逐步区分开来，人口流动仅指人口在地域空间上的移动，而社会流动内涵较之丰富，指一个社会成员或社会群体"在一定社会结构中社会地位的变化和相应角色的转换"①。个人的社会地位受到自身先赋性因素（如家庭背景等）和自致性因素（如教育水平、个人能力等）的影响。在中国的传统社会，安土重迁的社会价值观使"士者恒士，农者恒农"成为其理想目标，社会流动甚少，但是"朝为田舍郎，暮登天子堂"的美好愿望使得垂直向上的社会流动一直存在，其实现的主要途径即为接受教育、参见科举；在现代社会，由于人力资本推动社会发展的作用日益受到重视，"教育改变命运"成为底层民众向上流动的思想动力。由此可见，从古至今，教育在促进我国社会流动中一直处于重要地位。

但是，在西方学术界，关于教育与社会流动的关系却存在着两种意见相左的观点。一种观点认为教育是促进社会流动的主要原因，而另一种观点则认为社会流动与教育无关，教育具有维持和"复制"原有不平等社会阶层结构的功能，该观点主要呈现在一种聚合体状态的社会再生产理论中。坚持该理论的学者有以鲍尔斯（Samuel Bowles）、吉丁斯（Herbert Gintis）为代表的经济关系再生产论；以阿尔都塞（Louis Althusser）为代表的国家权力再生产论；以布迪厄（Pierre Bourdieu）为代表的文化再生产论和以阿普尔（Michael Apple）、吉鲁（Henry Girous）

---

① 高蔺莎：《论教育对个体向上社会流动的作用》，《继续教育研究》2008 年第 10 期。

为代表的抵制论。①该理论受到考克斯黑德（Coxhead）等学者的严厉批评，"认为社会再生产理论的核心观点——教育是在复制原有不平等的社会结构而不是作为有才能者实现社会流动阶梯，并没有得到严格证明"②。

其实，教育对社会流动的贡献关键在于教育本身，教育是促进社会流动还是维持、复制原有社会结构依赖于教育获得的均衡状况。如果是"英雄不问出处"，无论你出身贫贱还是富贵，都有机会通过教育"金榜题名"，博取功名，教育是一种公平的社会筛选机制，那么教育就能够促进社会流动的实现，而如果教育沦为一种权贵专利品，由改变个体社会地位的自致性因素转换为一种先赋性因素，那么教育就成为一种维持和再生产原有不平等社会阶层机构的工具。

当前，城乡义务教育的不均衡就逐步使教育由一种影响个人社会地位的自致性因素逐步转换为一种先赋性因素，成为农村劳动力进行社会流动的阻碍因素。2011 年 8 月 25 日的《工人日报》刊题为《"寒门"为何难再出"贵子"？城乡落差揪人心》的文章指出，农村孩子与城里孩子相比，在受教育方面，遭遇了由起点不公到过程不公再到最终的结果更加不公的过程。"出身越底层，上好学校越难的趋势，不仅席卷全国，而且正在向中学蔓延，2011 年河南省 62 名被直接保送到清华和北大的学生中，没有一人来自县级或乡镇高中。"③在当今这个"学历社会"，好职位要依靠好文凭才能获得，城乡义务教育的不均衡，使得农村孩子获得好文凭的机会在减少，通过教育促进自身社会地位改善的机会在减少。

（四）城乡义务教育不均衡损害了社会的公平正义

公平正义是民主社会里人们所追求的基本夙愿，是民主国家所倡导

---

① 余秀兰：《中国教育的城乡差异——一种文化再生产现象的分析》，教育科学出版社 2004 年版，第 17 页。

② 转引自[英]戴维·布莱克莱吉《当代教育社会学流派——对教育的社会学解释》，王波等译，春秋出版社 1989 年版，第 160 页。

③ 新华网：《"寒门"为何难再出"贵子"？城乡落差揪人心》（http://edu.sina.com.cn/gaokao/2011-08-25/1637310894.shtml）。

的基本准则。在西方主流学术思想中，公平正义观有三种——功利主义、自由至上主义和自由主义的平等。①肇始于边沁，后由穆勒（Jone Stuart Mill）、马歇尔（Alfred Marshall）、杰文斯（William Stanley Jevons）和庇古（A.C.Pigou）等经济学家所继承的功利主义，以所有人的最大效用或福利作为其价值标准，该公平观认为，所谓公平就是最大限度地满足最大多数人的幸福。对个人而言，其行为准则遵从推进自己福利的最大化；对社会而言，公平意味着主要制度的安排能够达到所有人满足的净余额最大。②非正义（非公平）表现为"与有可能达到的水平相比，效用总量的损失"，"一个非正义的社会就是，该社会中人们的幸福总和起来看，其程度显著地低于应该达到的水平"③。以哈耶克、诺齐克为代表的自由至上主义公平观是自亚当·斯密以来放任自由主义的直接继承和发展。该公平观的价值标准是：由法治权利保证的、受最少限制的个人自由。它强调按照自由交换的规则进行分配，人的自由权利是分配的基本依据。诺齐克在《无政府、国家与乌托邦》中指出："人们通过行使这些权利而享有的权益，一般来说，不能由于后果而被否定，不管那后果是多么糟糕"。④自由主义的平等，其代表人物为罗尔斯，他的公平正义价值标准是：立足于公平的一套优先于任何其他考虑的自由权。罗尔斯认为："所有的社会基本善——自由和机会、收入和财富及自尊的基础——都应被平等地分配，除非对一些或所有社会基本善的一种不平等分配有利于最不利者。"⑤他认为公平原则的优先秩序应该是：基本权利平等对待原则→机会均等原则→差别原则。

　　无论是追求效用最大化的功利主义，还是强调个体自由权利的自由

---

① [加]威尔·金里卡：《当代政治哲学》（上），刘莘译，生活·读书·新知三联书店 2004 年版，第 3—9 页。

② [美]约翰·罗尔斯：《正义论》，何怀宏译，中国社会科学出版社 1988 年版，第 22—25 页。

③ [印]阿玛蒂亚·森：《以自由看待发展》，任赜、于真译，中国人民大学出版社 2002 年版，第 50 页。

④ 转引自[印]阿玛蒂亚·森《以自由看待发展》，任赜、于真译，中国人民大学出版社 2002 年版，第 55 页。

⑤ [美]约翰·罗尔斯：《正义论》，何怀宏译，中国社会科学出版社 1988 年版，第 303 页。

全上主义，抑或是罗尔斯的正义理论，都是从操作程序上对如何实现公平进行阐述，公平、平等都是他们语义中的应有之意。作为公共产品的义务教育，平等是其应有的最基本的价值取向。面对所有的受教育者，可以人人得以享用，而非为任何特殊利益集团或部分人享受，平等的享受义务教育是现代社会每个公民的基本权利。政府应该"使每个公民都能平等地利用那些从本质上来讲应由政府提供的便利条件"①，而非依从效率原则，使优质资源倾斜于优势群体而置多数人于不利地位。

党的十七大报告强调，"教育公平是社会公平的重要基础"，义务教育作为我国教育发展的基础，是教育公平和社会公平的起点。民主主义学派的代表人物杜威认为，教育具有整合、发展和平等的三大功能，通过教育可以提供平等的竞争，缩小社会贫富差距，实现社会公平；以涂尔干、帕森斯为代表的功能主义论者更是强调教育机会均等是促进社会公平的主要途径。当前城乡义务教育的非均衡发展不仅有违义务教育的本质内涵，也损害了当今社会公平正义目标的实现。

四 本章小结

在构建衡量城乡义务教育非均衡发展指标体系的基础之上，通过可及性差异、办学条件差异和教育质量差异 3 个一级指标；入学率、辍学率、硬件设施、师资力量、教育经费、升学率和人口平均受教育年限 7 个二级指标以及 25 个三级指标，对我国城乡义务教育的起点不均衡、过程不均衡和结果不均衡状况进行空间计量分析。

分析结果显示：（1）尽管《义务教育法》保证了公民受教育权利和机会的平等且义务教育入学率一直保持高位，但是城乡义务教育的可及性差距依然存在。无论从入学率、辍学率等相对指标还是辍学学生的绝对量指标来衡量，农村义务教育都落后于城镇，尤其是近年来，农村普通初中辍学率出现走高趋势，进一步加剧了城乡义务教育的可及性差异。（2）在办学条件差异方面，城乡义务教育学校的硬件设施差距近年来有

---

① [英]F. A. 哈耶克：《自由秩序原理》（上），邓正来译，生活·读书·新知三联书店 1997 年版，第 111 页。

所改善；城乡义务教育经费投入差距的加速度也在不断减小，但生均教育经费的绝对值差距依然明显；师资力量差距在城乡义务教育办学条件差异指标中最为明显，从教师数量指标而言，在农村义务教育生师比降低的同时，存在着大量的代课教师；且农村义务教育教师的流量远远低于城镇，优质教师资源逆向流动状况明显。从教师质量指标衡量，城乡差距更为明显，无论是小学和普通初中，农村教师的学历合格率都远远低于城镇。（3）以升学率和人口平均受教育年限为表征的教育质量指标测度反映出城镇义务教育质量远远高于农村，在 1999—2009 年间，城乡普通初中的升学率最大差距达 3∶1，如果考虑城市家庭禀赋以及教育代际传递优势的存在，城乡义务教育的结果差异会更大。（4）城乡义务教育非均衡发展的空间序列测度结果也反映出与时间序列测度相一致的趋势，全国 31 个省、市、自治区（未统计港澳台地区）在硬件设施、师资力量和教育经费投入等方面总体上呈现出城镇优于农村的态势。

—— 城乡义务教育不均衡发展的负效应主要表现为：（1）拉大了城乡居民收入差距。回归分析结果表明，城乡普通初中的差距每增加 1%，城乡收入差距就会增加 0.295%，城乡普通小学的差距每增加 1%，城乡收入差距就会增加 0.401%；（2）阻碍了城乡经济同步增长。普通初中升学率城乡比每扩大 1 个单位，城乡经济增长水平的差距扩大 0.575，城乡小学升学率的城乡差距对城乡经济增长水平差距的贡献率为 0.71；（3）阻滞了农村劳动力的社会流动；（4）损害了社会的公平正义。

第三章

制度成因之一：我国城乡义务教育
非均衡发展的体制环境

根据新制度主义的观点，制度成因包括正式制度的影响和非正式制度的影响。本章仅从财政制度、城乡二元体制以及义务教育管理体制三个方面来阐述正式制度对我国城乡义务教育非均衡发展的影响。

一　中国式财政分权与城乡义务教育非均衡

城乡义务教育均衡发展的影响因素有多个，而当前的财政分权体制无疑是影响权重较高的一个。

（一）中国式财政分权与公共教育[①]支出偏好的理论推演

所谓财政分权是指中央政府赋予地方政府一定的税收权及财政支配权，它是衡量一个国家或地区权力分配的重要指标之一。新古典经济学原理认为中央政府能够根据居民的需求偏好和资源禀赋来实现社会福利最大化，而该理论又无法面对现实中为居民提供公共服务（产品）作用甚大的地方政府的存在。为了弥补新古典经济学原理对地方政府存在的解释乏力，财政分权理论得以兴起。一般认为，西方主流财政分权理论经历了两个阶段。第一代财政分权理论又被称为"财政联邦主义"（the theory of fiscal federalism），以蒂伯特（Charles Tiebout）、马斯格雷夫（Musgrave）、奥茨（Oates）等为代表。蒂伯特的"用脚投票"理论认

---

① 为保证与世界银行的数据口径相一致，我们使用"公共教育"的概念指标，具体指作为公共物品或准公共物品的教育，包括学前教育、义务教育等基础教育。

为人们之所以聚集到某一地方政府的周围，是因为该地方政府为他们提供了合意的税收水平和公共服务菜单，而居民的这种为了寻求符合自身偏好的服务组合而在各辖区间的自由流动促使了地方政府间的竞争，从而最终使其能够像市场一样有效率地提供公共服务。①马斯格雷夫从财政的职能入手，对中央和地方政府的合理分权进行研究，指出，中央政府应负责宏观经济的调控和收入的再分配，而地方政府则履行资源配置的职能。②奥茨的分权定理则依据中央与地方政府提供公共物品的效率差异，指出中央政府只能提供广泛的偏好相同的公共物品。③ 第一代财政分权理论主要围绕资源配置在中央与地方政府间的分工来展开，认为财政分权更有利于提高公共物品的供给效率，而以钱颖一、蒙蒂诺拉(Montinola)、温加斯特(Weingast) 等为代表的第二代财政分权理论则抛弃了传统财政联邦主义的理性政府模型假设，将激励理论引入到财政分权当中，认为高效源自于好的政府结构，政府行为既要受到约束也应有相应的激励，中央与地方在维护市场运行中应拥有各自的权利和义务，应各司其职。④ 第二代财政分权理论的中心从公共物品的供给转移到了地方政府的行为，强调地方政府间的竞争，关注限制中央政府对市场的过分干预，维护市场的自由运作，因此，第二代财政分权理论又被称作市场维护型财政联邦主义。

由上述理论演进的历程可以看出，西方主流财政分权理论认为，可以通过"用手投票"（民主选举）和"用脚投票"（自由迁徙）两种机制来提高社会福利水平，而在我国，由于官员委任制和户籍制的存在，使得两种机制失去了发挥效用的空间。那么，我国的财政分权改革又呈现出什么样的特征？取得了什么样的效果？尤其是对义务教育等公共物品的供给会产生什么样的影响呢？

我国的财政分权由于与西方的财政联邦主义有着质的不同，被有些

---

① Tiebout, "The Pure Theory of Public Expenditure", *The Journal of Political Economy*, 1956 (64), pp.416–424.

② R.A. Musgrave, *The Theory of Public Finance*, New York :Mc Graw-Hill, 1959.

③ W. E. Oates, *Fiscal Federalism*, New York :Harcourt Brace Jovanovich, 1972.

④ 参见边维慧、李自兴《财政分权:理论与国外实践》,《国外社会科学》2008 年第 3 期。

学者称之为"中国式财政分权"①，其核心特征表现为：第一，经济分权与政治集权相结合。与西方经济分权与政治分权并举不同，我国的财政分权在中央的政治集权框架下进行，由此导致地方政府行为的"唯上"而非"唯下"，西方的"用手投票"机制失灵。第二，"自上而下"供给主导型分权。传统分权理论认为某种公共产品可以同时由上级政府和下级政府提供时，下级政府提供会更有效率，是一种"自下而上"的供给模式，而我国中央政府为了保证足够的财政资源和宏观调控能力，实施的中央政府做决策，地方政府负责执行的"自上而下"供给模式。第三，居民对政府行为的约束缺乏。由于我国户籍制的长期存在，限制了居民的自由流动，从而导致居民通过流动来约束地方政府行为的"用脚投票"机制缺失。②

中国式财政分权促进了我国经济的增长。改革开放以来，经济发展成为我国的战略重点，一切"以经济建设为中心"。在该目标导向下，中央政府对地方政府的政绩考核一直偏向于经济发展指标。尽管分权后地方政府拥有了相当的经济自主性和根据自身利益进行资源配置的权力，但是中央政府仍可以通过官员的升迁及任免权来控制地方政府行为，该体制下地方政府与中央政府的目标能够保持高度的一致性。因此，该分权机制能够促进我国经济的高速发展就显而易见了。根据周黎安（2005）等学者的研究，我国地方官员的晋升与经济绩效之间存在显著的正相关，从而在一定程度上印证了中国式财政分权体制下，"中央政府通过政绩考核和晋升激励鼓励地方政府发展经济的事实"③。因此，有学者认为，中国经济的持续增长，关键点不是"做对价格"而是"做对激励"④。

---

① "中国式财政分权"的雏形见于钱颖一（1995）等学者，后经张军（2007）、周黎安（2007a、b）、傅勇（2008）、吕炜（2010）等人的发展逐渐被学界认可。

② 于长革：《中国式财政分权激励下的经济社会非均衡发展》，《当代财政》2009年第6期。

③ 吕炜、王伟同：《政府服务型支出缘何不足——基于服务性支出体制性障碍的研究》，《经济社会体制比较》2010年第1期。

④ 参见王永钦、张宴等《中国的大国发展道路——论分权式改革的得失》，《经济研究》2007年第1期；张军等《中国为什么拥有了良好的基础设施》，《经济研究》2007年第3期。

　　中国式财政分权在促进经济持续增长的同时也带来了公共服务供给的相对滞后。可以想象，面对着中央政府的政治激励，地方政府必然将有限的资源优先用于与中央目标一致的发展经济领域，从而挤占用于社会公共服务供给的支出，"重投资、轻服务"的财政支出结构成为地方政府的必然选择。[①]　吕炜（2006）又进一步指出，由于财政分权导致的公共服务供给相对社会发展的滞后会约束居民的消费，从而导致内需不足，影响经济的持续增长，使得政府不得不进一步增加基础建设投资来抵消消费不足对经济增长的威胁，这种政府投资——经济增长的不良循环会进一步扭曲政府的公共支出结构，恶化民生服务的改善。

　　由此，我们可以得出，中国式的财政分权在促进我国经济持续高速增长的同时，抑制了地方政府对公共物品（服务）供给的投入，从而形成了经济增长与民生改善的反向替代，使得在经济快速发展的同时，义务教育等的民生事业没有出现同步的明显改善。

（二）中国式财政分权与公共教育投入责任的模型估算

　　上文通过理论推演得出，中国式财政分权并没有实现西方国家通过分权而获得的义务教育等公共物品（服务）供给效率的提高，反而出现了地方政府对公共服务供给偏好的不足。供给偏好显示的是政府对义务教育等公共服务提供的主观因素，如果财政分权规范、制度合理（如图3—1 所示），亦可能保证政府对义务教育的投入责任。我们忽略政府的支出偏好等主观因素，从国家经济发展水平与政府财政能力等客观因素入手，对我国政府义务教育的财政投入责任进行定量剖析，以验证政府的义务教育投入责任是否缺失。

　　[①]　傅勇、张宴：《中国式分权与财政支出结构偏向：为增长而竞争的代价》，《管理世界》2007 年第 3 期。

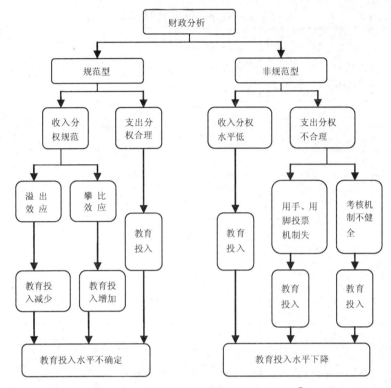

图3—1 财政分权与教育投入水平关系[1]

本文以公共教育支出占国家 GDP 的比重（Y）表示政府的教育投入责任；以政府收入占 GDP 的比重表示政府的财政能力（X_1）；以人均国民生产总值（X_2）衡量国家经济发展水平，由于现实中大多数国家的经济发展的增速明显高于义务教育支出的增速，因此本文对变量 X_2 作对数处理，设定回归模型为：

$$Y = \alpha + \beta_1 X_1 + \beta_2 \ln X_2 \tag{3—1}$$ [2]

---

[1] 参见周业安、王曦《中国的财政分权与教育发展》，《财政研究》2008 年第 11 期。
[2] 参见吕炜、王伟同《发展失衡、公共服务与政府责任——基于政府偏好和政府效率视角的分析》，《中国社会科学》2008 年第 4 期。

表 3—1　　　　　　　　　　不同国家公共教育支出及财政能力比较

序号	项目 国家 （地区）	公共教育占 GDP 比重（%）	中央财政收入占 GDP 比重（%）	人均国民生产 总值 （美元）
1	美国	4.8	21.5	34370
2	阿根廷	4	14.2	7450
3	巴西	4.7		3630
4	孟加拉国	2.5	9.3	370
5	印度	4.1	12.8	450
6	印度尼西亚			580
7	伊朗	4.4	21	1650
8	以色列	7.3	43.3	16710
9	日本	3.5		35420
10	哈萨克斯坦		11.3	1250
11	韩国	3.8		9010
12	马来西亚	6.2		3250
13	蒙古	2.3	28.5	390
14	巴基斯坦	1.8	16.9	450
15	菲律宾		15.4	1020
16	新加坡	3.7	26.1	23350
17	斯里兰卡		16.8	890
18	泰国	5.4	16	2020
19	土耳其	3.5	28.1	3080
20	越南		19.9	390
21	埃及			1490
22	尼日利亚			260
23	南非	5.5	26.7	3060
24	加拿大	5.5	21.8	21720
25	墨西哥	4.4	14.8	5100

续表

序号	国家（地区）	公共教育占GDP比重（%）	中央财政收入占GDP比重（%）	人均国民生产总值（美元）
26	委内瑞拉		20.5	4310
27	白俄罗斯	6	28.7	1380
28	保加利亚		33.7	1580
29	捷克	4.4	32.7	5250
30	法国	5.8		23990
31	德国	4.6	41.3	25130
32	意大利	4.5		20130
33	荷兰	4.8		25260
34	波兰	5	31.1	4170
35	罗马尼亚	3.5	29.6	1610
36	俄罗斯联邦	4.4	24.6	1690
37	西班牙	4.5		14760
38	乌克兰		26.8	690
39	英国	4.5	36	25200
40	澳大利亚	4.7	23.9	20120
41	新西兰	6.1	30.6	14230

资料来源：根据国际货币基金组织《世界经济展望》数据库、世界银行《世界发展指标》数据库相关数据整理。

　　由于数据的可得性，本文选取了全球 41 个国家（地区）的相关数据，其分布包括发达国家、发展中国家和不发达国家（详见表 3—1）。运用 WLS 方法通过 SPSS17.0 估算样本国家（地区）的政府对教育的投入责任，具体结果如表 3—2 所示：

表3—2   方程（3—1）回归分析结果

	未标准化系数		标准化系数	T	Sig
	B	标准误	标准误		
（Constant）	0.925	1.359		2.681	0.004
X_1	0.037	0.174	0.028	1.801	0.087
X_2	0.314	0.028	0.028	1.890	0.012
Adjusted R Square			0.843		

由此得出政府教育投入责任与国家发展水平和财政能力的回归方程为：

$$Y=0.925+0.037X_1+0.31 \ln X_2 \qquad (3—2)$$

其中，方程的拟合系数为 0.843，说明该方程对政府教育投入责任的解释概率为 84.3%，方程中各变量的显著性水平均小于10%，表明解释变量与被解释变量间的线性关系明显。该方程中 X_1、X_2 的系数均为正，说明政府的教育经费责任实现度与一个国家（地区）的经济发展水平、政府的财政能力呈正相关，即随着政府财政能力的提高和国家经济发展水平的提升，政府的教育投入责任实现度也随之提高。

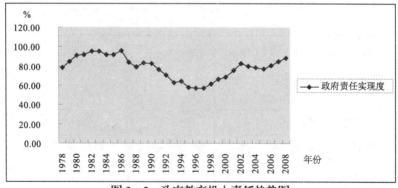

图3—2　政府教育投入责任趋势图

我们把中国改革开放后的相关数据代入方程（3—2），考察我国在现实的经济发展水平下，政府教育投入责任实现的实际状况，具体结果如表 3—3。由表 3—3 可以得出，改革开放以来，我国财政对公共教育的投入水平一直偏低，一直没有完全实现国家财政应达到的标准，具体变动趋势如图 3—2 所示。

在 20 世纪 80 年代前期，由于教育投入实施的是国家主导政策，相对而言，政府责任实现度较高；20 世纪 90 年代中期以后，国家对公共教育的责任实现度骤降，可能原因为，1994 年分税制改革后，教育投入责任下放，地方政府对教育等民生服务的投入偏好不足，导致了公共教育的财政投入下降，政府责任失衡，此结果同时也证实了前文指出的国家财政分权后，由于经济增长与民生改善的反向替代，导致了在"以经济建设为中心"的战略指导下，政府对民生类公共服务的责任缺失的结论。进入新世纪，国家财政对教育的投入增加，政府对教育的责任实现度逐步得以提高，但依旧在 80% 的实现率左右徘徊。单从教育经费占 GDP 的比重而言，1993 年颁布的《中国教育改革和发展纲要》中指出，到 2000 年预算内教育经费支出占 GDP 比重达到 4%，而直到 2012 年该目标一直未实现，也从侧面印证了政府对教育投入的失责。

表 3—3　　　　　　　　　　国家财政教育投入统计

年份	国家财政预算内教育经费（亿元）	财政收入（亿元）	GDP（亿元）	人均 GDP（亿元）	美元对人民币汇率	教育支出占 GDP 理论值[①]（%）	教育支出实际占 GDP 比值（%）	政府责任实现度（%）
1978	76.23	1132.26	3645.2	381	1.58	2.66	2.09	78.63
1979	93.16	1146.38	4062.6	419	1.50	2.70	2.29	84.78
1980	113.19	1159.93	4545.6	463	1.53	2.73	2.49	91.28
1981	122.22	1175.79	4891.6	492	1.71	2.71	2.50	92.11

① 由于数据的可得性，本文使用人均 GDP 数值代替了原模型中人均 GNP 数值，对该变量取对数后，影响甚小，进一步而言，我国历年来的 GDP 略小于 GNP，使用人均 GDP 变量代替人均 GNP 变量后，得到的政府公共教育投入责任的理论值偏小，政府责任实现度偏高，更好地验证了行文的结论，而不是反之。

续表

年份	国家财政预算内教育经费（亿元）	财政收入（亿元）	GDP（亿元）	人均GDP（亿元）	美元对人民币汇率	教育支出占GDP理论值①（%）	教育支出实际占GDP比值（%）	政府责任实现度（%）
1982	137.20	1212.33	5323.4	528	1.89	2.70	2.58	95.40
1983	154.72	1366.95	5962.7	583	1.98	2.72	2.59	95.42
1984	180.14	1642.86	7208.1	695	2.33	2.72	2.50	91.78
1985	224.89	2004.82	9016	858	2.94	2.72	2.49	91.84
1986	267.30	2122.01	10275.2	963	3.45	2.70	2.60	96.32
1987	276.57	2199.35	12058.6	1112	3.72	2.72	2.29	84.28
1988	330.91	2357.24	15042.8	1366	3.72	2.79	2.20	78.98
1989	397.72	2664.9	16992.3	1519	3.77	2.81	2.34	83.15
1990	426.14	2937.1	18668	1644	4.78	2.76	2.28	82.57
1991	459.73	3419.48	21781.5	1893	5.32	2.78	2.11	76.05
1992	538.74	3483.37	26923.5	2311	5.51	2.83	2.00	70.81
1993	644.39	4348.95	35333.9	2998	5.76	2.89	1.82	63.03
1994	883.98	5218.1	48197.9	4044	8.62	2.86	1.83	64.12
1995	1028.39	6242.2	60793.7	5046	8.35	2.94	1.69	57.54
1996	1211.91	7407.99	71176.6	5846	8.31	2.99	1.70	57.00
1997	1357.73	8651.14	78973	6420	8.29	3.02	1.72	56.97
1998	1565.59	9875.95	84402.3	6796	8.28	3.04	1.85	61.09
1999	1815.76	11444.08	89677.1	7159	8.28	3.05	2.02	66.32
2000	2085.68	13395.23	99214.6	7858	8.28	3.08	2.10	68.19
2001	2582.38	16386.04	109655.2	8622	8.28	3.11	2.35	75.67
2002	3114.24	18903.64	120332.7	9398	8.28	3.14	2.59	82.43

① 由于数据的可得性，本文使用人均 GDP 数值代替了原模型中人均 GNP 数值，对该变量取对数后，影响甚小，进一步而言，我国历年来的 GDP 略小于 GNP，使用人均 GDP 变量代替人均 GNP 变量后，得到的政府公共教育投入责任的理论值偏小，政府责任实现度偏高，更好地验证了行文的结论，而不是反之。

续表

年份	国家财政预算内教育经费（亿元）	财政收入（亿元）	GDP（亿元）	人均GDP（亿元）	美元对人民币汇率	教育支出占GDP理论值[①]（%）	教育支出实际占GDP比值（%）	政府责任实现度（%）
2003	3453.86	21715.25	135822.8	10542	8.28	3.18	2.54	80.07
2004	4027.82	26396.47	159878.3	12336	8.28	3.23	2.52	78.11
2005	4665.69	31649.29	184937.4	14185	8.10	3.28	2.52	77.00
2006	5795.61	38760.2	216314.4	16500	8.00	3.33	2.68	80.51
2007	7654.91	51321.78	265810.3	20169	8.00	3.39	2.88	84.91
2008	9685.56	61330.35	314045.4	23708	7.00	3.48	3.08	88.51

资料来源：根据《中国统计年鉴》、《中国教育统计年鉴》和《中国教育经费统计年鉴》各年相关数据整理。

（三）中国式财政分权影响城乡义务教育均衡发展的实证分析

前文我们通过理论推演得出中国式财政分权导致政府尤其是地方政府对教育投入等民生改善服务的供给偏好不足，同时由于相配套的分权制度不完善，最终使主观意义上的投入偏好不足演变为政府责任缺失的客观事实存在。而政府对教育投入责任缺失的客观现实与我国义务教育的城乡非均衡发展之间又是否存在关联呢？安晓敏等（2007）利用生均预算内教育经费作为教育基尼系数的计算依据，对我国义务教育经费的配置公平度进行回归分析发现，随着生均预算内事业经费的增长，城乡之间的差异更加明显。张长征等（2006）根据不同教育程度的人口存量作为教育基尼系数的计算依据，通过对1978—2004年的截面数据对我国教育公平程度的估算得出，改革开放后我国的教育公平程度比改革开放前有所提高，但是城乡教育的不平等仍十分显著。

---

① 由于数据的可得性，本文使用人均GDP数值代替了原模型中人均GNP数值，对该变量取对数后，影响甚小，进一步而言，我国历年来的GDP略小于GNP，使用人均GDP变量代替人均GNP变量后，得到的政府公共教育投入责任的理论值偏小，政府责任实现度偏高，更好的验证了行文的结论，而不是反之。

对我国财政分权的衡量指标，目前仍没有一个共识，似乎每一个单一的指标都不能很好地反应出我国财政分权的全貌，学界多用地方财政收入占全国财政收入的比重、地方财政收入的自治率、[①]地方财政支出占全国财政支出的比重、地方财政支出自决率[②]以及地方税收管理分权度和地方行政管理分权度等常用指标。[③] 对我国城乡义务教育的非均衡发展的衡量指标多用教育基尼系数、Theil 指数等指标，而对教育基尼系数的测算依据又有多种多样，常见的有生均教育经费、生均预算内教育经费、入学率、生师比、升学率和人均受教育年限等指标。本文主要想验证由于财政分权带来的政府教育投入不足对城乡义务教育均衡发展的影响，因此，选取城乡义务教育的生均经费比作为城乡义务教育非均衡度的测算指标，以地方财政收入占全国财政收入比与地方财政支出与全国财政支出比的差额表示财政分权度。建立模型方程（3—3）：

$$Y_{(小、初)} = \alpha + \beta_1 X_1 + \beta_2 X_2 + \upsilon \qquad\qquad (3—3)$$

其中，被解释变量 Y 分别用城乡普通小学生均经费比、城乡普通初中生均预算内经费比来表示；[④]解释变量 X_1 表示财政分权引起的财政缺口，用地方财政收入占全国财政收入比与地方财政支出占全国财政支出比的差额来衡量；由于 2001 年我国教育体制改革，教育经费投入体制有所变动，我们引入哑变量 X_2，2001 年前为 0，2001 年后为 1；υ 表示残差，代表未纳入模型的解释变量。在数据的选择上，我们尽量使用未加工的原始数据作为依据（如表 3—4 所示）。在方法选择上，本文为避免变量异方差的存在，运用加权最小二乘法（WLS）对方程（3—3）进行回归分析，具体结果如 3—5 所示。

① 地方财政收入自治率衡量地方财政的自主程度，等于地方财政预算收入占预算总收入的比例。

② 地方财政支出自决率衡量地方财政自主财政支出占财政总支出的比例，等于地方预算支出减去中央转移支付后的余额占地方预算总支出的比例。

③ 龚锋、雷欣：《中国式财政分权的数量测度》，《统计研究》2010 年第 10 期。

④ 相对于小学，初中对预算内经费的依赖性更大，因此对普通初中的回归分析我们选择生均预算内经费作为解释变量。

表 3—4　　　　　　　财政收支及城乡义务教育生均经费统计

	财政收入（亿元）		财政支出（亿元）	
	全国	地方	全国	地方
1997	9233.56	6701.06	8651.14	4424.22
1998	10798.18	7672.58	9875.95	4983.95
1999	13187.67	9035.34	11444.08	5594.87
2000	15886.50	10366.65	13395.23	6406.06
2001	18902.58	13134.56	16386.04	7803.30
2002	22053.15	15281.45	18903.64	8515.00
2003	24649.95	17229.85	21715.25	9849.98
2004	28486.89	20592.81	26396.47	11893.37
2005	33930.28	25154.31	31649.29	15100.76
	小学生均教育经费（元）		初中生均预算内教育经费（元）	
	农村	城市	农村	城市
1997	494	804	467	778
1998	512	861	477	805
1999	562	968	505	837
2000	634	1096	529	897
2001	784	1393	661	998
2002	936	1606	807	1163
2003	1033	1809	874	1283
2004	1277	2097	1046	1530
2005	1506	2381	1288	1785

　　数据来源：根据《中国统计年鉴》、《中国教育经费统计年鉴》、《中国农村统计年鉴》相关
数据整理。

　　由表 3—4 可以得出我国 1997—2005 年间的城乡义务经费投入的变
动趋势图（如图 3—31 图、3—4 所示）。

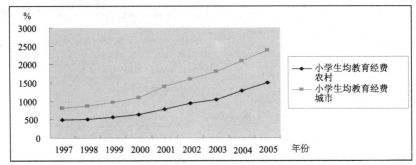

图 3—3　城乡普通小学生均教育经费变动趋势

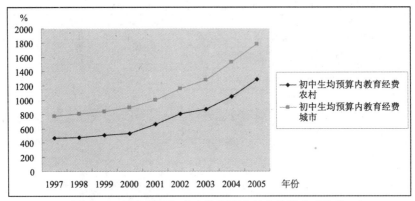

图 3—4　城乡普通初中生均预算内教育经费变动趋势

由图 3—3、图 3—4 可知，在 1997—2005 年间，我国财政对义务教育的投入呈现逐年增加的趋势，其中农村普通小学生均教育经费的年增长率达 14.95%，城市普通小学生均教育经费投入的年增长率为 14.53%；而同期农村普通初中的生均预算内教育经费年增长率为 13.52%，城市普通初中的生均预算内教育经费的年增长率为 10.94%。可以看出，随着义务教育均衡发展需求的增加，国家财政投入逐步向农村倾斜，无论小学还是初中，农村义务教育财政投入年增长率均高于城市，但是从绝对值分析，无论小学还是初中，城市的教育经费投入都远远高于农村。

表3—5　　　　　　　　　　　方程（3—3）回归分析结果

	Y(小)	Y(初)
X₁	3.078***	1.144*
	（-4.123）	（-1.883）
X₂	0.160**	-0.165***
	3.508	（-4.433）
Constant	2.299***	1.903***
	（-15.438）	（-15.701）
F	8.513**	59.438***
R Square	0.739	0.952
Adjusted R Square	0.653	0.936

注：其中***、**、*分别代表1%、5%、10%的显著性水平，小括号内为 t 值。

根据表3—5的回归分析结果，可以进一步得出：

$$Y_{小} = 2.299 + 3.078X_1 + 0.16X_2 \qquad\qquad (3—4)$$

$$Y_{初} = 1.903 + 1.144X_1 - 0.165X_2 \qquad\qquad (3—5)$$

由方程（3—4）可知，X_1 与 $Y_{小}$ 呈正相关关系，即随着财政分权度的提高，尽管城乡小学的生均教育经费都大幅度提高，且农村小学经费投入年增长率高于城市小学经费投入的年增长率，但是由于城市小学生均教育经费的绝对值远远大于农村小学生均教育经费，即增长基数城市远远高于农村，导致城乡普通小学的发展差距又进一步被加大；方程（3—5）的结果给出普通初中的城乡发展与普通小学的城乡发展一致的结论，即随着财政分权度的提高，我国城乡普通中学的发展差距被进一步拉大。

二　城乡二元体制与城乡义务教育非均衡

（一）中国城乡二元体制的起因与制度塑造

荷兰经济学家 J.H.Boeke 在对当时荷兰的殖民地印尼的经济社会进行研究时发现，印尼社会呈现明显的分割状态，即"城市已经出现市场经济、市民社会等现代化产物，而农村公社仍处于原始状态"。[①]Boeke 运用"二元"概念来描述这种社会结构，认为其有着各自不同的特点，应该使用不同的经济理论进行治理。[②]Boeke 二元结构的概念被后来许多学者运用来分析转型国家的经济社会现象，其中最有影响的当属美国经济学家阿瑟·刘易斯（W.A.Lewis），1954 年，其在《劳动无限供给下的经济增长》一文中提出了经典的二元经济模型，该模型将国民经济划分为两个部门：一个是传统的农业部门，一个是现代的工业部门，并认为经济发展的过程是一个农业在国民经济中的比重不断下降而工业比重不断上升的过程。[③]刘易斯的二元经济模型在对国家经济发展给出解释的同时，也面临着不同的挑战，拉尼斯（G.Ranis）、费景汉（John C.H.Fei）等学者认为刘易斯贬低了农业在国民经济中的作用和地位，对其二元经济模型进行了修正。20 世纪 60 年代，舒尔茨（T.Z.W Schultz）从人力资源开发的角度批评了刘易斯的二元结构理论，强调改变城乡二元结构过程中教育和人力资源开发的重要作用。

尽管后来学者从不同的角度对刘易斯的二元经济模型提出了批评与修正，但是在 20 世纪 50 年代至 70 年代末，该二元结构理论一直作为一个主导理论对经济发展过程予以阐释，特别是该时期的许多发展中国家都将其作为经济发展路径设计的理论支撑。在实践中，城乡二元结构问

---

① 陈瑞莲：《破解城乡二元结构：基于广东的实证分析》，社会科学文献出版社 2008 年版，第 3 页。

② Boeke.J.H, *Economics and Economic Policy of Dual Societies as Exeplified by Indonesia*, New York:Institute of Palations,1953.

③ [美]阿瑟·刘易斯：《劳动无限供给下的经济增长》，《现代国外经济学论文选》（第八辑），商务印书馆 1984 年版，第 48—95 页。

题也成为发展中国家从传统社会向现代社会过渡共同面临的问题。一般认为，我国的城乡二元结构始于 20 世纪 50 年代。新中国成立初期，百业待兴，经济体系处于几近崩溃的边缘，在赶超发展的战略指导下，重工业被置于优先发展的地位。由于资本和物质的短缺，国家运用行政手段扭曲市场的作用为重工业的发展积累资源。

为了降低工业发展的人力成本，尽可能地压低产业工人的工资和福利水平是当时实现重工业赶超发展的一个现实选择。国家在产业工人的集聚地——城市推行低工资、低福利政策必然降低城市居民的购买力，为了保证其基本的生活资料需要，压低生产力再生产的成本价格成为一种必然选择，在计划经济体制下，国家通过降低农产品价格的方式来满足上述选择的需要，进而把工业积累的成本转嫁到农村。同时，为了使工业发展获得廉价的原材料资源，国家通过行政手段，对农产品的购销进行控制，确立工、农产品价格的"剪刀差"。此外，为了限制由于工、农业的利润率差异带来的人口流动，国家又通过户籍制度，限制农村人口的流动，使得农村人口锁定在农业生产上。这种重工业优先发展的赶超战略最终促使了我国城乡二元体制的形成。[①]

李学（2006）认为，我国城乡二元体制的形成不能仅归因为国家重工业优先发展的赶超战略，该战略只是一种理念，一系列的制度安排才是城乡二元体制的最终根源。并进一步指出，公共服务的城乡二元供给体制，变相加重了农民的负担，制约了农村社会再生产能力的提高；而城乡二元行政管理体制又进一步"硬化"了我国的城乡二元结构；户籍管理制度、二元土地管理制度及非正式制度的歧视等一系列制度安排导致了我国城乡二元结构的形成。陈瑞莲（2008）也认为，中国城乡二元体制的运作逻辑在于通过户籍制度、土地制度、教育制度、行政管理制度、财政管理制度、市镇设置法律制度、社保制度和就业制度等一条制度约束链条在城市和农村之间构筑了一道城乡分割的壁垒。郭书田、刘纯彬更是指出有 14 种具体制度"把中国切成了泾渭分明的两大板块"[②]，

[①] 参见李学《城乡二元结构问题的制度分析与对策反思》，《公共管理学报》2006年第 10 期。

[②] 郭书田、刘纯彬：《失衡的中国》，河北人民出版社 1990 年版，第 7 页。

构成了中国的城乡二元社会结构。

（二）城乡二元体制影响城乡义务教育均衡发展

如前文所述，城市与农村分割的二元结构是由一系列的制度所造成，在这里本文把城乡二元体制看作是二元户籍管理制度、二元土地制度、二元教育体制、二元就业制度、二元公共服务供给制度等一系列制度的合集，该制度链条中的各个制度是城乡二元体制的子集。

1.城乡二元户籍管理制度阻滞城乡义务教育均衡发展

户籍管理制度是城乡二元体制链条中的一个重要链节，指通过各级权力机构对其所辖范围内的户口进行调查登记、申报与注销、迁移等管理，并按一定的原则对其进行立户、分类和编制，其本意是提供辖区内人口统计资料。随着时间的推移，如今的户籍制度已远远超出其本身的职能演变成一种身份的象征，其背后附着着一系列的福利待遇。

户籍制度对城乡义务教育的直接影响体现在两个方面：一是建立在该制度基础上的义务教育就近入学制。2006年修订实施的《中华人民共和国义务教育法》第十二条规定：地方各级人民政府应当保障适龄儿童、少年在户籍所在地学校就近入学。就近入学的依据就是户籍。这项旨在方便学生就学的制度安排，在"不经意"间使农村学生不得不接受农村相对落后的教育，同时，也变相催生了"高价择校费"的出现，"非定点"的外来生源要缴纳价值不菲的择校费方能入学。二是该制度安排阻滞了流动人口子女平等接受义务教育的权利。目前，国家对农民工子女平等接受义务教育采取的是"以流入地政府管理为主，以全日制公办学校为主"的"两为主"政策。但常常出现城市的义务教育学校以教育资源的有限性为借口，对进城务工人员的子女收取高价"借读费"，有的甚至直接拒绝接受。另外，许多在城市就读的农民工子女到小升初，或初升高时，由于户籍的限制只能回家乡参加考试。这种"户籍管学籍"的制度安排使平等接受义务教育的法律规定成为一纸空文。

2.城乡二元教育结构掣肘城乡义务教育均衡发展

城乡二元的教育结构是城乡二元体制在教育上的映射，是城乡二元社会的一种表征形式，其主要表现为：城乡教育目标二元化、城乡教育经费投入二元化、城乡教育办学标准二元化等方面。

　　长期以来的城乡二元体制，使城乡义务教育在发展目标定位上存在显著的差异。农村义务教育的目标长期定位于"为农"服务，而城市义务教育的目标定位于"为城"服务。随着统筹城乡发展浪潮的到来，农村义务教育的发展目标又出现"离农"与"为农"的悖论。[①]由于农村义务教育灌输的城市优越理念，使农村学生逐渐缺乏对农村的热爱，淡化了建设农村的思想，把教育看作是脱离农村的"跳龙门"行为，这种"离农"的倾向同时又遭到一些学者的严厉批评，陶行知先生就指出："中国乡村教育走错了路：他教人离开乡下向城里跑，他教人吃饭不种稻，穿衣不种棉，做房子不造林。他教人羡慕奢华，看不起务农，他教人分利不生利，他教农夫的子弟变成书呆子。"[②]发展目标的二元取向，使得城乡义务教育在最根本的价值选择上就出现了二元分割，出现城乡义务教育发展的分离也变成一种理所当然。

　　城乡义务教育经费投入的二元化主要表现为："城市教育国家办，农村教育农民办。"该二元化确定于改革开放后"地方负责，分级管理"的义务教育管理体制的实施，该管理体制使得城乡义务教育在经费投入方面差距迅速扩大，加剧了城乡义务教育的二元表征。随着"以县为主"新体制的实施及《国家中长期教育改革和发展规划纲要（2010—2020 年）》的颁布，城乡义务教育经费投入的二元化表征逐渐减弱，但是由于前期农村义务教育经费投入的历史欠账过多，要缩小农村与城市间义务教育的差距，在经费投入方面，应弥补历史欠账，实施"反二元化"的策略，对农村义务教育投入进行倾斜。

　　除教育目标和经费投入的二元表征外，城乡义务教育的办学标准也不统一，呈现二元化的特征。如河南省 2008 年实施的《河南省农村义务教育阶段学校办学条件基本标准（试行）》，明确说明"此标准适用于现阶段农村（含县镇）初中、小学"，属于单列的农村办学条件基本标准

---

　　① 邬志辉、马青：《中国农村教育现代化的价值取向与道路选择》，《中国地质大学学报》（社会科学版）2008 年第 11 期。
　　② 转引自戚务念《多元化：当前农村教育目标的必然选择》，《江西教育科研》2006 年第 8 期。

而非城乡统一义务教育学校办学标准。濮阳市依据《河南省农村义务教育阶段学校办学条件基本标准（试行）》和《河南省普通中小学管理基本规范（试行）》的要求，制定的濮教[2011]11号文件《濮阳市教育局关于在全市义务教育阶段实施标准化学校建设工程的通知》明确规定：按照农村小学师生比1∶25，县（镇）小学师生比1∶23，城市小学师生比1∶20，农村初中师生比1∶18.5，县（镇）初中师生比1∶16.5，城市初中师生比1∶13.5的比例配备教职工。

3.城乡二元经济结构阻碍城乡义务教育均衡发展

经济二元是我国城乡二元体制中最明显、最受关注的表现形式。其分为静态结构和动态结构，二元经济的静态结构指"二元经济结构及与这些结构相联系的制度结构"①，其动态结构指农村传统农业向城市现代工业的转化及该转化过程中的剩余劳动力的转移。城乡二元经济的静态结构不仅表现在城市以现代工业为主、农村以传统农业为主的经济形式的差异，也体现在城乡居民收入的巨大差异。城乡居民可支配收入的差异又决定了城乡居民对义务教育投入的差异。林志伟（2006）、刘云忠、徐映梅（2007）等利用协整理论对我国城乡居民教育投入与城乡教育差距之间的关系进行了研究，都指出两者之间存在明显的协整关系，且该关系是一种长期均衡，其修正也需较长时间。刘云忠、徐映梅通过对1990—2005年的面板数据进行分析，指出我国城乡教育差距与城乡居民教育投入差距之间的协整系数为4.0，即我国城乡居民对教育的投入差距每提高1个单位，城乡教育的差距将扩大4个单位。②在城乡二元经济的动态结构中，随着农村劳动力向城市的大量流动，空巢家庭日益增多，大量的农村仅留下老人和孩子，其状况不仅使得农村家庭对义务教育的投入与城市家庭相比远远落后，也使得义务教育阶段的家庭教育远远落后于城市家庭；同时，随父母进城就读的子女由于得不到与城市家庭子女相同的教育待

---

① 沈亚芳：《二元经济结构转换下的农村教育——一般理论与中国实践》，《生产力研究》2008年第6期。

② 林志伟：《我国城乡收入差距与教育差距的协整性分析》，《山西财经大学学报》2006年第4期；刘云忠、徐映梅：《我国城乡教育差距与城乡居民教育投入差距的协整研究》，《教育与经济》2007年第4期。

遇，在城市内部又形成了新的"城乡二元"，城乡义务教育的差距进一步拉大。

（三）城乡二元体制与城乡义务教育非均衡的实证分析

本文依旧选取生均预算内教育经费作为衡量被解释变量城乡义务教育均衡度（Y）的指标，选取城乡经济二元（X_1）和城市化率（X_2）两个变量作为解释变量城乡二元体制的衡量指标，其中，城乡经济二元变量通过城乡收入比进行衡量，城市化率变量通过非农业人口在全国人口中的比重进行衡量，由于 2001 年施行"以县为主"的义务教育管理体制，我们把 2001 年作为一个虚拟变量（X_3），2001 之前取 0，2001 年以后取 1，用 υ 表示未纳入方程的解释变量。建立对数方程（3—6）对我国城乡二元体制与城乡义务教育均衡发展间的关系进行分析。

$$\ln Y = \alpha + \beta_1 \ln X_1 + \beta_2 \ln X_2 + \beta_3 \ln X_3 + \upsilon \qquad (3—6)$$

表3—6　　　　生均教育经费、城乡收入及城镇人口情况统计表　　　　单位：元

	小学生均预算内教育经费		初中生均预算内教育经费		农村人均纯收入	城镇居民人均可支配收入	城镇人口占总人口比重（%）
	农村	城市	农村	城市			
1997	277	487	467	778	2090.10	5160.30	31.91
1998	305	531	477	805	2161.98	5425.10	33.35
1999	344	583	505	837	2210.34	5854.00	34.78
2000	408	675	529	897	2253.42	6280.00	36.22
2001	548	906	661	998	2366.40	6859.60	37.66
2002	710	1090	807	1163	2475.63	7702.80	39.09
2003	805	1239	874	1283	2622.24	8472.20	40.53
2004	999	1456	1046	1530	2936.40	9421.60	41.76
2005	1183	1588	1288	1785	3254.93	10493.00	42.99

资料来源：根据《中国统计年鉴》、《中国教育经费统计年鉴》、《中国农村统计年鉴》相关数据整理。

为避免变量异方差的存在，本文运用二阶最小二乘法通过 SPSS13.0 对方程（3—6）进行回归分析，具体结果如 3—7 所示。

表 3—7   方程（3—6）回归分析结果

	$\ln Y_{小}$	$\ln Y_{初}$
$\ln X_1$	1.304**	0.170
	（3.345）	（0.360）
$\ln X_2$	-1.754***	-0.368
	（-4.909）	（-0.821）
$\ln X_3$	-.099**	-0.113**
	（-3.153）	（-2.795）
Constant	5.484***	1.651***
	（5.922）	-15.701
F	52.971***	24.103***
R Square	0.969	0.935
Adjusted R Square	0.951	0.897

注：其中***、**、*分别代表 1%、5%、10%的显著性水平，小括号内为 t 值。

由表 3—7 的回归分析结果可知：

城乡小学预算内教育经费与城乡二元体制的模型关系如方程（3—7）所示，城乡初中预算内教育经费与城乡二元体制的模型关系如（3—8）抽赤。

$$\ln Y_{小} = 5.484 + 1.304\ln X_1 - 1.754\ln X_2 - 0.099\ln X_3 \qquad (3—7)$$
$$\ln Y_{初} = 1.651 + 0.17\ln X_1 - 0.368\ln X_2 - 0.113\ln X_3 \qquad (3—8)$$

其中，方程（3—7）、方程（3—8）的拟合度分别为95.1%、89.7%；F值分别为52.971和24.103，说明该模型对城乡义务教育均衡度与城乡二元体制间的关系有很高的解释度。模型中$\ln X_1$的系数均为正数，说明随着城乡收入比的增加即城乡居民收入差距的加大，城乡义务教育的差距随之增大；模型中$\ln X_2$的系数均为负，说明随着我国城镇化进程的推进，城镇人口占全国人口总量比重的增加，城乡义务教育的差距随之缩小。模型中虚拟变量在5%水平下显著，反映出2001年教育体制的改革对城乡义务教育的均衡发展也有显著影响（具体分析详见下节内容）。

三　"以县为主"管理体制与城乡义务教育非均衡

（一）中国义务教育管理体制的变迁

1.中国义务教育制度的发端

中国义务教育的发端始于20世纪初。"我国上古之世，已具义务教育之精神，战国秦汉以来，其制渐废，虽如汉武之兴学，光武之重儒，唐开元之设州县乡学，宋庆历之诏州县立学，大抵重于造儒上而忽于教国民。故考义务教育之萌芽，不得不谓自清末兴学始。"[1]20世纪初期，欧美各国以及亚洲的日本大都实行义务教育，"中学为体、西学为用"思想指导下的清朝政府在草拟有关文件时也使用了"强迫教育"、"义务教育"这样的词语，并开始对延续了两千多年的封建学制进行改革，"废科举、兴学堂"。清朝末年虽然已有《钦定学堂章程》、《奏定学堂章程》，"然不久即废，且系统亦未完备，……此时初办，是为教育法规筹及义务教育之始"[2]。旧中国正式试办义务教育在1911年，该年清政府学部召开中央教育会议，会议通过了《试办义务教育章程案》等文件，该案提出了试办义务教育的办法，并明确规定义务教育期为4年。1912年，中华民国成立，初级小学堂改称为初等小学，同年9月，临时政府教育部颁布《学校系统令》规定："初等小学四年，为义务教育。"这是我国政府第一次明确规定实施义务教育。

---

① 田正平等：《世纪之理想：中国近代义务教育研究》，浙江教育出版社2000年版，第491页。

② 朱有献等：《中国近代教育史资料汇编·教育行政机构及教育团体》，上海教育出版社1993年版，第72页。

2.新中国成立后义务教育管理体制的演变

教育管理体制指的是"一个国家管理教育事业运行和发展的基本组织体系与制度"[①]。新中国成立以来，我国义务教育管理体制主要经历了四个阶段：

（1）"国家主导、分级管理"体制阶段（1949－1978 ）

从新中国成立到改革开放前，我国政治、经济、社会各领域实行高度集权的管理体制，教育领域也不例外。1952 年 3 月根据中国人民政治协商会议共同纲领文化教育政策和中央人民政府政务院《关于改革学制的决定》制定的《中学暂行规程（草案）》规定：中学由省、市文教厅、局遵照中央和大行政区的规定实行统一的领导。其设立、变更和停办，由省、市人民政府决定，报大行政区人民政府文教部备案并转报中央人民政府教育部备查。同年制定的《小学暂行规程（草案）》也规定小学由市、县人民政府统筹设置，其课程教学计划由教育部统一制定，经费开支标准由省、市人民政府教育行政部门制定并报请大行政区教育行政部门备案。由上述两个暂行规程可以看出，新中国成立初期的义务教育施行的是中央集权、国家主导的管理体制，体现了"人民教育国家办"的思想理念。1954 年政务院《关于改进和发展中学教育的指示》中规定：省（市）教育厅（局）应加强对中学的领导，按统一领导、分级管理的原则，省辖市内的中学由省辖市管理，县（市）内的中学亦应逐步做到由县（市）管理。至此，义务教育分级管理的思想开始萌芽。"文化大革命"期间，虽然义务教育阶段的教育内容和形式出现了各种变化，但义务教育的管理体制未发生大的变动。由此可见，在该时期内，我国的义务教育管理体制坚持以国家为主导，同时秉承"两条腿走路"的方针，分级办学、分级管理思想萌动。

"国家主导、分级管理"的义务教育办学体制是与我国当时的社会历史背景相适应的一种管理体制，该体制下，国家承担主要的投资和管理责任，系统内实行纵向垂直领导，在教育形式和内容上实行全国统一的学制与课程。该教育管理体制受政治上集权主义思想的影响，体现出

---

① 袁桂林：《农村义务教育以县为主管理体制现状及多元化发展模式初探》,《东北师苑大学学报》2004 年第 1 期。

一种绝对平均主义，忽视了地区、城乡和群体间教育需要的差异，实现的是一种低水平的教育公平。

（2）"地方负责，分级管理"体制阶段（1978—2001）

改革开放后，我国义务教育管理体制发生了两个变化，一是进一步强调地方政府在义务教育中的责任，二是确立了义务教育分级管理的原则。1980年出台的《中共中央、国务院关于普及小学教育若干问题的决定》，体现了前一阶段"人民教育国家办"的思想理念逐渐松动并向"人民教育人民办"的思想转变。1985年，《中共中央关于教育体制改革的决定》指出："把发展基础教育的责任交给地方，有步骤地实行九年制义务教育"，同时，进一步明确了义务教育由"地方负责、分级管理"的原则。该决定中义务教育管理体制改革的思想受到当时"效率优先、兼顾公平"理念指导下经济体制改革的影响，认为："不仅要承认全国各省市区之间经济文化发展的不平衡，而且要承认在一个省、一个市、一个县范围内的发展也是不平衡的。"1986年，全国人大四次会议通过了新中国第一部义务教育法——《中华人民共和国义务教育法》，以法律的形式再次确立了"地方负责、分级管理"的义务教育管理制度。该管理体制实际上为随后"城市教育政府办、农村教育农民办"办学格局的形成埋下了伏笔，在义务教育法颁布实施后国家教育委员会等部门《关于实施《义务教育法》若干问题意见》中明确指出：在城镇，义务教育设施应当列入城镇建设规划；在农村，中小学校舍建设投资，以乡、村自筹为主。该意见的出台，促使了城乡义务教育发展的逐步分离，直接导致税费改革后，农村义务教育的步履维艰。

与"效率优先、兼顾公平"的经济体制改革相适应的"地方负责、分级管理"义务教育管理体制改革打破了前一阶段义务教育国家包办的格局，教育管理责任由中央政府转移到地方政府，实行"县（市辖区）办高中，乡镇办初中，村社办小学"的投资责任体系，农村义务教育进入了"以乡为主"的时代。该体制以"效率"取向为其价值目标，为改革开放初期我国基础教育的繁荣发展做出了历史性贡献，但是该体制下构建的"以乡为主"的农村义务教育格局，使得农村家庭教育负担加重，贫困失学人口增加；同时，使得城乡义务教育的差距日益明显。

（3）"以县为主"体制阶段（2001 至今）

2001 年国务院在全国推行农村税费改革，取消了农业税及其附加费，至此，农村义务教育办学经费的主要来源被斩断，农村义务教育管理体制面临新的挑战。在此背景之下，2001 年 5 月，国务院发布了《关于基础教育改革与发展的决定》，指出："进一步完善农村义务教育管理体制，实行在国务院领导下，由地方政府负责、分级管理、以县为主的体制。"通过此次体制的调整，农村义务教育由农民集资办学转向了政府出资办学，"以乡为主"的农村义务教育管理体制转向了"以县为主"。至此，"以县为主"的义务教育管理体制正式确立。2006 年第十届全国人民代表大会常务委员会修订通过了《中华人民共和国义务教育法》，再一次以法律的形式确认了义务教育"以县为主"的管理体制。尽管《中华人民共和国义务教育法》规定了省级政府在义务教育管理工作中的统筹规划责任，但更多的是强化了县级政府的管理责任，特别是义务教育的经费投入上"以县为主"的体制，该体制的弊端随着义务教育公平需求的日益高涨，城乡义务教育均衡发展需要的日益增强而日渐明显。2010 年国务院公布了《国家中长期教育改革和发展规划纲要（2010—2020）》，纲要明确指出："加强省级政府教育统筹。进一步加大省级政府对区域内各级各类教育的统筹。统一管理义务教育，推进城乡义务教育均衡发展，依法落实发展义务教育的财政责任。"由此看出，我国义务教育管理重心在经历了"以乡为主"到"以县为主"的上移之后，进一步提升，强调省级政府的管理责任，特别是教育经费投入责任。

"以县为主"的义务教育管理体制，强化了县级政府的管理责任，一定程度上缓解了农村义务教育"以乡为主"所带来的矛盾，改变了"农村教育农民办"的窘境。但是，首先，责任主体由乡镇政府到县政府的提高，并不能从根本上解决义务教育的财政困境，特别是对于"吃饭财政"地区，县财政难以保证其管辖范围内义务教育发展的需要，尤其是改善县域内城乡义务教育的不均衡状况的需要；其次，"以县为主"的管理体制难以满足流动人口子女接受公平教育的需求；最后，该体制框架内未对政府、社会和市场三个办学主体的关系进行明确的定位，而后两者正是解决教育需求多元化不可或缺的主体。

从我国义务教育管理体制的变迁轨迹中可以看出，首先，我国义务教育的管理主体尤其是经费投入重心经历了由国家到乡镇的下移之后，重新上摆到县级政府、省级政府；其次，由新中国成立初期政府对学校的包揽包办，到今天逐步趋向政府对学校的管办分离，中央逐步向地方放权、政府逐步向学校放权。

（二）"以县为主"管理体制实施前后城乡义务教育差距的变动

如前文所述，"以县为主"管理体制实施以前，我国义务教育采取的是"地方负责，分级管理"的管理体制，在该体制下农村义务教育管理实际上采取的是"以乡为主"，这种"城市教育政府办，农村教育农民办"的格局不仅硬化了城乡义务教育的二元体制特征，也加剧了城乡义务教育的非均衡发展。随着农村税费改革的实施农村义务教育举步维艰，农村"以乡为主"的管理体制也寿终正寝，"以县为主"的义务教育管理体制取而代之。

我国义务教育进入"以县为主"时代后，农村义务教育经费紧张的状况得到一定程度的缓解，但是否促进了城乡义务教育差距的缩小呢？城乡义务教育差距又呈现如何的变动趋势呢？

本文运用生均教育经费的泰尔指数（Theil-T）分布来测度"以县为主"管理体制前后城乡义务教育的差距。该指数的最大优点在于其能够将不平等的分布进一步分解为组内差距和组间差距，组内差距可以描述城市和农村各自内部的生均教育经费差距，而组间差距则表明了本文所要验证的城乡义务教育的差距。泰尔指数越大，表明差距越大，反之，表示差距缩小。

泰尔指数分解公式为：[1]

$$Tp = \sum_i (\frac{Yi}{Y})Tpi + \sum_i (\frac{Yi}{Y})\ln(\frac{Yi/Y}{Ni/N})$$

其中，i =1,2 表示城市和农村两个组，Y 表示教育经费支出，N 表

---

[1] 参考赵力涛《中国义务教育经费体制改革:变化与效果》,《中国社会科学》2009年第 4 期。

示在校生人数。我们根据 1997—2005 年《中国教育经费统计年鉴》的相关数据分别对城乡小学和初中的生均教育经费的泰尔指数进行求解，具体结果如表 3—8 所示。

表 3—8　　　　　　　　　义务教育生均经费支出的城乡差距

年份	小学生均教育经费泰尔指数	初中生均教育经费泰尔指数
1997	0.028	0.022
1998	0.032	0.031
1999	0.035	0.038
2000	0.036	0.047
2001	0.039	0.033
2002	0.035	0.032
2003	0.038	0.037
2004	0.030	0.035
2005	0.025	0.026

数据来源：根据《中国教育经费统计年鉴》相关年份的数据整理得出。

由表 3—8 可知，小学生均教育经费的泰尔指数从 1997 年到 2001 年逐年增加，2001 年达到考察区间的峰值 0.039，反映出，在"以县为主"管理体制实施前，城乡小学教育的差距呈现逐年扩大的态势，2001 年"以县为主"的义务教育管理体制开始实施，小学生均教育经费泰尔指数除 2003 年比前一年度有所增加但仍低于 2001 年度外，整体上呈现出减小的趋势，反映出在"以县为主"管理体制实施后，我国小学教育的差距呈现逐年缩小的态势。

初中生均教育经费泰尔指数在考察年份区间内的总体变动趋势同小学的变动态势大体相当。不同的是，初中生均教育经费的泰尔指数在 2000 年达到峰值，但是从趋势变动的总体态势看，在"以县为主"管理体制实施前，城乡初中教育的差距在变大，而在"以县为主"管理体制实施后，泰尔指数总体呈现下走趋势，城乡差距在逐渐缩小。[①]

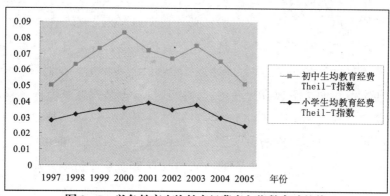

图3—5 义务教育生均教育经费泰尔指数变动趋势

由图3—5可知，初中的生均教育经费 Theil-T 指数在样本年份区间内始终大于小学，表明初中的城乡差距要远远高于小学。小学生均教育经费 Theil-T 指数从2001年的0.039减小为2005年的0.025，减小幅度为0.014，而同期初中生均教育经费 Theil-T 指数从0.033减小到0.026，减小幅度为0.007；反映出"以县为主"管理体制在缩小城乡差距的效果上，小学明显与初中。

（三）结果分析

根据上述实证分析的结果，我们可以得出如下结论：第一，"以县为主"的义务教育管理体制实施以后，以生均经费为衡量标准的城乡义务教育差距的变动"加速度"在减小。即随着新体制的实施，农村义务教育的投入主体由"以乡为主"提升为"以县为主"，在缓解农村教育经费紧张状况的同时，有效遏制了城乡义务教育差距持续扩大的趋势，反映出"以县为主"的义务教育管理体制在缩小城乡教育差距的作用效

---

① "以县为主"管理体制实施后，小学和初中的泰尔指数在2003年都出现异动。2003年国务院发布了《关于2003年治理教育乱收费工作的实施意见》，使得义务教育学校的预算外经费大幅度减少，由于农村义务教育学校对预算外教育经费的依存度高于城市义务教育学校，因而出现2003年的数据异动。

果方面优于"地方负责，分级管理"的管理体制。第二，在肯定"以县为主"管理体制的同时，我们也应该注意到，该体制的实施，减缓了城乡差距的"加速度"变动，但城乡义务教育的差距依然存在，且扩大的态势依然存在，减少的只不过是差距扩大的速度，并没有从根本上改变城乡义务教育存在明显差距的事实。[①]综合上述两个结论我们可以看出，"以县为主"的义务教育管理体制并未从根本上解决城乡义务教育的非均衡发展问题，实证分析得出城乡差异的减缓得益于新体制实施后，国家财政对农村义务教育的投入扩大了。闫坤、刘新波（2010）对此问题进一步分析指出：将义务教育的投入与管理责任上划到县级政府，并没有改变义务教育经费主要由层级较低的地方政府负责的格局，仍然未脱离"地方负责，分级管理"体制下的经费投入低重心化的范畴，只不过将包袱由难以为继的乡财政推给了县财政，但对于众多"吃饭财政"[②]的县级政府，义务教育的投入责任又将如何实现呢？

从另一个角度分析，该实证研究中的变量为生均教育经费，该变量反映的仅仅是城乡义务教育的"增量"效果，对城乡义务教育的存量并无反映。即该实证分析的结果仅仅反映出"以县为主"管理体制实施前后一段时期，财政对城乡义务教育投入的实际状况，而对于城乡义务教育经费投入的整体状况，尤其是财政对农村义务教育的历史"欠账"并无反映，对农村义务教育的现状以及城乡差距的现状并无全面的展现。其次，该实证分析中的变量仅仅选取了容易量化的生均教育经费，对城乡义务教育中的师资力量差距以及教学质量差距均无反映。

综上所述，与"地方负责，分级管理"的义务教育管理体制相比，"以县为主"较好地遏制了城乡义务教育差距扩大的态势，但并未脱离义务教育投入的低重心运行格局，至少说从样本统计期间考量还没有从根本上解决城乡义务教育非均衡发展问题。

---

① 该实证结果的结论与闫坤、刘新波《"以县为主"教育管理体制下农村义务教育非均衡发展的测算——基于历年省级数据的实证分析》（《中国社会科学院研究生院学报》2010 年第 4 期）的结论相同，也印证了该实证分析的有效性。

② 所谓"吃饭财政"是指财政资金只能维持国家机关的运转，只能供养一批"吃皇粮"的人，缺乏用于建设的资金，也就是说财政的经济建设职能基本丧失。详见赵理峰《对我国财政收支结构调整的若干思考》，《湖南财政与会计》2000 年第 7 期。

四 本章小结

制约城乡义务教育均衡发展的体制环境主要包括中国式的财政分权制度、城乡二元结构体制以及当前实施的"以县为主"义务教育管理体制。

中国式财政分权并没有实现西方国家通过分权而获得的义务教育等公共物品（服务）供给效率的提高，而是在促进我国经济持续高速增长的同时，抑制了地方政府对公共物品（服务）供给的投入，形成了经济增长与民生改善的反向替代，使得在经济快速发展的同时，义务教育等的民生事业没有出现同步的明显改善。在选取全球 41 个国家（地区）的公共教育支出占国家 GDP 的比重、政府收入占 GDP 的比重以及人均 GDP 等相关数据的基础上，对政府的教育投入责任进行估算，得出政府教育投入责任与国家发展水平和财政能力的估算模型。以该模型为依据，对分权体制下我国政府的教育投入责任进行测算，结果表明随着财政分权度的提高，尽管近年来我国城乡义务教育生均经费都大幅度提高，且农村教育经费投入年增长率高于城市，但是由于城市生均教育经费的绝对值远远大于农村，导致城乡义务教育经费投入差距依然明显。

城乡二元体制是影响义务教育城乡均衡发展又一主要因素。通过构建城乡二元体制与城乡义务教育均衡度的回归方程模型，测量出随着城乡收入比的增加即城乡居民收入差距的加大，城乡义务教育的差距随之增大；随着城镇人口占全国人口总量比重的增加即二元体制的式弱，城乡义务教育的差距随之缩小。

"以县为主"的义务教育管理体制对城乡义务教育均衡发展的影响主要表现为："以县为主"的义务教育管理体制减缓了城乡差距的"加速度"变动，但城乡义务教育的差距依然存在，该管理体制减少的只不过是差距扩大的速度，并没有从根本上改变城乡义务教育存在明显差距的事实。将义务教育的投入与管理责任从乡镇政府上划到县级政府，并没有改变义务教育经费主要由层级较低的地方政府负责的格局，仍然未脱离"地方负责,分级管理"体制下的经费投入低重心化的范畴,没有从根本上解决城乡义务教育非均衡发展问题。

第四章

制度成因之二：我国城乡义务教育非均衡
发展的非正式制度嵌入

非正式制度是城乡义务教育非均衡发展的又一重要影响因子，由于其隐蔽性、长期性的特征使得它的影响力更为久远，更难消弭。本章在对非正式制度内涵特征、影响机理阐述的基础上，对以传统社会文化和家庭教育观念为核心的非正式制度对我国城乡义务教育非均衡发展的影响进行深入剖析。

一　非正式制度的厘定及特征

（一）非正式制度的厘定

学界对于非正式制度不同的学者有着不同的理解，从旧制度经济学到新制度经济学，甚至有些社会学家也都对此有所探讨。

以康芒斯和凡勃伦为代表的旧制度经济学派在研究制度的过程中隐含了非正式制度的研究。在凡勃伦看来，非正式制度是和正式制度交织在一起的。从本质上来看，制度就是一种非正式约束，正式制度就是在非正式制度的基础上产生的，同时，非正式制度也会制约正式制度作用的发挥。与凡勃伦不同的是，康芒斯明确地区分了正式制度和非正式制度，并且还具体分析了二者的特点及相互关系。认为，非正式制度对经济发展的影响作用更为深刻。而且，康芒斯进一步认为，非正式制度是正式制度形成的前提。

新制度经济学中的新古典制度经济学派中对非正式制度开展研究的主要是威廉姆森。威廉姆森在分析制度环境时开展了对非正式制度的研究。他认为，制度环境中既包括诸如产权和契约法等正式制度，同时也包括社会规范、风俗习惯等非正式制度。新制度经济学中的激进新制度经济学派大量继承了凡勃伦的思想，对于非正式制度的研究是以诺斯为代表的。诺斯明确提出了"非正式规则"这一概念，认为制度是由正式规则、非正式规则以及二者执行的特征所组成的。其中，非正式规则体现在习俗、传统以及行为规则之中，是理解历史变迁路径的关键。与正式规则相比而言，非正式规则更难以改变。

比较制度分析学派中的格雷夫研究了"自我实施制度"，也就是诺斯所说的"非正式规则"。尽管诺斯认识到了非正式规则的重要性，但由于他的分析框架是新古典的，故而无法深入分析非正式制度变迁的路径。格雷夫便深入地对这一点进行了研究。比较制度分析学派的另一代表人物青木昌彦从博弈论的视角分析了制度。他认为制度就是博弈规则，是在博弈参与者策略互动过程中产生的，是可以被预期而且是可以自我实施的。这样，青木昌彦将制度内生化了，而且模糊了正式制度与非正式制度的界限。不过，他对于制度的定义与我们通常意义上的非正式制度更为接近。

社会学领域并没有明确提出"非正式制度"这一概念，但是却深入探讨了诸如社会规范、风俗习惯以及社会资本等与非正式制度相关的各种概念。不同流派的学者对于社会规范给出了不同的解释。功能主义学者认为，社会规范是一个人在社会化过程中发展起来的、与其所在群体一致的价值体系。互动论者认为，社会规范是在社会互动过程中各个主体相互妥协所表现出来的一种合约。冲突论者认为，社会规范是一种处理各种重复出现的社会关系的机制。社会学家所讨论的"社会规范"与非正式制度有着很强的相关性，不过，与社会规范所指的范畴相比而言，非正式制度的范畴更为宽泛一些。约瑟夫·E（Joseph E.Stiglitz）从社会资本的视角研究了非正式制度，认为社会资本包括隐含的知识、网络的集合、声誉的累积以及组织资本。约瑟夫·E（Joseph E.Stiglitz）所界定的社会资本的内涵在一定程度上与通常意义上的非正式制度接近。

综上所述，不同学者对非正式制度有着不同的称谓和理解。不过，归纳起来，非正式制度是与正式制度相对应的一个概念，是限制人的行为的不成文的规定，是人们在长期的社会生活中逐渐形成的价值观念、风俗习惯、意识形态、伦理规范、文化传统等。从历史的发展进程来看，在还未出现正式制度的时候，非正式制度维持着人们之间的关系；在正式制度调整人们之间关系的现代社会，非正式制度依旧发挥着重要的作用。可以说，非正式制度约束着人的行为选择的大部分空间。

（二）非正式制度的基本特征

以正式制度为参照物，非正式制度具有如下特征：

第一，形成具有自发性特征。如前所述，非正式制度是无意识形成的一种不成文的行为规则，是在人们长期的实践过程中逐步发展和自发形成的。非正式制度中的价值观念、伦理道德、风俗习惯以及文化传统都是自发形成的产物。

第二，维持具有非强制性特征。由于非正式规则是自发形成的，而且是一种无意识的规则，这也就使得非正式规则对于人们行为的约束具有非强制性特征。因为非正式规则发挥作用的动力来自于群体内部的自觉意识以及来自群体外部的舆论压力，这些都是非强制性的。

第三，发展具有长期性特征。非正式制度是在人们长期的实践活动中形成和发展起来的，它的发展是一个漫长的历史过程。伴随着人类活动的发展，非正式规则也需要逐步地演化，需要不断地发展。

第四，发展具有路径性特征。非正式制度的形成和发展具有自发性特征，无须依靠外在的强制性的监督力量。不过，非正式制度的形成和发展具有较强的路径依赖性。这种路径依赖性源于非正式制度本身的稳定性，经过长期的过程非正式制度得以形成，一旦形成便会根深蒂固。同时，路径依赖性也会使得非正式制度随着群体需要的发展而发展。

第五，变迁的时滞性特征。如同非正式制度的形成和发展一样，非正式制度的变迁也需要经过一个较长的过程，具有时滞性。与正式制度不同，非正式制度的变迁很不容易，只能通过诱导等途径实施渐进性变迁，这样便会呈现出时滞性特征。这同时也会导致非正式制度移植的困难。由于非正式制度的稳定性和路径依赖性特征，加上非正式制度有其内在的传统性及历史性，非正式制度很难从一个地区移植到另一个地区，或者从一个国家移植到另一个国家。非正式制度的变迁和移植只能在渐进中进行。

第六，存在具有特殊性特征。非正式制度是人们在长期的实践过程中所形成的不成文的规定，具有隐蔽性特征，通常会像一只"无形的手"那样指导并约束着人们的行为。另一方面，非正式制度的存在具有独立性特征。非正式制度完全可以脱离正式制度而存在，可以不依赖于正式制度。

非正式制度的上述特征表现决定了其有着不同于正式制度的作用途径，城乡义务教育均衡发展作为国家的一项公共政策，正式制度与非正式制度分别以各自不同的作用方式对其产生着影响。本文将从非正式制度对公共政策影响的传导机制和一般数理模型两个方面入手，详细阐述非正式制度的影响机理，为后续探讨其对城乡义务教育非均衡发展的影响奠定基础。

二　非正式制度对公共政策执行的影响机理

在社会的运行过程中，非正式制度发挥着重要作用。哪怕是再精细的正式制度都无法对于任何活动做出精确的规定，非正式制度恰好能弥补正式制度的不足，能够在正式制度之外对社会经济活动实行一定的制约。可以说，非正式制度已经成了社会经济发展的自动力和推动力，在很多方面都已经成了正式制度的补充，能够在一定程度上对正式制度进行修正和增强。正是由于非正式制度能够制约和调节人类的行为，因此，在研究公共政策问题的过程中，必须注重诸如价值观念、伦理道德以及风俗习惯等非正式制度在调节人们行为的过程中对政策的执行所产生的影响。通常来讲，与所执行政策要求相一致的价值观念、伦理规范以及风俗习惯等非正式制度，能够对政策的执行产生促进和维护作用；与所执行政策要求不一致的非正式制度将会对政策执行产生阻碍作用。[1]

---

① 丁煌：《政策执行阻滞机制及其防治对策——一项基于行为和制度的分析》，人民出版社 2002 年版，第 227 页。

（一）非正式制度影响公共政策执行的传导机制

1.非正式制度通过影响政策认知对政策执行产生影响和制约

人们对政策的认知是政策得以有效执行的前提。金太军教授认为，政策认知包括两个方面的内容：一是认同政策，即政策执行者既要从思想上、感情上，又要从行动上拥护某项政策；二是理解政策，即政策执行者需要系统、准确、深刻地领会某项政策的内容及实质。①这种观点从政策的认同和政策的理解两个层面来理解政策认知是很有意义的，然而，将对政策的认同和理解仅仅限定在政策执行者层面显然很是片面。政策的制定主体、政策的执行主体、政策的相对主体以及所有的政策相关者对于某项政策的认同和理解都将会影响到政策的有效执行，各个主体对于政策的认同和理解是密不可分的。诸如道德规范、价值观念、风俗习惯以及文化传统等非正式制度对于各个主体对某项政策的认同和理解都将产生深刻的影响。地域的不同、民族的不同、文化底蕴的不同以及传统习惯的不同等都将对人们的心理素质、理解水平以及公共精神产生必然的影响，这些差异继而又将会进一步地影响到政策的制定主体、政策的执行主体、政策的相对主体以及所有的政策相关者的认知水平，这又将会对政策问题的设立、政策目标的确定、政策方案的选择、政策执行的策略以及人们对于某些政策所持的合作或是反对态度等产生必然的影响，这最终会对政策的执行效果产生影响。

2.非正式制度通过影响价值偏好对政策执行产生影响和制约

任何一项政策从政策问题的设立到政策目标的制定，再到政策方案的选择以及政策执行效果的评价等环节都离不开价值判断。根据西蒙的观点，一项决策存在两种前提条件，目标确立的根据是组织中的最高领导自己的价值观念，至于确立目标之后，如何正确地选择实现目标的手段却是属于理性活动的范畴，也就是说，完全是依据对事物的客观分析，并没有价值判断的因素参与其中。但是，实际上，价值判断和客观事实分析是很难截然分开的。不仅是在决策阶段如此，在整个政策过程中也难以分离。价值判断的不同倾向必然对人们对事实的态度产生影响，这

———————
① 金太军等：《公共政策执行梗阻与消解》，广东人民出版社 2005 年版，第 154 页。

将进一步使得人们对政策问题、政策目标、政策方案、政策执行策略以及政策效果等产生不同的认知和理解，进而最终会影响政策效果。价值判断实际上是贯穿于整个政策过程的始终的。诸如道德规范、价值观念、风俗习惯以及文化传统等非正式制度无疑会对人们价值方面的型构产生重要作用。因此，非正式制度也就会通过型构人们的价值倾向来对公共政策的执行产生影响和制约作用，最终这将会对政策效果产生影响和制约。如果公共政策、公共政策的制定者以及公共政策的执行者的价值倾向和整个社会的非正式制度的价值倾向相一致，那么政策执行过程中所遇到的合作力量将大于阻力；相反，如果它们与非正式制度的价值倾向相背离，那么政策执行过程中将会遇到的各种阻力和困难，从而最终会影响到政策的执行效果。

3.非正式制度通过影响行为方式对政策执行产生影响和制约

从政策问题的设立、政策目标的确定、政策方案的选择、政策执行的策略以及政策的评价，整个政策过程都无法离开人们的行为活动。通常来讲，正式制度通过明文规定来对人们的行为实施规范和制约。与正式制度相比，非正式制度是人们自发形成的，并不是有意制定的，而且非正式制度的执行并没有国家的强制力作为后盾。然而，非正式制度同样会对人们的行为实施规范和调节，在某种程度上同样会具有社会强制力量。对于个人而言，非正式制度的这种强制力的作用同样是很难令人抗拒的，任何违反这些规则的人，同样都将受到来自社会或者群体的惩罚，而且，在某种程度上，非正式制度的这种制约作用更为深刻和持久。因此，通常情况下，人们不会轻易背离其习以为常的非正式制度所约定俗成的行为方式。甚至当正式制度和非正式制度之间发生冲突的时候，即使正式制度的惩罚很严厉，其奖励也极其诱人，人们更多的还是会遵从非正式制度对他们的制约，因为，这些非正式制度是一个社会中一定利益实现方式的反映，并不是特定群体的纯粹主观要求的表达，他们在一定范围内维系着一定方面的社会关系，若是违反这些非正式制度将会导致社会关系的破裂和自身利益的受损。基于此，非正式制度对于人们行为方式的影响是巨大的，是深刻而又持久的，这又将会对公共政策执行过程中人们的行为方式产生影响和制约，从而对公共政策的有效执行产生影响。

（二）非正式制度影响公共政策执行的数理模型

如前所述，非正式制度会对政策执行产生推动或者阻碍作用。与所执行政策要求相一致的价值观念、伦理规范以及风俗习惯等非正式制度，能够对政策的执行产生促进和维护作用；与所执行政策要求不一致的非正式制度将会对政策执行产生阻碍作用。为了更为清晰地认识这种运行机理，可以借助于经济学中的一些基本模型来表述非正式制度的正负作用机理，以及更为清晰地描述非正式制度通过影响正式制度以及制度变迁来对行为结果产生影响。

1.非正式制度影响机制的一般理论模型

假定：政策执行的产出函数为：

$Q=A \times F(k \cdot l)$，其中，Q 表示产出，k 表示政策执行过程中的资本要素投入，l 表示政策执行过程中劳动要素的投入，F 表示了函数关系（通常情况下表示的是一种技术上的关系），A 表示了非技术因素对政策执行的产出所产生的影响。在该模型所假定的产出函数中，非正式制度通过对非技术变量 A 产生作用，继而对政策产出的大小产生影响。

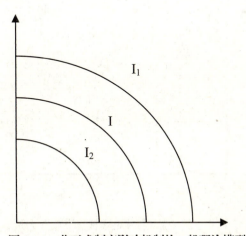

图 4—1 非正式制度影响机制的一般理论模型

如图 4—1 所示，当其他因素保持不变时，非正式制度对非技术变量

A 产生正向作用，将会使得政策产出增加，结果将使得原生产可能性曲线由 I 向外移动至 I_1；反之，在其他因素保持不变时，非正式制度对非技术变量 A 产生负向作用，将会使得产出缩减，结果将使得原生产可能性曲线由 I 移至 I_2。

2.正式制度与非正式制度组合的无差异曲线

社会中个体的行为方式受正式制度和非正式制度的共同作用。通过运用经济学中的无差异曲线可以描述正式制度和非正式制度的不同组合对行为选择的影响，进而能够剖析非正式制度影响个体行为方式的内在机理。

如图 4—2 所示，在同一条无差异曲线上，正式制度和非正式制度在影响个体行为的过程中发挥作用的比重存在有显著差异，但是最终实现的效用是相同的。当然，与经济学中不同的消费品组合可以随时发生替换不同，现实中，为了实现不同的政策执行效果，正式制度和非正式制度之间不可能随时实施调整。不过，通过经济学中的无差异曲线，依然可以很好地描述面临无约束的不同制度选择的各种组合。

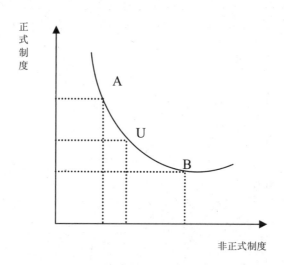

图4—2　正式制度与非正式制度的无差异曲线

3.制度执行成本预算约束线

无约束条件下之所以会有不同的制度组合，这与制度不同的执行成本相关。这点可以借助于经济学中的预算约束线来描述。如图 4—3 所示，执行成本不同便会形成不同的预算约束线，不同的预算约束线与制度组合的无差异曲线相切，便会产生不同制度组合。从动态的角度来看，制度执行成本发生变化会使得预算约束线发生变化，进而会影响到制度组合的动态变化。

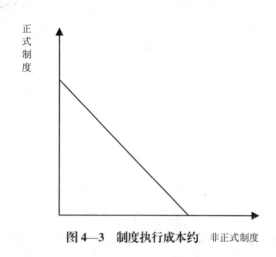

图 4—3　制度执行成本约非正式制度

三　非正式制度对我国城乡义务教育非
　　均衡发展的影响

非正式制度对我国城乡义务教育非均衡发展的影响主要体现为传统社会文化的影响和家庭思想观念的影响两个方面。

（一）传统社会文化对我国城乡义务教育非均衡发展的影响

我国城乡义务教育均衡发展问题不仅仅是具体政策完善、经费投入增加和管理体制改革的问题，传统社会文化对其的影响是另一个重要维度。教育发展与社会文化有着天然的联系，我国城乡义务教育的发展无不时时处处地位于传统社会文化、现代文化以及城乡文化的浸漫之中，社会文化像一张无形的网，以嵌入的形式影响着我国城乡义务教育均衡发展的理论和实践。

关于社会文化对教育均衡发展的影响存在两种观点：社会文化影响的弱范式观和强范式观。弱范式观认为文化对教育均衡发展的影响处于附属地位，虽然具有因果解释力但不具有独立性、自主性，其依附于社会关系结构中，因此，在许多探讨教育均衡发展影响因素的计量模型中，文化因素都被视为残差项，而非独立的因果变量；社会文化的强范式观认为，文化传统在塑造社会生活过程中具有决定性的影响，属于独立的"自变量"。无论是弱范式观还是强范式观都承认社会文化对教育均衡发展存在影响，只不过对影响的强度两种观点有不同的理解。我国悠久的历史进程中所形成的丰富的社会文化传统对城乡义务教育均衡发展的影响有着正面的促进作用，同时，也存在一些不合时宜的思想观念阻碍着我国城乡义务教育均衡发展的进程。

1. 难以割舍的等级文化观念，使城乡义务教育公平意识缺失

毋庸置疑，我国的社会文化传统中有着丰富的、可供借鉴的宝贵资源。但是，不可否认的是我国传统社会文化中也存在的"重等级轻民主"、"重权威轻公平"的不合时宜的行为习惯。该习惯的传承使我们恪守等级观念，缺乏民主、公平、正义的文化环境，在该社会文化氛围中，民主、平等、自由被置于思想文化的边缘地带，众多的社会活动都有意无意地受到该传统文化的影响，教育发展也不例外。

在我国义务教育发展领域，无论是普通民众还是政府官员都或多或少留有传统等级文化的阴影。对普通民众而言，在此传统文化观念的影响下不断追逐重点学校、名校，甚至于在有些情况下，对名校的追逐已超越了教育质量本身，是对社会地位认可的需要。根据经济学的一般规律，有需求存在就可能导致供给的发生，各种各样的重点学校、名牌学校甚至于重点班级都应运而生，而稀缺资源之所以被称为稀缺资源，就是因为其供给与需求的严重不对等，在那些重点学校、名牌学校成为稀缺资源的同时，必然意味着大多数人被排除在享受该优质教育资源的范围之外。作为各种资源相对贫乏的农村孩子与城市孩子相比，自然被划在上述范围之外。长此以往，本不应存在的教育等级化也成为了理所当

然。对于政府及教育职能部门而言，该等级化的直接表现是"重点建设"理念。在行政力量的主导下，教育管理部门以及学校领导的主要业绩通过升学率、重点率等指标来进行衡量。在该考核理念的指导下，教育管理决策层倾向于名校的塑造、教育强区的建设，使得更多的教育资源，尤其是优质教育资源不断向重点建设区域流动，而该重点建设的次序永远都是城市为先，农村那些基础设施薄弱、工作环境差的学校少有受到关注，使得义务教育发展强者更强，弱者更弱。

另外，等级文化观念还反映在不同社会阶层的受教育机会的差别上。现代社会，社会人群被划分为不同的社会阶层，社会成员间本应平等的受教育权利和受教育机会，在不同社会阶层中却有了差别，城市务工人员子女的义务教育状况是对这一现象最有力证明。关于北京市农民工子女义务教育状况的一项调研报告显示，有58.3%的农民工子女不喜欢甚至是讨厌北京本地的孩子，其主要原因是北京的孩子欺负人（26.2%）、看不起人（37.1%）。[①]该状况的存在，一定程度上阻碍着我国教育公平的实现，冲淡了教育公平的意识。

2. 挥之不去的精英教育情结，使城乡义务教育选拔功能扩大化

"学而优则仕"、"朝为田舍郎，暮登天子堂"、"万般皆下品，唯有读书高"，这些传统思想表达的是对我国封建社会参加科举考试考生的激励，而今天，这种"精英教育"的传统观念并未随着科举考试的终结而泯灭，精英教育的影子依然存在。当前，人们依然普遍认为教育是选拔人才的最有效方式，以"选拔"为目的的应试教育其实就是以培育少数精英为目标的"精英教育"，该种教育模式秉承的是"效率优先、兼顾公平"的理念，使得"学历社会"[②]成为当前我国的主流价值之一。在该价值观的引导下，处于教育初始阶段的义务教育也被赋予了"选拔"功能。多数家长都希望自己的孩子能够通过教育出人头地，通过教育改变命运。义务教育也成为家长们争先恐后培养"精英"而角逐的对

---

① 韩嘉玲：《北京市流动儿童义务教育状况的调查》，《中国青年报》2003 年 6 月23 日。

② 董泽芳等：《区域内义务教育均衡发展的阻碍因素分析》，《教育研究与实验》2010年第 5 期。

象，这一"精英教育"情结与我国应试教育模式相结合，共同助推着我国当前"择校"热的不断升温，阻碍了城乡义务教育均衡发展文化心理的形成。

另一方面，对人才的片面理解也助推着"精英教育"情结的延续。在我国，长期以来，人才的概念常常与"栋梁"、"精英"等相关联，导致人们普遍的认为高精尖类的科研栋梁才是人才，因此就有了"黑色七月"，有了"千军万马过独木桥"的残酷选拔，同时也使得义务教育在高等教育面前"自惭形秽"。

3. 农村贫困文化的禁锢，使城乡义务教育均衡发展的阻力加大

文化的发展受历史传统、风俗习惯、宗教信仰等多种因素的影响，表现出千差万别的面貌，同时又由于教育与文化的天然联系，使得义务教育的发展受其渗透的影响也呈现出不均衡的态势。

农村社会学的研究告诉我们，我国农村的现实贫困不仅仅是一种经济现象，其背后还伴随着一套自我维持的文化体系。根据美国学者艾利森·戴维斯的观点，由于长期生活于贫困环境当中，穷人便逐步形成一套与之相适应的生活方式、思想观念、行为规范等，由此组成的贫困文化会随着代际交替而代代相传。与贫困经济相伴而生的贫困文化不能简单的说是农村文化，而是指与农村贫困经济相关联的一种消极的、负面的农村文化。与贫困经济相比贫困文化更难改观，对教育的负面影响也甚更巨大。

第一，贫困文化使农村义务教育发展缺乏文化动力。首先，由农村自然环境、人文和经济环境等因素长期积聚沉淀而成的农村贫困文化，不能为农村义务教育的发展提供积极的人文环境，消极的观念因素制约着其发展；其次，贫困文化进一步催化"上学无用"的观念，使得人们开始排除教育；最后，农村的贫困文化与现代科技文化相脱节，从而缺少现代文明对其的刺激与碰撞，逐渐地使自己处于独立存在的境况，与教育的交流也变得僵硬。

第二，贫困文化固化了农村教育功利化价值取向。与城市相比农村的生产力方式较为简单，对科学技术的需求度和需求量有限，客观现实使得农民对教育对人的作用的理解较为狭隘，更多地表现为一种实惠观，

许多人经常用眼前的收益与教育的预期收益相比较，认为考不上大学，早晚是要回家种地，还不如早些退出校门去赚钱。

第三，贫困文化使得农村义务教育缺少民众的支持和参与。贫困文化影响下的农村民众大多数认为教育是国家的事情，发展教育与自己无关，自身对教育的参与更多的是把教育作为子女"跳龙门"的手段，甚至是"光宗耀祖"的行为。在此动机下，一旦感觉子女升学无望，便会对子女辍学听之任之，贫困地区的义务教育学生流失多数是此原因。

（二）家庭教育观念对我国城乡义务教育非均衡发展的影响

家庭、学校和社会是影响教育效果的三大支柱，其中家庭教育是开启人生命智慧的第一课堂，是学校教育和社会教育的基础。早在20世纪60年代，美国的科尔曼报告(Coleman *et al*)就指出：家庭背景在孩子教育成就的取得过程中比学校因素更为重要。其中家庭教育观念差异是家庭背景因素中影响城乡义务教育非均衡发展的重要因子。家庭教育观念的形成与该家庭所处的社会阶层以及文化背景有着密切的关联。拉鲁（Lareau）通过对美国不同阶层家庭教育方式差异的探讨，印证了社会阶层对家庭教育观念的影响（见表4—1），而不同的家庭教育观念又最终导致了不同的教育结果。家庭所处的社会文化背景是影响家庭教育观念形成的又一重要因素，美国学者Alny chua运用"中国式母亲"和"美国式母亲"[1]的概念详细阐述了不同文化背景下家庭教育观念的差异。

表4—1　　　　　　　　不同阶层家庭的教育方式差异[2]

	协调培养	顺其自然
核心要素	家长积极培养和评估孩子的天赋	家长关心孩子并让其自由成长
日常生活的组织	家长精心策划孩子的校外活动	让孩子"出去闲逛"

[1] Alny chua, "Battle Hymn of the Tiger Mother", *the Wall Street Journal*,2011:part?

[2] 转引自王平《转型期城市贫困家庭子女义务教育的比较研究》，复旦大学2011年博士学位论文，第71页。

续表

	协调培养	顺其自然
语言使用	推理性的/指令性的	指令性的
	孩子可以和家长争辩	孩子很少质疑或挑战家长
	家长和孩子进行广泛的商议	孩子通常被动接受指令
对教育机构的干预	对孩子的行为进行批评和干预	依赖于教育机构
	训练孩子尽好本分	有无力和挫败感
		教育实践在家庭和学校之间有冲突
后果	孩子会形成权力意识	孩子会形成限制感

所谓家庭教育观念，一般意义上讲指家长对子女教育的看法和认识。具体表现为家长对子女教育成就的预期和家长的文化资本等方面。本文将通过个案研究详细描述家庭教育观念对教育非均衡发展的影响。

访谈对象描述：

冰冰（a）：女，家住郑州市××中学家属区，父母均为该学校教师。

小培（b）：女，家住新郑市新村镇岭东村，父母均为农民。

a、b均为 a 母所生（对象的选择排除了智力遗传因素对教育成就的影响），由于计划生育原因 a 母将亲生女 b 送于其妹（b 母，实为 b 养母）抚养。

1. 家长对子女教育预期差异与城乡义务教育非均衡

在已有的家庭教育观念调查中，调研者常常用"家长希望孩子最终获得什么样的教育水平"来对教育预期进行考量。教育预期从心理学的角度讲，是指在对已有教育成就认知的基础上，在教育需求渴望的影响下，所产生的对教育对象教育成就的预期性认知。换言之，教育预期基于两个方面而形成：一是对子女现有教育成绩的认知，二是对子女未来教育水平的渴望。因此，家长对子女教育预期的不同反映的是家长在孩子现有教育成绩的基础上，对孩子未来学业成就的推测。我们通过访谈对象 a 和 b 的教育经历来描述教育预期差异对城乡义务教育非均衡发展的影响。

问题：你的学习成绩怎么样？父母对你的学习有什么要求？

a：小时候父母都挺重视我的学习，可他们不会强迫我考试必须考第一。相对来说，他们更重视我学习习惯的培养，要求我上课前预习课本，上完课要进行复习。我的成绩一直在全班前 5 名。

b：我小学成绩还可以，中上等水平吧。我妈总拿我和我大舅家的两个哥哥比（他们都考上了大学，是当地为数不多的两个大学生），老说他们成绩好，我要向他们学习。小学考不好，我妈还会说我，上初中以后，我妈忙着挣钱，很少再过问我的成绩，问得最多的是我还有没有钱花。可能是觉得我不是读书的料，对我没抱啥希望吧。

问题：您对孩子将来的学习有什么看法？

a 爸：根据目前 a 的学习成绩，如果能够保持稳定的话，中考考入郑州一中应该问题不大。将来的话，如果不能争取到保送清华、北大的名额，a 自己考，考个武大应该还可以。

b 妈：这次期末考试，英语考了 62 分，天天见她学，也不知道都学的啥。b 的成绩在班上总是中不流（中等）水平，这孩子脑子够使（还算聪明），就是整天不操心学。将来的话，看她自己了，她有能力考上高中，我和她爸就是砸铁卖锅也会供她读，她要是自己考不上，我们可没钱掏高价（当地中考成绩不够录取线的，可以出钱买高中读书名额，但高价生的成绩也需要在一定分数线以上）。真是考不上了，就出去打工呗，和她一样大的几个小妞儿早都去上班了。

a 目前在郑州某重点中学读初三，她的成绩位于班级前 10 名。a 的父母作为教师，对孩子的教育全面进行规划，在小学期间 a 不仅在课堂教育之余学习了舞蹈、单簧管等，还在父母的督促下写得一手好字。在与 a 的交流过程中，她不仅表现出了较为宽阔的知识面，而且还流露出较高的综合素养。

b 目前在新郑市新村镇某初中读初三，她的成绩在班级里排名一般在 30 名左右。她的英语成绩一直不好，由于性格内向，上课听不懂的地方也不敢问老师，家在农村，受家庭条件的限制从来也没有参加过辅导班，再加上自己的发音不标准，英语只敢自己默念，从没有大声朗诵过。对于成绩的平平表现，面对母亲的责怪 b 一直默不作声。当问及对以后有什么打算时，b 一直沉默，最后说，真考不上了就出去打工，有那么多没读大学的孩子也都成了企业家。

通过上述个案的研究发现，农村家庭由于受文化氛围的影响，其教育预期所产生的"皮格马利翁效应"①要低于城市家庭，同时，由于教育预期差异的存在，也减少了农村家庭对子女教育投入的相对比重，更加剧了城乡学生教育资源占有量的差距；另一方面，城乡家庭教育预期差异的存在，客观上也减少了农村学生教育机会的获得。

2. 家长的文化资本与城乡义务教育非均衡

根据布迪厄的观点，资本有三种基本类型：经济资本、文化资本和社会资本。所谓文化资本，是指一种权力、地位和文化知识积累等社会关系的总和，以文凭、学衔和作品等为符合，以学位为制度化形态。②具体而言，个人的文化水平和文化修养是文化资本的具体形态，学历、文凭是文化资本的制度化状态。这两种形态的文化资本虽然不能如经济资本一样直接进行代际传递，但是可以通过家庭环境的熏陶对子女产生潜移默化的影响。正如布迪厄在其著作《区隔》中所指出的，文化资本始源于家庭环境，家学渊博的子女早期就参观过展览馆、聆听过音乐会、从小就被世界名著所包围，其在学校必定比文化资本匮乏家庭的子女更容易获得成功。另一方面，文化资本匮乏家庭的子女所养成的文化惯习③

---

① 皮格马利翁效应 (Pygmalion Effect)在教育心理学上又被称作"期待效应"、"罗森塔尔效应"，指教师对学生的期待不同，对他们施加的方法不同，学生受到的影响也不一样。家长对子女教育期待也有同样效果。

② [法]皮埃尔·布迪厄：《资本的形式》，载薛晓源、曹荣湘主编《全球化与文化资本》，武锡申译，社会科学文献出版社 2005 年版，第 4 页。

③ 惯习是布尔迪厄最具原创性的概念，指各种既持久存在、又可变更、开放的性情系统，是对外部世界的判断和感知图式，由"积淀"于个人身体内的一系列历史的关系所构成，其形式是知觉、评判和行动的各种身心图式。详见[法]皮埃尔·布迪厄、[美]华康德《实践与反思：反思社会学导引》，李猛、李康译，中央编译出版社 2004 年版，第 17 页。

更容易受到学校教育的排斥。

问题一：有没有和父母一起出去旅游过？

问题二：父母检查你的作业不？在你学习遇到困难时，父母会不会帮你解决？

问题三：父母会经常和你的老师沟通吗？

a：小学期间，每年的假期父母都会带我出去玩，我去过北京登过天安门，"五岳"我也全部登过。读初中了时间比较紧，出去游玩的次数就减少了。

a：我的作业一般我爸都会给我认真检查，我错了他会告诉我为什么错了，还会让我练习同类型的习题，让我对该类习题举一反三。我印象最深的事是小时候我爸会和我一起看书，包括童话书，然后我们俩再给我妈讲，比谁讲得好。我最开心的事是我们课后的思考题，我们班好多同学都不会，而我都能在爸爸的帮助下做出来。

a：我父母都是学校的老师，同学们都很羡慕我，最起码我能在考试后先比他们知道成绩，但是，我不愿意的是我爸会经常和我们班主任联系，问我的学习状况，我在学校的什么事情，我爸都知道。

b：我印象中我爸妈都没带我出去玩过，我都是和同学们一块儿玩。最想去的地方是看海。

b：我的作业我爸妈一般都不检查，他们也不会。遇到不会的题我就隔过去不做，或者到学校抄其他同学的。

b：我最怕我妈来学校了，我成绩不好，家长来学校我们班主任肯定是说我不好的了。

由上面的案例对比可以看出，由于父母所具有的文化资本不同，其对孩子的教育影响、教育关注度都有着很大的差别。城市家庭家长相对于农村家长而言，总体上拥有较多的文化资本，使得城市的孩子在教育起点上就与农村孩子拉开了距离，进而更容易形成良性的教育循环：相对高的教育起点—优质的基础教育—更容易获得的高一级的精英教育—名校文凭—相对较好的工作、社会地位—优质资源的代际传递。该循环的反复进行，在没有其他因素的作用下，其结果注定是城乡的教育均衡度越来越低，城乡教育差距愈来愈大。

四　本章小结

作为制度的一个重要组成部分，非正式制度的影响是我国城乡义务教育非均衡发展的一个重要维度。以非正式制度内涵的厘定为起点，对其构成、特征进行了详细的描述，在此基础之上，分析了非正式制度作用发生的机理，指出与所执行政策要求相一致的价值观念、伦理规范以及风俗习惯等非正式制度，能够对政策的执行产生促进和维护作用；与所执行政策要求不一致的非正式制度将会对政策执行产生阻碍作用。在上述基本理论铺垫的前提下，通过个案研究的方法，对以传统社会文化以及家庭教育观念为核心的非正式制度，对我国城乡义务教育非均衡发展的影响机理进行了详细的解读。

第五章

制度选择：地方政府介入城乡义务教育均衡发展的"行动策略"

体制环境是城乡义务教育不均衡发展态势形成的制度成因，属影响因素中的静态因子。在该制度环境约束下，地方政府的行为策略选择是构成城乡义务教育不均衡发展的又一影响因子。从政府介入义务教育均衡发展的必要性入手，对政府委托代理机制下，地方政府的行为策略选择以及地方政府竞争所形成的行为目标、行为函数对推进城乡义务教育均衡发展的影响进行深入剖析是本章的主要任务。

一　政府提供义务教育的必要性

（一）基于义务教育的产品属性视角

本文研究政府推进城乡义务教育均衡发展问题，暗含的逻辑前提是政府应该在义务教育的均衡发展进程中发挥作用。那么在城乡义务教育均衡发展进程中，政府应当扮演什么样的角色？是否是理所当然的主体？该进程中是否存在市场发挥效用的空间？政府和市场各自应该如何定位等疑问不是自明的问题，要解决上述问题，证实本文开展研究的逻辑前提成立，首先应弄明白义务教育的产品属性问题。

学术界对产品属性的界定一般建立在公共产品理论的基础之上。公共产品理论将人们的消费品分为三类：公共产品、私人产品和准公共产品。保罗·A.萨缪尔森[①]最早在《公共支出的纯粹理论》（*The Pure Theory*

① [美]保罗·A.萨缪尔森、威廉·D.诺德豪斯：《经济学》，萧琛主译，人民邮电出版社 2004 年版，第 29 页。

of Public Expenditure）一文中给出了公共产品的定义："将该商品的效用扩展于他人的成本为零；无法排除他人参与分享。"之后，学界普遍把非排他性和非竞争性作为判定公共产品的特征。所谓非排他性指一个人对该物品的消费并不能排除其他人对该产品的消费；非竞争性指一个人对该物品的消费不影响其他人对该物品的消费。如国防作为一种公共产品，要阻止任何一个人享用其收益是不可能的，同时，当一个人享用其效用时他并不减少其他任何人享受国防的收益；与之相对，具有排他性和竞争性的产品为私人产品。如面包作为私人产品，因为可以阻止一个人吃面包——你只要不把面包给他就行了，而具有排他性，同时，你吃了面包，另一个人就不可能再吃到它，证明其有竞争性。在现实生活中，除了公共产品和私人产品外还有大量的消费品并不同时具备非排他性和非竞争性的特征，有的只具备一个特征，有的虽然两个特征都不完全具备但具有较强的外部性特征，这种位于公共产品和私人产品之间的消费品属于准公共产品。我们用图 5—1 对三类产品进行描述。

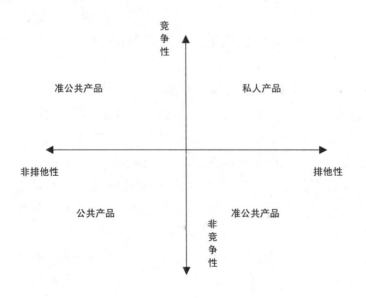

图 5—1 消费品的分类

依据萨缪尔森对公共产品的定义为判定标准，[①]国内外学术界关于义务教育产品属性的界定却没有达成共识，甚至存在截然相反的认识，归纳起来有以下三种观点：

第一种观点认为义务教育属公共产品。厉以宁(1999)[②]根据经济学对物品分类的标准从产品提供者的角度对公共产品、准公共产品和私人产品做了区分，他指出：公共产品是指政府向居民提供的各种服务的总称；私人产品指居民或企业通过市场而提供的产品与服务；准公共产品是由某一社会团体提供的服务。根据上述产品属性的划分标准，他认为教育可以分为五种类型：具有纯公共产品性质的教育服务、基本具有公共产品性质的教育服务、具有准公共产品性质的教育服务、具有纯私人产品性质的教育服务和基本具有私人产品性质的教育服务，义务教育则属于具有纯公共产品性质的教育服务。王善迈（2000）[③]根据义务教育属于国家法律规定的强制性的免费教育的性质，认为义务教育理应属于公共产品；胡鞍钢等(2003)[④]从物品自身的性质和管理产权的制度安排两个条件对义务教育的属性进行判定，认为义务教育具有正外部性，政府通过制度安排可以使之具有非竞争性和非排他性的特征，因此属于公共产品。[⑤]还有学者则认为义务教育属于可以转化为私人产品的公共产品。

第二种观点认为义务教育属准公共产品。针对厉以宁、王善迈等人对义务教育属公共产品的判定，学者袁连生(2003)[⑥]给出了自己不同的看

---

① 有学者认为，依据萨缪尔森提出的"非竞争性"和"非排他性"标准对义务教育的产品属性进行界定本身就是一种错误。认为"萨氏标准"是一种纯技术性指标，而义务教育的产品属性属于社会属性，用技术指标来分析界定教育产品的社会属性，方法使用错误。参见顾笑然《教育产品属性发凡—— 基于公共产品理论的批判与思考》，《中国成人教育》2007 年第 12 期。本文依照当前学界的通行做法，依然采取萨缪尔森对公共产品的定义为标准。

② 厉以宁：《关于教育产品的性质和对教育的经营》，《教育发展研究》1999 年第 10 期。

③ 王善迈：《关于教育产业化的讨论》，《北京师范大学学报》(人文社会科学版)2000 年第 1 期。

④ 劳凯声：《社会转型与教育的重新定位》，《教育研究》2002 年 2 月。

⑤ 胡鞍钢、熊义志：《大国兴衰与人力资本变迁》，《教育研究》2003 年第 4 期。

⑥ 袁连生：《论教育的产品属性、学校的市场化运作及教育市场化》，《教育与经济》2003 年第 1 期。

法，他认为厉以宁根据产品的提供方式来判定其属性的观点不妥当，并举例反驳指出，根据厉以宁的观点由政府提供的面包就应该属于公共产品而由消费者自己付费购买的面包就属于私人产品，如此说来，同样的面包就既属于公共产品又属于私人产品，显然不合适；而针对王善迈根据义务教育的强制性、免费性、不能通过市场交换提供等特征，得出义务教育具有非排他性和广泛的社会效益，从而认定其为公共产品的观点也予以了否定，认为义务教育的强制和免费是从保障儿童权益角度进行的制度设计，而非由义务教育的公共产品性质所决定。他依据教育间接消费的特征指出教育具有部分的非竞争性和非排他性。具体而言，教育这种产品使受教育者获得个人收益，该收益不可分割，他人不可分享，因而具有竞争性和排他性，同时教育也带来了经济增长、社会和谐等社会效益，该效益使社会全体成员受益，且增加消费者的边际成本为零，无法排除任何一成员获益，因而又具有非竞争性和非排他性，据此作者认为教育包括义务教育具有准公共产品的性质；张学敏（2003）[①]用"融合产品"概念为义务教育定性。同大多数学者对义务教育社会收益的分析一样，张学敏也指出了由于义务教育的社会效用不可分割，具有非排他性和非竞争性，同时他又指出，义务教育总是由不同的教育机构来承办，由于历史的、区域的不同，办学理念和师资力量的差异，义务教育学校的办学水平始终存在优良之分，而作为义务教育的消费者总会按照利益最大化的原则来选择学校，此时必然导致义务教育的集体消费和等量消费特征失灵，而展现出其竞争性和排他性的一面，因此，义务教育属于"融合产品"而非纯公共产品；宋小川（2009）[②]以教室对学生的容纳量为例分析了义务教育的属性，他指出，在一定范围或限度内，教育产品的使用没有竞争性也没有排他性，如一个有许多空座位的教室对添加学生而言，不会影响其他学生的收益，而对小教室而言，在座位有限而学生数量众多的情况下，教育产品就呈现出竞争性和排他性的特征，因此，教育（包括义务教育）属于准公共产品。

---

① 张学敏：《义务教育的融合产品属性》，《西南师范大学学报》（人文社会科学版）2003 年第 4 期。

② 宋小川：《教育的经济属性》，《经济学动态》2009 年第 2 期。

第三种观点认为义务教育属私人产品。持这种观点的代表人物当属公共经济学权威阿特金森(Anthony B. Atkinson)和斯蒂格利茨(Joseph E. Stieglitz)。①在两人合著的《公共经济学》著作中从教育的直接消费特点出发，认为教育属于"公共供应的私人产品"。他们认为首先教育属于私人产品，但由于其外部性很强，需要政府来供应。

由上所述，同样以公共产品理论为基础，学者们对义务教育产品属性的界定却没有得出相同的结论，分析其中原因可以看出，之所以意见各异是因为学者们从不同的角度关注义务教育的不同特征。有的从义务教育的提供主体进行判定，有的从义务教育的消费特征来进行辨别，还有学者从义务教育的历史性特征给出结论。我们以上述分析为基础，依据萨缪尔森对公共产品的定义为标准，认为义务教育当属准公共产品，分析如下：

首先，义务教育不属于私人产品。强制性是义务教育的本质属性，各国的义务教育相关法律中都规定适龄儿童有被迫入学的义务。因此，历史上由私人提供少数人享受的教育产品不属于义务教育，义务教育从诞生之日起就有着公共性。阿特金森、斯蒂格利茨等学者从教育的消费特征来判定其属性，指出教育是"公共供应的私人产品"，其中的教育产品更偏重于高等教育等非义务教育，强调教育的个人收益。教育产品包括义务教育在内都存在个人收益和社会收益，个人收益的效用独享具有竞争性和排他性，而义务教育之所以由政府免费提供，且具有强制性，其关键在与义务教育这种产品的社会效益远远大于个人效益，具有非排他性和非竞争性特征的社会效益的存在是义务教育产品的核心效用所在，且外部性特征较为明显。因此，无论从义务教育的强制性内涵而言，还是从义务教育的核心消费效用而言，义务教育都不应该属于私人产品。

其次，义务教育亦不属于纯公共产品。纯公共产品如国防，具有典型的非竞争性和非排他性，效用不可分割，无法排除其他人消费。义务教育亦是如此吗？答案显然是否定的。对于义务教育这种产品而言，可以用很低的制度成本来阻止一部分人享用，"择校热"和流动人口入学

---

① [英]安东尼·B.阿特金森、[美]约瑟夫·E.斯蒂格利茨：《公共经济学》，蔡江南等译，上海三联书店1992年版，第624、637页。

难等现实情况很好地对此进行了证明，同时，增加一名学生对义务教育的消费，并非如国防那样不会导致成本的增加（班级的容量毕竟有限），也并非不影响其他人对其的消费（教师的精力毕竟有限），因此，义务教育从非竞争性和非排他性特征而言，不完全具备纯公共产品的性质。如前所述，有学者认为义务教育由政府提供、完全免费，当属义务教育。对此观点，本文认为除了依据提供方式来判断产品属性不准确外，还混淆了义务教育和义务教育的制度安排。义务教育本身并非纯公共产品，只不过由于其明显的社会收益存在，政府通过免费提供这种制度安排来加强义务教育的社会效益，就如同政府为强民健身，每天免费定量为公民提供牛奶，并不能说明牛奶这种产品就是纯公共产品，对于多于政府供应量需求的牛奶或更高质量的需求，依旧可以通过市场来实现。

因此，根据公共产品理论对物品的分类，义务教育不属于公共产品，亦不属于私人产品，而应当归属介于公共产品和私人产品之间的准公共产品。准公共产品的公共性有强弱之分，对于义务教育而言，由于其明显的社会效益，产品的公共性较强，属于偏位于纯公共产品的准公共产品。

（二）基于义务教育的外部性①视角

1.外部性及义务教育的外部性界定

在1890年，经济学家马歇尔在《经济学原理》一书中提出了"外部性"的概念，之后庇古和科斯等人都对这一概念进行了一定的补充。在110多年的发展过程中，外部性理论的外延不断扩充，内涵也在不断地丰富和发展。经济学家对于外部性概念的界定，主要基于两个角度：其一，基于外部性产生主体的角度，如萨缪尔森和诺德豪斯的定义："所谓外部性指的是，某些生产或者消费对其他社会主体产生了不可补偿的成本或者给予了无需补偿的收益"；②其二，基于外部性接受主体的角度，如

---

① 教育的外部性包括负外部性和正外部性，其中，负外部性主要体现在"智力犯罪"方面。本文所讲的教育的外部性主要关注的是其正外部性。

② [美]兰德尔等：《发现社会：西方社会学思想述评》（第八版），李震译，中华书局2006年版，第89—107页。

兰德尔的定义："外部性是用来表示，当某一行动的部分收益或者成本不在决策者的考虑范围之内的时候，所导致的低效率现象。也就是说，部分收益或者成本被强加于没有参与这项决策的人。"①学界对于外部性的研究，多是采用第一种定义。

教育（当然也包括义务教育）的外部性理论作为外部性理论外延发展的产物之一，逐渐受到学者们的关注。对于教育外部性的经典阐述当属弗里德曼的观点：如果一个社会的大多数公民都没有一个最低限度的知识和文化，他们也不广泛地接受一些共同的价值准则，那么将不可能存在一个稳定且民主的社会。但是，教育对于文化知识以及价值准则两个方面都会有一定的贡献。因为受教育者不仅会使自身获益，而且对其家庭，甚至是社会上的其他成员都会产生一定的影响。不过，由于并不能很好地识别获益者的相关信息，因此，也无法向他们索取一定的补偿或是劳务报酬。由此，教育存在着很大的"邻近影响"。从经济学的视角出发，卢卡斯认为，当某一劳动者接受教育之后，其生产效率及收入水平会因此而提高。与此同时，通过"潜移默化"的作用，周围的人乃至整个社会的生产效率也会得以提高。但是，他并不会因此获得额外的劳务报酬。②

中国学者同样对教育的外部性也做了类似的阐述：王善迈认为教育具有较大的外部效益。不仅受教育者自身会获得经济与非经济效益，同时他人乃至整个社会都可以获得经济与非经济效益。因此，教育对于社会公平的维护是不可或缺的；范先佐认为，教育几乎可以说是完全的"免费午餐"，收益几乎被完全外在化了，这也导致了教育自身发展缺乏内在动力；袁志刚认为，教育的外部性也就是说，教育的社会收益大于其个人收益；袁连生认为，教育的外部收益便是教育的间接消费效用。

综前所述，本书认为，教育的外部性具有以下特征：教育的开展除了能够达到个人受教育的目的之外，还能够给他人以及社会带来各种收

---

① [美]萨缪尔森、[美]诺德豪斯：《微观经济学》（第 16 版），萧琛译，华夏出版社1999 年版，第 8 页。

② R. E. Jr. Rucas, "On the Mechanics of Economic Development", *Journal of Monetary Economics*, 1988, (22): 783 – 792.

益，但是并无法为此向受益者索要补偿。也就是说，受教育者的个人成本与社会成本，个人收益与社会收益是不一致的，因为教育所产生的各种收益除了由受教育者享用，还有其他社会主体无需支付任何代价便可享受教育的各项收益。如前所述，教育是准公共品，教育的层次越低，教育的外部性也就越强。由此可见，义务教育的外部性较其他更高层次的教育具有更强的外部性特征。

2.义务教育的外部性影响及政府介入

由于义务教育具有较强的外部性，如果由市场直接提供，会导致其供给数量不足，因为，由于外部性的存在，使得受教育者无法得到外部收益。因此，在其他条件一定的情况下，由市场提供的教育数量必然会低于社会所期望的水平。中国现实社会确实存在着教育的供给不足问题，尤其是农村的义务教育。为此，需要政府的介入，政府需要对教育尤其是义务教育给予一定的财政支持，这可在一定程度上解决义务教育的外部影响问题。具体效果如图5—2来所示：

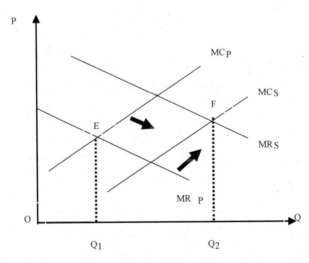

图5—2　政府介入对义务教育产生的影响效果

如图所示，斜线 MR_P 表示受教育者个人的边际收益线，MR_S 表示教育所产生的社会收益线，斜线 MC_P 表示受教育者个人的边际成本线，MC_S

表示政府介入对教育实施一定的财政支持之后的个人边际成本线，可见，$MC_P>MC_S$。当在 E 点，$MC_P=MR_P$ 的时候，教育的供给数量为 Q_1，此时是理性的个体，根据 $MC=MR$ 的原则所决定的最优的教育量。由于教育存在有正外部影响，$MR_P<MR_S$，所以需要政府介入予以一定的财政支持。政府的介入将会使得个人边际收益斜线由斜线 MR_P 上移到斜线 MR_S，此时，教育产生的外部影响得以消除。当 $MR_s=MR_s$ 时，F 点所决定的教育供给量为 Q_2，达到了社会所期望的水平。由此可见，政府的介入可以在一定程度上消解教育外部性所产生的影响。

从图 5—2 中可知，政府对教育的消费者实施财政支持，实际上就是为了获取教育所产生的未来收益，这种未来收益的贴现率会随着期限的延长而提高，从而逐渐地使得教育消费者的个人边际收益曲线接近于社会收益曲线。因此，获取未来收益的时期越是久远的教育，越是应该得到政府的财政支持，因为未来收益太遥远，大量的教育财政投入才能够获得较高的贴现率。从这个意义上说，政府应该提供义务教育。

综上所述，教育具有较强的正外部性特征，尤其是义务教育的受益范围不只是受教育者自身，而且整个社会都将受益。良好的义务教育对于国民经济的发展以及整个民族素质的提高都有着极其重大的意义。教育的正外部性同时也会导致其供给数量远低于社会所需要的水平，尤其是义务教育的供给方面。现实社会中，部分消费者过分地看重眼前利益，不愿意对其子女的教育进行投资，这种现象在农村中更为普遍，因此政府理所应当地介入，为教育尤其是义务教育的发展提供财政支持，不断增加对义务教育的财政投入。

（三）基于交易成本的视角

如前所述，义务教育是一种准公共品，而且具有较强的外部性。本书将在此基础上，引入交易成本范式，从交易成本的视角来剖析政府为什么要介入教育。交易成本理论是由科斯开创的。该理论的基本特点是将"交易"作为基本的分析单位，将交易成本作为基本范畴，强调契约的不完全性，探究交易过程中所存在的各种特征及其对交易成本所产生的影响。通过比较制度分析方法的运用，探索各类制度安排中交易成本的差异以及各种制度效率的变化。①如果从交易成本的角度来分析政府提供教育的问题，应该将其归因于为了最小化交易成本。布坎南对于政府提供公共品所产生的交易成本进行了具体分析，他认为政府提供公共品将会产生两种交易成本：一是外部性成本。按照布坎南的解释，所谓的外部性成本来自于集体决策规制预期所产生的他人的那些他未直接加以控制的行动的结果。②我们可以义务教育为例来分析外部性成本。当集体决策将义务教育作为一种公共品由政府免费提供的时候，那些从义务教育中获益较少的人可能会反对这项集体决策。然而，集体决策并无需得到全体成员的一致同意，所以这些反对意见并不会影响最终的集体决策的出台。一旦这项集体决策做出之后，那些持反对意见的人所能做的也只能是遵循这项决策，并为决策的执行承担起不符合其所获取的收益的成本。也就是说，如布坎南所说，集体行动的成本与收益在共同体的各个成员之间产生了分配差异；二是集体决策成本。即集体达成协议的时候给个人所带来的参与决策的估计成本。③

　　外部性成本和集体决策成本的大小都是和参与集体决策的人数的多少密切相关的。外部性成本会随着参与集体决策的人数的增多而减少，但是集体决策的成本将会随着参与集体决策的人数的增多而增加。外部性成本和集体决策成本会随着参与集体决策的人数的变化出现此消彼长的态势，最终使得集体行动的总成本即社会相互依赖成本的变化趋势呈现一种U形变化特征。当U型的最低点小于由市场组织的无效率所带来的效率损失的时候，参与集体决策的成员将会支持由政府来提供公共品，并解决外部性问题。本文将以政府提供教育为例，详细说明这一过程。

---

① 杨万铭、李海明：《交易成本范式：批评与发展》，《学术月刊》2004 年第 12 期。
② [美]布坎南：《同意的计算》，中国社会科学出版社 2000 年版，第 47 页。
③ 同上。

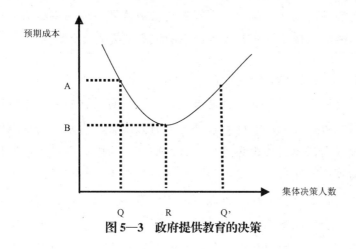

图5—3 政府提供教育的决策

由图5—3可知，A点表示的是，当教育由市场提供，也就是说由私人提供教育，所导致的不能实现社会所期望的教育供给数量而给个人所带来的损失；B点表示的是，在现有的制度环境下，为了解决教育的供不应求问题，由政府提供教育所付出的最小社会相互依赖成本；R点所表示的便是集体决策的最优决策规则的选择。由此可以得知，对于政府能否提供教育的影响因素主要来自于三个方面：一是由市场提供教育给个人所带来的福利损失的大小，也可以称之为外溢成本。外溢成本越大，人们就越愿意让政府来提供教育。二是集体决策规则的选取。从上图中可以看到，当集体决策规则处于R点时，由政府来提供教育的社会相互依赖成本是最小的。当参与集体决策规则的人数小于Q或者是大于Q′的时候，由政府提供教育的社会相互依赖成本，将会大于由市场提供可能带来的社会福利损失。此时，更为理性的选择便是由市场来提供教育。可见，集体决策的规则变化将会影响集体活动边界的确定。三是相关外部制度的调整将会使得政府提供教育的预期成本曲线移动，这就会使得原来不能由政府提供的教育发生变化，变得可以由政府提供或者是恰恰相反。

在义务教育具有公共品的产品属性以及外部性特征的基础上，交易成本范式能够进一步解释政府提供教育的原因。正是由于义务教育具有公共品以及外部性的特征，市场并不能有效地提供义务教育，因为此时会出现正的外溢成本。政府却可以在外溢成本和政府的供给成本之间做出权衡，最终选择使得交易成本最小的机制来提供义务教育。

（四）教育公平与政府责任

综上所述，由于义务教育是准公共品，具有较强的外部性特征，由市场提供义务教育无法实现教育资源的有效配置，由政府提供不仅可以在一定程度上消解义务教育这种公共品的外部影响，而且还能够使得交易成本最小化。从这个意义上说，由政府提供义务教育可以实现教育资源的优化配置，可以实现义务教育的供给效率。但是，我们所追求的目标不仅仅是资源配置的高效率，同时还需要实现社会的公平。实现社会公平就要求无差别地对待每一位社会成员，对于每一位成员都给予平等的发展机会，并在利益分配方面尽力实现公平。教育在社会结构变迁过程中，逐渐从边缘位移至中心位置。相应地，教育在社会发展中的作用也逐渐地呈现多元化的趋势，不仅是社会发展的"加速器"和"催化剂"，也是社会发展的"平衡器"和"稳定器"。可以说，教育公平对社会公平的实现起着基础性作用，是实现社会公平的重要前提和手段。由政府提供义务教育，推进教育公平的实现，会有助于社会公平的实现。

1.教育公平是社会公平的基础

党的十七大报告指出，"教育是民族振兴的基石，教育公平是社会公平的重要基础"。社会公平包括起点公平、过程公平以及结果公平。教育公平可以说是保障人能够在发展起点上的公平。一般而言，教育公平指的是，每个社会成员都能够公平和平等地享受公共教育资源，包括教育机会的公平、教育过程的公平以及教育结果的公平。教育惠及千秋万代，教育公平是实现社会公平的前提和基础。

第一，从微观层面来看，教育能够提高劳动者获取更高收入的能力。根据联合国教科文组织的一份研究报告显示，文化程度不同的人相应地提高劳动生产率的能力是不同的：小学为 43%，中学 108%，大学 300%。[①]这说明，一般情况下，劳动能力的高低与劳动者受教育程度是呈正相关关

---

① 转引自王蓉《教育水平的差异与公共教育资源分配的不平等》，《北大教育研究》2004 年第 9 期。

系的，与之相对应，劳动者获取的个人收入也会有所不同。美国人口普查局公布的一份报告显示：一名大学毕业生的年均收入比一名高中生多大约 2.3 万美元。加拿大统计局的研究报告也表明：受教育程度较高、读写能力较高的人通常能够获取较为丰厚的薪酬。在中国也有研究资料显示：城镇居民中的不同学历劳动者的收入比，从小学、初中、高中、大学依次为：1∶1.17∶1.26∶1.8，①收入的高低明显地同学历的高低成正比。从这个意义上说，教育还能够调节收入差距。所谓的"治贫先治愚"就是充分体现了教育的杠杆作用。一方面，教育可以通过提高受教育者的能力去影响其收入能力。受教育程度低的劳动者可以通过接受更高程度的教育来提高自身的收入能力，进而缩小与他人的收入差距；另一方面，教育可以通过教育资源的配置来影响未来收入的分配状况。如果不同家庭的子女都享有同等水平的教育，那么下一代的收入水平的差距将会缩小，与他们父母的受教育程度以及收入分配状况无关。

第二，从宏观层面来看，教育能够推动经济的发展和社会的进步，经济发展和社会进步又是社会公平得以实现的条件。世界各国的经验都表明：教育和经济发展之间有着十分密切的关系。一方面，经济发展决定着教育的发展；另一方面，教育又会对经济发展起着较大的推动作用。教育能够生产并提高人的劳动能力，而且可以作为科学技术转变为现实生产力的媒介。一旦这种生产力投入生产，将会促进经济的发展，带来更多的经济价值。实践也证明，适宜的教育投入以及由此产生的人劳动能力的提高，对于一国经济的贡献率是相当大的。据有关资料显示，当前世界发达国家的教育发展，带来的科技进步对经济增长的贡献率已高达 50%—70%的水平，发展中国家平均也达到了 40%的水平，中国却只是处于不足 30%的水平。

因此，教育公平是整个社会公平的基础，教育公平也被认为是实现社会平等的"最伟大工具"，从某种意义上讲，没有教育公平也就无法实现社会平等。贫困家庭由于没有能力进行大量的人力资本投资，致使其子女受教育程度偏低，也在一定程度上意味着只能从事报酬较低的工

———————

① 高蔺莎：《论教育对个体向上社会流动的作用》，《继续教育研究》2008 年第 10 期。

作，这便会陷入"贫者愈贫"的"纳克斯陷阱"：家庭贫困—初始教育投资能力弱—人力资本低—就业相对困难—收入低—教育再投资能力低。这种恶性循环使得低收入家庭子女在人力资本市场上无法与高收入家庭的子女进行公平的竞争，结果形成了"代际转移"，造成了"穷人的孩子永远是穷人"的结果。这对于整个国家的长远发展显然是非常不利的。世界银行的研究表明，一些国家的教育并没有带来经济增长的效应，其主要原因便是未能实现教育的公平化，教育程度的平均提高才能够对一国的经济增长起到正面积极的影响。因此，实现城乡义务教育的均衡发展，实现教育公平是促进社会和谐，维护社会稳定的重要手段。

2.保障社会公平是政府的责任

在市场经济条件下，市场最主要的功能是实现资源的最优配置，市场自身无法保证公平的实现。实现社会公平是政府的主要职责，是政府最直接、最义不容辞的责任。一方面，这是由政府的公共性决定的；另一方面，只有政府才代表公共利益，也只有政府才具有立法和司法的权力，才有能力维护社会的公平和正义。

政府公共行政的"公共性"使其必须以社会公平作为其基本的价值诉求。其具有以下属性：共有而非私有，共享而非排他。共同而非差异。所有政府"公共性"的共同内涵都是通过公共权力的行使来实现公共利益。政府要获取并行使公共权力，就必须要维护和实现社会公平，并将其作为基本的价值诉求。公共权力是由法律规定的，是由社会认同并接受的公共权威。洛克在其《政府论》以及卢梭在其《社会契约论》中都以自然状态为起点，阐述了政府成立的条件及其功能：保护公民财产，维护社会公共秩序，彰显政府的公共性，最终维护社会公平。洛克和卢梭都认为政府代表了一种公共的理性契约精神。政府作为公共权力的行使者就必须依照社会公共利益的要求，以保护社会公共利益作为出发点，制定并执行公共政策。只有公共利益得以维护，才会存在有整个社会的公平和稳定。因此，政府在现代社会行使其公共权力时，必须要以服务社会公众为前提，履行其社会性职能，以最终维护并实现社会公平。

另外，正是因为政府拥有并能够行使公共权力，政府可以作为维护社会公平的主要依托，可以作为个人所无法实现的利益的全权代表者。

政府可以作为弥补市场不足，维护社会公平的制度性工具。在维护和实现社会公平的过程中，政府担当着两项职责：一是引导整个社会的发展；二是约束政府自身的行为。一方面，政府能够有别于社会其他部门，着眼于整个社会的公平，可以而且能够向社会提供非营利的公平产品和公共服务，具有极强的公益性；另一方面，政府需要依靠法律、法规的明确授权来运行，政府开展公共行政凭借的是公共权力的强制性，管理形式是层级制的官僚组织形式。

综上所述，政府是实现社会公平所依赖的最直接的现实力量。政府是社会资源的调控者，能够设定社会成员的权利和义务，能够调节社会不同群体的利益，可以说，政府是实现社会公平的权威性力量。从这个意义上讲，政府需要履行其职责，需要提供义务教育，以推动城乡义务教育的均衡发展，不仅可以实现教育资源的优化配置，而且还有助于实现教育公平，最终实现社会公平。

二　城乡义务教育均衡发展制度供给中的政府委托代理机制

（一）委托代理理论分析

委托代理理论的广泛应用始于经济学领域，核心是探索在利益相冲突和信息不对称的情况下如何设计最优契约（机制）来激励代理人，使之努力水平符合委托人的利益。其基本思想逻辑为：委托人将其自身拥有的一部分资源决策权委托给代理人，同时要求代理人为实现委托人的自身效用最大化而提供服务，而作为经济人的代理人在和委托人利益不一致和信息不对称的情况下，会利用委托人授予的资源决策权为谋取自己效用最大化而行动，将自身利益置于委托人利益之上从而违背委托人的委托意愿，为避免上述代理问题的发生，委托人就必须设计一种最优契约（机制）来约束并激励代理人，使之努力符合委托人利益。

委托人和代理人①的利益冲突与信息不对称是委托代理理论的前提假设，两者缺一不可。首先，作为"经济人"的委托人和代理人，在行动过程中都追求自身利益的最大化，委托人最关心代理人的行为结果而漠视其付出的努力即代理人付出的成本，代理人则关心自身的收益即委托人支付的成本，两者之间的利益冲突使得代理人可能利用委托人对其委托的资源决策权来谋取自身的利益最大化，而违背委托人的意愿甚至损害委托人的权益，这就为建立协调两者间利益冲突的契约（机制）提供了可能。其次，两者间信息不对称。因为代理人的努力程度无法被委托人观察或者被证实，代理人就有可能利用自己拥有的信息优势谋取自身利益，而代理人的努力程度又被认为直接与其行为结果相关，因此，建立某种契约（机制）来促使代理人的选择符合委托人的利益需求就显得必要。利益冲突和信息不对称是委托代理理论得以成立的前提，两者均不可或缺，如果委托人和代理人双方利益一致即使存在信息不对称，代理问题也不会发生，同样，如果仅存在双方的利益冲突而委托人和代理人拥有信息对称时，委托人也很容易采取有效策略促使代理人的努力水平符合其利益。

上述最优契约（机制）的建立就是对委托代理模型的求解，我们运用由 Mirrlees（1974，1976）和 Holmstrom（1979）开始使用的分布函数的参数化方法（Parmmeterized distribution formulation）来建立委托代理模型。我们用 A 表示代理人所有可选择的行动组合，且 $a \in A$，为简便起见，我们将 a 假定为代理人的努力水平；用 θ 表示自然状态，即不受外界控制的外生随机变量；由 a 和 θ 共同决定一个可观测结果 $\pi = \pi(a, \theta)$。$s = s(\pi)$ 表示委托人付给代理人的报酬，$c = c(a)$ 表示行动的负效用，则委托人的效用函数为 $v = v[\pi - s(\pi)]$，代理人的效用函数为 $u = u[s(\pi) - c(a)]$，其中 $v' > 0, v'' \leqslant 0; u' > 0, u'' \leqslant 0; c' > 0, c'' > 0$，即委托人和代理人均是风险

---

① 在信息经济学文献中，常常将博弈中拥有私人信息的参与人称为"代理人"（agent），不拥有私人信息的参与人称为"委托人"（principal）。参见张维迎：《博弈论与信息经济学》，上海三联书店，上海人民出版社 1996 年版，第 398 页。

规避者或风险中性者。则最大化委托人的效用函数可以表述为[①]：

$$\max_{a,s(\pi)} \int v\left[\pi - s(\pi)\right] f(\pi,\theta) d\pi \qquad (5\text{—}1)$$

其中 $f(\pi, \theta)$ 表示 θ 的密度函数。

委托人选择 a 和 s(π)最大化上述效用函数过程中要面临两个约束，即参与约束（participation constraint）和激励相容约束（incentive compatibility constraints）。参与约束即代理人接受委托人合同的期望效用不能小于其他任务提供的效用价值 u_0（代理人的机会成本）。激励相容约束指委托人希望的 a 给予代理人的期望效用要大于代理人可选择的任何行动 a 所获得的期望效用，或者说委托人希望的 a 能给予代理人可选择的任何行动中最大的期望效用。

代理人参与约束条件：

$$\int u\left[s(\pi)\right] f(\pi,\theta) d\pi - c(a) \geqslant u_0 \qquad (5\text{—}2)$$

代理人激励相容约束条件：

$$\int u[s(\pi)] f(\pi,\theta) d\pi - c(a) \geqslant \int u[s(\pi)] f(\pi,\theta) d\pi - c(a') \quad (5\text{—}3)$$

或者

$$\max \int u\left[s(\pi)\right] f(\pi,\theta) d\pi - c(a)$$

在双方信息不对称的情况下，委托人不能观测到 a 和 θ，只能观测到 π，此时委托人的问题就是如何选择满足条件（5—2）、条件（5—3）的激励合同 s(π)，以使得方程（1）得以实现。简便起见，我们假设 a 有两个可能的取值 L 和 H，L 表示代理人低努力水平，H 表示代理人的

---

① 对委托代理模型的建立与求解过程参考张维迎著《博弈论与信息经济学》，上海三联书店，上海人民出版社 1996 年版，第 404—420 页。

高努力水平。如果 a=H，π 的分布函数为 $f_H(\pi)$，分布密度为 $f_H(\pi)$；同理，如果 a=L，π 的分布函数为 $f_L(\pi)$，分布密度为 $f_L(\pi)$。

此时，委托人的问题是选择激励合同 s(π)求解下列最优化问题：

委托人效用最大化：

$$\max_{s(\pi)} \int v\big[\pi - s(\pi)\big] f_H(\pi)\,d\pi \tag{5—4}$$

参与约束条件：

$$\int u\big[s(\pi)\big] f_H(\pi)\,d\pi - c(H) \geq u_0 \tag{5—5}$$

激励相容约束条件：

$$\int u\big[s(\pi)\big] f_H(\pi)\,d\pi - c(H) \geq \int u\big[s(\pi)\big] f_L(\pi)\,d\pi - c(L) \tag{5—6}$$

我们运用拉格朗日乘数法对（5—4）、（5—5）、（5—6）求解，得出上述最优化问题的一阶条件为：

$$-v' f_H(\pi) + \lambda u' f_H(\pi) + \mu u' f_H(\pi) - \mu u' f_L(\pi) = 0$$

整理得：

$$\frac{v'\big[\pi - s(\pi)\big]}{u'(s(\pi))} = \lambda + \mu\left(1 - \frac{f_L}{f_H}\right) \tag{5—7}$$

其中，λ 为参与约束的拉格朗日乘数因子、μ 为激励相容的拉格朗日乘数因子。

上述信息不对称情况下的最优解表明了委托人最优契约的特性：第一，在委托人无法观测代理人行动的情况下，满足参与约束和激励相容条件的问题结果无法达到帕累托效率最优，即存在效率损失；第二，最优契约由效率和激励之间的权衡所决定，且代理人必须承担风险。[①]

（二）中央与地方政府间的委托代理

1.政府委托代理问题存在的两个前提条件

只要存在两个或两个以上人的合作活动，就可能存在委托代理关系。除经济领域外，一般认为政治领域也存在广泛的委托代理关系。政府起源的契约论告诉我们，政府之所以存在，是人们通过签订契约把原属于自己的部分权利让渡给政府的结果。可知，从政府出现起，就有了公民与政府间委托代理关系的产生，随着政府内部官僚体制的确立，中央政府与地方政府间的委托代理关系也随之发生。委托代理问题的产生有前文所述的两个前提条件：委托人与代理人的利益相冲突和信息不对称。由于研究的需要，本文此处主要考察官僚制内部中央与地方政府间的委托代理，该委托代理关系中是否会出现"逆向选择"、"道德风险"等代理问题呢？

第一，中央与地方政府的利益不一致。"仁慈"的中央政府追求的目标是全社会福利的最大化，具体表现为政治治理的稳定、经济发展中财政收入的最大化和向全体公民提供所需的教育、医疗等基本福利保障。[②]在我国政治集权和经济分权的体制下，地方政府所追求的政治目标是"晋升"，且其经济目标、社会福利目标等均围绕政治目标来实施。由于我国民主选举制度的不完善和"用脚投票"机制的缺失，使得地方政府官员"晋升"目标的实现主要靠上级政府的考核，如此一来，地方政府供给行为的优先序就倾向于上级容易考核、容易计量的显性指标，如各项经济发展指标，而对全国性的公共品教育以及医疗、社保等难以衡量其绩效的公共服务供给动力不足，这就与中央政府最大化社会福利的目标不相一致，甚至有些地方政府侵占公共服务的资源来发展经济出现与中央政府目标相冲突的行为。

第二，中央与地方政府的信息不对称。一般认为，在官僚制内部的

---

① 刘有贵、蒋年云：《委托代理理论述评》，《学术界》2006 年第 1 期。

② 江依妮、曾明：《中国政府委托代理关系中的代理人危机》，《江西社会科学》2010 年第 4 期。

行政层级中，由于地方政府更接近民众，对地方民众的需求信息比中央政府有更多的了解，因此地区性的公共产品或服务都交由地方政府来完成，并且在中央与地方政府的职能分工中，中央政府趋向于宏观政策的制定而各项具体政策的实施一般都落实到地方政府尤其是基层政府，如此一来，关于各项政策的第一手原始信息包括供给、需求以及供给效果、供给的可行性手段等都首先集中于地方政府而非中央政府。尤其是财政分权后，地方政府自身利益问题更加突出，地方政府对上级政府的信息反馈都经过了自身效用最大化原则的过滤，从而使得在公共产品和服务供给方面地方政府比中央政府有着更多的信息优势。

2.政府委托代理关系的特性

与经济契约中的委托代理关系相比，政府间的委托代理关系有着不同的特性，主要表现为：

第一，政府间的多任务委托代理降低了激励机制的强度。地方政府职能的多样性决定了其任务目标的多样性，同时也反映了中央政府与地方政府间的多任务委托代理关系。Wilson（1989）曾指出在西方民主政治体制中政府间存在多任务的委托代理关系，Granick（1990）、Shirk（1993）也指出在政治集权的中国政府管理体系中同样存在多任务委托代理关系。多任务的委托代理蕴含着地方政府完成任务必然存在着优先序，而此优先序的最终决定依赖于地方政府的行动偏好，如果此偏好与中央政府的不相一致，就意味着地方政府完成任务的优先序可能与中央政府期望的次序不相一致，为了避免地方政府将更多的资源投入到中央政府较易观测的显性任务而忽略一些涉及公众利益的较难衡量绩效的隐性任务上，中央政府作为委托人必将降低激励机制的强度，以减少地方政府可能的负效用发生。

第二，信息的严重不对称导致政府代理人问题频发。如前文所述，中央政府和地方政府间存在着严重的信息不对称，这使得中央政府收集、鉴别信息对地方政府行为进行监督核查的成本上升且难度增大，甚至出现难以核查的窘况，再加上我国公众政治权的失语，就导致了地方政府在自身效用最大化取向下"逆向选择"、"道德风险"等机会主义行为频发（关于地方政府机会主义行为的分析在下文行动选择篇将进行详述）。

第三，政府间的委托代理没有退出机制，进一步诱发政府的机会主义。与经济契约的委托代理关系不同，政府间的委托代理具有强制性，没有可供选择的退出机制，这就降低了政府规避错误的风险，进一步诱发其机会主义倾向。改革开放初期，中央政府在监督机制不完善的情况下粗放式地实行放权让利政策，强化了地方政府及其部门的趋利动机，最终导致了权钱交易等政府严重失范行为的发生。

第四，与经济契约相比政治契约有着更强的不确定性。由于各种利益集团的激烈竞争、"理性无知"[①]行为的广泛存在给政治市场带来了更大的不确定性，使得委托人的契约难以对代理人的未来行动做出详细的规划，政治契约的不完备增加了代理人职权滥用的可能性而成为抵制代理人侵权的"虚弱堡垒"。[②]

（三）义务教育均衡发展制度供给中的政府委托代理分析

在义务教均衡发展的制度供给中存在四个不同层面的委托代理链条，每个链条都向上一层级负责，处于中间位置的委托代理双方具有双重身份，对上作为代理人，对下又成为了委托人，构成了复杂的多代理人委托代理关系。

第一链条：义务教育学生及家长与政府之间。受教育权是宪法赋予公民的最基本权利之一，义务教育学生家长将子女接受教育权委托政府进行管理，构成该制度供给的第一条委托代理链。一般认为，在我国当前的政治体制框架下，由于公众对政府行为监督的政治失语，使得在公众与政府的委托代理关系中，公众的委托人地位处于"虚位"状态。然而具体到政府的义务教育制度供给行为中，义务教育学生家长虽然不能有效地监督政府行为，但是通过"择校"这种几乎"自残"（代指付出高昂的择校费）的行为加剧了义务教育的不均衡所带来的负效用，使社

---

① 所谓理性无知是指人们面对信息搜寻的巨大成本和搜寻结果的不确定性时，不去获取某些信息和知识的行为。参见高燕妮《试论中央与地方政府间的委托—代理关系》，《改革与战略》2009 年第 1 期。

② 吴金群、耿依娜：《政府的性质：新制度经济学的视角》，《浙江大学学报》（人文社会科学版）2008 年第 2 期。

会不公现象更加严重，社会不稳定因素增多，从而影响政府的政治统治，使"仁慈"的中央政府利益受损，进而促使义务教育从非均衡到均衡发展的制度变迁。

第二链条：中央政府与地方政府之间。以国务院及其组成部门教育部为代表的中央政府制定义务教育均衡发展的基本政策，尔后委托各级地方政府执行该政策，形成中央与地方政府间的第二条委托代理链。在该委托代理链条中，一般意义上由于信息不对称造成的委托代理问题依然存在，由于各个地方代理人政府的情况不一，有的地区城乡义务教育均衡度相对较高，而有的地区则差距较大，面对中央政府均衡发展的政策委托，使得有些地区的政策执行成本高而有些地区的政策执行成本相对较低，在中央政府统一的激励机制下，各个地方代理人政府依靠自身的信息优势进行着机会主义选择。如在我国财政转移支付体制不完善的情况下，地方政府以义务教育均衡发展政策为借口，积极地"跑部钱进"；贫困县大建豪华校；城乡义务教育均衡发展进程中重视硬件建设忽视难以观测的软件建设等行为频发。

第三链条：地方政府与其教育行政部门之间。由于政府内部各部门间存在各自独立的部门利益，作为教育政策执行者之一的教育行政部门与政府间构成义务教育均衡发展制度供给中的又一委托代理链。地方政府部门利益化倾向使得各部门间与政府并非完全的利益一致，甚至为了追求自身效用的最大化，"对上求权索利，对下侵权占利，同级间争权夺利"[1]，利益的不一致甚至相冲突就使得代理人的机会主义选择成为了可能。在义务教育均衡发展的制度供给中，教育行政部门与财政部门、人事部门等政府组成部门在教育经费控制权、人事编制控制权方面都有着利益的博弈，均衡发展教育政策的执行都要经过政府各相关部门的利益权衡才能最终得以实施。

第四链条：教育行政部门及学校[2]与教师之间。在义务教育的非均衡发展中，师资力量的不均衡是其主要表现之一，如何促进城乡义务教育

---

① 陈谦：《地方政府部门利益化问题成因与治理》，《求索》2010 年第 2 期。
② 由于当前我国义务教育学校自主性的缺失，实质上成为教育行政部门的附属机构，因此在此将教育行政部门和学校作为利益统一体。

师资力量的相对均衡配备，就成为教育主管部门以及学校与教师间的一场博弈，构成义务教育均衡发展的第四条委托代理链。自身效用最大化在教师个体上也得以体现。由于城乡义务教育学校的硬件设施及待遇水平等方面存在明显差异，优质的教师资源首先选择条件较好的城镇学校，而造成农村义务教育学校在师资相对数量①及质量上远远落后于城市。城乡义务教育均衡发展的政策要得以落实，教育行政部门及学校与教师个体间的利益博弈就不可避免，从目前多数地方政府实施的"城乡师资双向流动"的政策效果看，该委托代理契约的实施并未得到委托人期望的效果。

城乡义务教育均衡发展制度供给中的委托代理除了具有政府委托代理的一般特性外，自身还存在以下问题：第一，过长的委托代理链导致严重的信息失真问题。该政策的制定、执行过程中存在着多层级的委托代理，每一层级的信息传递都可能受到代理人（也是下一层级的委托人）追求自身效用最大化影响，再加上信息传递过程中的技术失真，使得从初始委托人到最终代理人间出现严重的信息扭曲现象。第二，地方政府权责利不对称加剧了其作为代理人的机会选择。以县为主的管理体制赋予了地方政府尤其是县（区）政府太多的责任，而其自身财政等资源的不足造成了在义务教育均衡发展问题上严重的责权利不对等，此状况增加了地方政府对上级政策的扭曲执行、选择执行等"上有政策、下有对策"的概率。第三，中央政府对地方政府的激励不足。在我国当前的政治考核体系中，"经济"指标高于"民生"指标，再加上义务教育作为全国性的公共产品，对于某一地区而言具有较明显的外溢性，使得委托代理链条中居于核心地位的地方政府激励不足。第四，委托人的监督乏力。抛开公民对政府的监督无力不谈，义务教育均衡发展的制度供给中，中央政府对地方政府的监督也显乏力，各种教育督察在上级检查下级汇报的过程中变成了"走过场"、"走形式"。

在城乡义务教育均衡发展的制度供给链条中，中央政府的政策制

---

① 从宏观统计数据上看，当前农村义务教育学校的生师比和城市义务教育学校基本持平，但是由于农村义务教育学校尤其是小学，生源分散，学校规模相对较小，同样的生师比使得师资力量相对不足，一个老师要身兼多科的教学任务。

定、以地方政府为主体的政策执行和公众的政策需求与监督在理论上构成了一个相互制约的循环体系，该循环体系又处于上述复杂的委托代理链条当中。在上述多层级的委托代理链条中，中央政府对地方政府的委托代理无论从形式意义还是从政策执行的实质意义上讲都处于核心地位，过长的委托代理链不仅造成了信息传递的失真，又使得均衡发展政策实施的相关信息在中央与地方政府间严重不对称，再加上政策实施中地方政府的责权不对等以及中央政府的激励不足等多因素的叠加，使得地方政府尤其是县级政府在推动城乡义务教育均衡发展进程中动力严重不足。

三　地方政府间竞争与城乡义务教育均衡发展

（一）关于地方政府竞争

1.联邦制下的地方政府竞争

大国治理需要分权，分权必然带来政府间竞争。对地方政府竞争的理论研究经历了一个从财政分权到政府间竞争的演进过程。依据哈耶克（1945）的财政分权理论，地方政府在提供地区公共品和处理地方事务中有着信息优势和比中央政府更有效率的逻辑，[①]主要研究公共职能如何在中央政府和地方政府间进行配置，以达到公共品的最优供给，核心是研究中央财政和地方财政间的关系；而联邦制下的地方政府竞争理论则以财政分权为背景，研究地方政府之间在税收、资源配置和规制等方面的竞争活动以及这种竞争的效应。

一般认为，对地方政府竞争的研究起源于亚当·斯密的《国富论》，他指出土地是不动产而资本具有流动性，国家课税要对两者进行区分，否则对资本所有者课以重税可能导致其"把资本移往任何其他国家，只要那里比较能随意经营事业，或者比较能安逸地享有财富"[②]。该论述从

---

① [英]F.A.哈耶克：《致命的自负》，冯克利等译，中国社会科学出版社 2007 年版，第 121—139 页。

② [美]亚当·斯密：《国民财富的性质和原因研究》(下册)，商务印书馆 1972 年版，第 408 页。

资源要素的流动性对税收制度的影响方面提出了政府间的竞争。而明确对地方政府竞争进行研究的当属蒂伯特(Tiebout,1956)，[①]他在《一个关于地方支出的纯理论》一文中提出著名的"用脚投票"理论，该理论认为由于各地方政府的公共品供给和税负组合不尽相同，自由流动的居民可以根据自己的偏好来选择那些令自己满意的公共品供给和税负组合的地区居住，而地方政府为了避免人口流出而造成的税收流失，将不得不提高公共品供给的满意度。蒂伯特依此认为地方政府竞争可以提高地区公共品的供给效率，而"蒂伯特模型"所依据的严格假设条件如人口流动不受限制、存在大量辖区政府可供选择、各辖区政府税收体制相同、公共品在辖区间无外部性、信息完备等在现实条件下难以达到使得该理论为人们所诟病。鉴于此，此后的许多学者[②]对蒂伯特模型的假定条件进行修正，给出的不同结论丰富了地方政府竞争理论。在众多地方政府竞争的理论中布雷顿(Breton,1996)[③]第一个使用了"政府竞争"(Competitive Governments)的概念，他在论述中指出政府是竞争性的，在政府内部、政府之间以及与其他提供公共品的机构间都存在竞争，政府竞争"在推动政治走向一种均衡产出时"是一种偏好和需求显示机制，在税收收入和支出决策间建立联系。布雷顿的政府竞争理论相比较而言较为全面，但是由于其概念界定较为宽泛，使得研究较为复杂而缺乏清晰的结论。

2. 中国地方政府竞争的路径演进

---

① Tiebout,"A Pure Theory of Local Expenditures",*Journal of Political Economy*, 1956, (64)：416—424.

② Oates(1972)以流动性的资本要素而非居民为研究对象首先用实证研究结果证实了 Tiebout 假说的成立，指出地方政府为了吸引流动的资本而展开竞争从而推动了经济的发展；以 Zodrow 和 Mieszkowski(1986)、Wilson(1986)为代表的税收竞争模型认为，地方政府通过对可流动的资本征税为公共品融资将导致资本向其他区域的流动，使得地方政府在均衡条件下会产生低于有效水平的税率和公共品供应，McGuire(1991)也认为政府为了争取选民而对公共品供给展开的竞争类似囚徒困境，降低税率和提供公共物品之间存在着内在的冲突，最终使得政府间的竞争常常是破坏性的；R.D.Ludema 和 I.Wooton(2000)考察了劳动流动性上升或交易成本下降对地方政府竞争的影响；此外还有 Downs(1957)的政党竞争模型、Wolkoff(1992)的通过经济发展补贴——吸引企业的竞争模型、Besley(1995)的标杆竞争模型等。

③ Albert Breton, *Competitive Governments: An Economic Theory of Politics and Public Finance*, Cambridge & New York: Cambridge University Press, 1996，p.3.

　　由于中西方国家地方政府行为有着诸多不同，如西方联邦制下地方政府的目标函数相对单一，主要职能就是提供地方性公共产品，而中国地方政府职能在中央的多任务代理体制下呈现多样化；在西方，政府官员对选民负责，在我国，地方政府更多地对上级政府负责。由于种种行为差异的存在，中西方文献中对地方政府竞争研究的侧重点也有所不同。

　　国内对政府竞争的研究，最早是樊纲、张曙光等人（1990）提出的"兄弟竞争"[①]，具体指"公有制的局部或基层单位之间的利益矛盾和利益冲突"[②]，他们认为，在财政分析制度尚未建立的情况下，中央集权的松绑不可避免地造成地方政府为争夺中央政府的有利政策和经济资源而展开竞争，该竞争的表现形式有三种：第一，地方政府通过行政手段硬性的限制本地基础原材料的流出；第二，地方政府争先向中央政府要钱、要项目、要指标、要政策；第三，在产权制度改革过程中地方政府的市场保护和市场分割。其后，随着我国改革开放的深入，经济保持了近30年的高速增长，被世人誉为"增长奇迹"，该奇迹的背后到底存在什么样的推动力使得中国的渐进式改革取得了如此成功，而其他改革模式（如俄罗斯的激进式改革）却缺乏激励，对此问题的解决，吸引了一批学者进行探讨。

　　钱颖一等人从财政分权与激励的视角出发，认为分权造成的中国地方政府间竞争，使得没有相对独立税权的地方政府，拥有了部分经济管理职能的自由处置权，这种分权模式给予了地方政府莫大的激励，使其有动力促进地方经济的发展，以满足地方利益的需求。[③]沿着该研究思路，罗小朋（2009）通过对农村包产到户后私有经济发展的考察指出，地方政府竞争是推动经济发展和制度变迁的主要因素；[④]张维迎（1999）通过对国企改革进程中地方政府的作用剖析后指出，地方政府竞争是地

---

① 樊纲等著《公有制宏观经济理论大纲》，上海三联书店1990年版，第82页。
② 樊纲等著《公有制宏观经济理论大纲》，上海三联书店1990年版，第82页。
③ 钱颖一：《中国市场化改革的制度基础》，载自胡鞍钢主编《中国走向》，浙江人民出版社2000年版，第171页。
④ 罗小朋等：《改革开放三十年回顾：中国奇迹的真正原因》，《中国商界》2009年第期。

区民营化的主要推动力。①该阶段对地方政府竞争的研究多从竞争的作用、结果方面对其进行具体阐述，而没有从地方政府竞争理论本身予以关注。

何梦笔（1999）根据布雷顿对政府竞争的思想，提出了一个描述地方政府竞争的分析框架，并以此为基础对中国和俄罗斯的改革绩效差异进行了分析；②在何梦笔研究的基础上，冯兴元（2002）进一步对地方政府竞争的分析框架进行完善，并对中国地方政府的竞争行为、竞争绩效做了详细的分析，认为地方政府竞争的实质是制度竞争。③ 此后，杨海水（2005）、张宴（2005）、傅勇（2007）④ 等分别通过建立政府竞争模型对相关问题进行了实证研究。该阶段的研究较之前相比使地方政府竞争理论得到了进一步规范，但主要立足于政府分权的作用而非政府竞争。

而以周黎安为代表的学者认为，行政性分权以及财政包干体制不足以解释我国地方政府官员在面对财政与经济激励下的行为特征，他以地方官员的晋升为视角，提出了地方政府竞争的"政治锦标赛模式"⑤。所谓政治锦标赛，是指上级政府通过设计一定的竞争标准让多个下级政府官员进行竞赛，竞赛优胜者将获得晋升。⑥该政治锦标赛模式实施的前提条件是：第一，地方政府官员的人事权力集中于上级政府，上级政府依据一定的晋升标准对地方政府官员的升迁作出决定；第二，地方政府间的竞争指标是可衡量、可观察的；第三，上级政府以可信的方式承诺要

① 张维迎等：《地区间竞争与中国国有企业民营化》，《经济研究》1999 年第 12 期。
② 何梦笔：《政府竞争：大国体制转型理论分析范式》，德国维腾大学讨论文稿第 42 期，陈凌译，1999 年 9 月。
③ 冯兴元：《中国辖区政府间竞争理论分析框架》，北京天则经济研究所：天则内部文稿系列，2002 年 2 月。
④ 杨海水：《地方政府竞争理论的发展述评》，《经济学动态》2005 年第 10 期；张宴：《分析体制下的财政政策和经济增长》，上海人民出版社 2005 年版，第 247 页；傅勇：《中国式分权与财政支出结构偏向：为增长而竞争的代价》，《管理世界》2007 年第 3 期。
⑤ 周黎安：《转型中的地方政府—官员激励与治理》，格致出版社、上海人民出版社 2008 年版，第 87 页。
⑥ 同上书，第 89 页。

按照晋升标准考核、选拔和任免地方政府官员；第四，各参赛主体的竞赛成绩是可分离、可比较的；第五，各地方政府官员能够控制和影响最终的考核成绩；第六，各地方政府间不容易形成合谋。[①]在周黎安关于中国政治锦标赛研究的基础上，刘剑雄（2008）将以单一经济绩效为竞争指标的竞争模式扩展为政治忠诚、经济绩效和辖区民意三个维度的竞争考核体系，并对三种评价机制对地方政府官员的激励效果分别予以了阐述。

以上关于我国地方政府竞争研究的思想进路可以用图 5—4 进行简单勾勒，该研究路径的演进展现了国内关于地方政府竞争研究从分权效用研究到竞争性质研究、从定性描述到博弈策略研究的基本脉络走向和未来研究趋势。

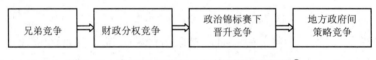

图 5—4　中国地方政府竞争研究的路径演进[②]

（二）地方政府竞争的行为模式

1.地方政府的目标函数及约束条件

（1）目标函数

与西方联邦制下地方政府相对单一的行为目标不同，在我国，作为代理人的地方政府政府有着多元的目标追求，该多元的行为目标源自于地方政府多重利益代表的身份。首先，作为中央（上级）政府的下属代理人，地方政府代表着中央政府的整体宏观利益，要执行中央政府的政策、完成中央政府的计划任务，对辖区的经济社会发展遵照中央的战略意图进行调控管理。其次，作为辖区的政权机构，地方政府是本辖区公共利益的最高代表，它肩负着满足辖区人民群众利益，实现辖区福利最大化的责任。此外，地方政府还是自身利益的代表，该身份的目标是实

---

① 同上书，第 92—93 页。

② 参见周业安、宋紫峰《中国地方政府竞争 30 年》，《教学与研究》2009 年第 11 期。

现本级政府及其官员的政治利益最大化。[①]三种利益并非完全一致，因此，作为三种利益代表的地方政府就有了如图5—5所示的目标函数图。

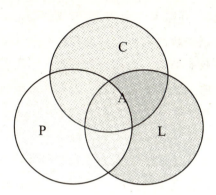

图5—5 地方政府的目标函数

如果用 U_i 表示 i 地区地方政府的目标函数；C_i 表示中央（上级）政府的利益；L_i 表示该地区地方政府自身利益；P_i 表示该地区公共利益，则地方政府的目标函数可以表述为：

$$U_i = F(L_i, P_i, C_i) \tag{5—8}$$

如果分别用 $f(\partial 1)$、$f(\partial 2)$、$f(\partial 3)$ 表示 L_i、P_i、C_i 的密度函数，则地方政府的目标函数可以进一步表示为：

$$U_i = F\left[L_i f(\partial 1), P_i f(\partial 2), C_i f(\partial 3)\right] \tag{5—9}$$

其中，$0 \leqslant f(\partial 1)$，$f(\partial 2)$，$f(\partial 3) \leqslant 1$，

地方政府目标函数作为 L_i、P_i、C_i 的组合，最理想状态就是三者的重合地带 A 区域，在该区域，中央（上级）政府利益、地方政府自身利益和地方公共利益达到了一致。但是在现实生活中，L_i、P_i、C_i 区域重合的概率总是很低，如前文所述，由于中央（上级）政府与作为代理人的下级政府间存在信息不对称，使得上级政府对下级政府的监督不力，L_i 与 C_i 的不一致就有了存在的可能性，同时，由于在我国当前政治体制下，地方选民对政府的监督乏力，使得 L_i 与 P_i 的不一致成为可能。

---

① 该三种利益的划分参见陈瑞莲主编《区域公共管理导论》，中国社会科学出版社2006年版，第113—119页。

　　既然 L_i、P_i、C_i 不总是完全一致，对于地方政府而言，L_i、P_i、C_i 的实现就有了一个序列存在的问题，究竟是以中央（上级）政府利益 C_i 为先，还是以地方公共利益 P_i 实现为重，抑或是最先实现政府自身利益 L_i 的最大化呢？该问题的解决取决于对地方政府及其官员的行为假设。一种假设认为，地方政府及其官员是"公共人"，服务于公共利益；一种假设认为，地方政府及其官员是"经济人"，追求自身福利最大化。公共选择理论认为，行为主体无论是在经济市场上还是在政治市场上，都具有一致的行为属性，即都属于"理性经济人"。在现实生活中，由于信息传递链条过长，上级政府对地方政府的监督约束力不足，地方政府有着强烈的机会主义冲动，"经济人"的行为特征较为明显，因此，本文亦接受学界对政府及其官员普遍采取的"经济人"假设。

　　以"理性经济人"假设为前提，在当前中央（上级）政府以 GDP 为核心对地方政府进行绩效考核的状态下，由于中央（上级）政府与下级政府间委托代理问题的存在，上述三个目标的实现序列就呈现为政府及其官员自身利益 L_i 实现为最先；其次，为了满足上级政府的需求，获得自身晋升的机会，实现上级政府的宏观利益 C_i 则位于序列中的第二层次；在我国当前选民对地方政府及其官员约束不足的情况下，实现地方公共利益 P_i 则被地方政府置于目标实现的第三层次。因此，L_i、P_i、C_i 的密度函数就存在 $f(\partial 1) > f(\partial 3) > f(\partial 2)$ 的关系。

　　（2）约束条件

　　地方政府的行为约束条件主要来自上级政府以及辖区选民的政治约束、本级政府财政预算的经济约束和"政府失灵"的能力约束。

　　首先，在单一制集权体制下，地方政府的人事权受控于上级政府，因此，上级政府构成了地方政府的主要约束条件。具体表现为：第一，为了实现统治的合法性、稳定性，中央（上级）政府要求地方政府有绝对的政治忠诚；第二，要求地方政府维护社会稳定。不稳定预示着政府合法性的危机，因此，地方政府的决策必须考虑社会的承载能力。辖区居民对地方政府的政治约束体现为"退出"约束和"呼吁"约束。当地方政府提供的公共服务质量不令民众满意时，就会有居民尤其是资本从本地区"退出"，而使该地区的经济发展受损，同时，辖区民众还可通过大众媒介、信访等渠道对地方政府的行为进行评价，行使"呼吁"选择。因此，地方政府进行决策时不得不考虑当地民众的支持率。[①]

其次，地方政府行为受到财政预算的约束。马克思说"赋税是喂养政府的娘奶"[②]，没有相应的财政收入，政府的职能就不能得以履行，甚至会出现"政府关门"。在我国现行的财政体制下，中央和地方实行分税制，地方政府的财政预算受到地方经济发展水平的制约，财政的可支配力必然约束地方政府的行为。

最后，地方政府行为受到"政府失灵"的能力约束。地方政府是有限理性的政府，与其决策相关的环境信息复杂且难以预测，由于知识的不完全性，地方政府的行为存在滞后性，使得政府公共政策的效果大打折扣。

2.竞争机制

所谓机制是两种事物间可能存在的、经常发生且易于识别的因果关系，是位于公理和描述之间的一个解释层次。[③]地方政府竞争机制的产生有着众多原因，可以从不同的角度对其进行分析。本研究将其置于新制度主义的研究范式中，从制度的角度对地方政府竞争机制进行探讨。制度作为一种社会激励机制，它对行动主体的行为有着规范和引导的作用，如诺斯所言，制度是一个社会的博弈规则，它是为约束追求福利最大化的个人行为而制定的一组规章、依循程序及道德行为准则。[④]我国地方政府间的竞争行为正是在一系列制度环境的激励机制下产生的，在该制度框架内，地方政府作为一个行动主体依据不同的制度规则加入到竞争行列中，在该竞争过程中起支配作用的则是如下特定的制度安排。[⑤]

（1）政绩化的晋升标准

周黎安把中国经济奇迹得以发生的一个主要推动力归结为地方政府间的政治锦标赛机制，该机制运行的一个重要前提是有着一个可衡量的、

---

① 陈瑞莲主编：《区域公共管理导论》，中国社会科学出版社 2006 年版，第 116—119 页。

② 《马克思恩格斯全集》第 7 卷，人民出版社 1959 年版，第 94 页。

③ 周学光：《组织社会学十讲》，社会科学文献出版社 2003 年版，第 16 页。

④ 诺斯：《制度、制度变迁与经济绩效》，上海三联书店 1994 年版，第 3—4 页。

⑤ 该部分参见刘泰洪《我国地方政府竞争机制》，《人文杂志》2007 年第 4 期。

可观察的客观存在的竞争指标,[①]该竞争指标就是上级政府对地方政府官员进行干部选拔的考核标准。20 世纪 80 年代以来,我国中央政府正是通过以 GDP 为核心的政绩标准来决定下级政府官员的晋升。周黎安等(2005)运用 1979—2002 年中国各省级政府的相关数据对地方政府官员晋升和地方经济发展水平的关联性进行了实证研究,结果表明,省级官员的晋升概率与该省的 GDP 增长有着显著的正相关关系。李涛和周业安(2005)的相关实证研究进一步证明,省区 GDP 每提高 6%,省级政府官员晋升的概率就提高 2.4%。[②]以上研究表明地方政府的官员晋升与政绩产出间存在一个"隐形合同",该合同的逻辑表现为,如果一个地方政府官员的政绩高出其他官员,该官员就可以期待上级政府给予其晋升的奖励。该政绩化的晋升标准激励着各地方政府官员使出浑身解数向上级政府展现其任内政绩,以至于各地的政绩工程层出不穷。

(2)淘汰制的晋升路径

我国现行的干部晋升制度是典型的"淘汰制"。该制度的最大特征体现为,进入下一轮的竞争者一定是上一轮的优胜者,每一轮被淘汰出局的选手则失去向更高级别职位晋升的机会,为了能够进入下一轮的竞争,每一位参与人必须在本轮竞争中获胜。现在使竞争更加激烈的是,中央政府对每一级别任职的行政干部就有严格的年龄限制,这使得地方政府官员必须在一定年龄晋升到某一职位,否则,也将失去进一步晋升的机会。在该"淘汰赛"中,淘汰标准是一个相对标准而非绝对标准。周黎安等(2005)发现,中央在对省级政府官员进行绩效考核时,不仅看该省的绝对经济绩效,还要参考多个可比较的基准,如前任的 GDP 增长率,邻近地区的 GDP 增长率等。"淘汰制"的这些激励规则不仅使竞赛参与者关心自己的竞争成绩,而且也关心其他竞争者与自己相比的相对位次,这种竞争逻辑加剧了地方政府官员对短期政绩的追逐,也进一步使各地方政府间的竞争更加激烈。

---

① 周黎安著:《转型中的地方政府——官员激励与治理》,格致出版社、上海人民出版社 2008 年版,第 92 页。

② 李涛、周业安:《财政分权视角下的支出竞争和中国经济增长——基于中国省级面板数据的实证研究》,《世界经济》2008 年第 11 期。

（3）不完备的晋升合同

前文提到我国当前的晋升制度是一下以政绩为标准的"隐形合同"，但是该合同存在着不完备性，一是表现在如前所述的晋升标准是一个相对标准而非绝对标准，即对政绩达到何种程度可以得以晋升没有明确规定；二是表现为某些政绩产出的难以量化，不易测度。该晋升合同的不完备性使得地方政府官员把更多的财力、物力聚焦到那些容易度量的、可观测的"资源密集型"政绩产出方面，①而忽视那些不可测度但同样重要的任务。

（三）同级地方政府竞争模型

在行政首脑负责制的行政体制下，我国地方政府的目标价值取向很大程度上取决于地方政府"一把手"的目标追求，因此地方政府的目标函数就具体体现为地方政府官员对中央（上级）政府的宏观利益、本级政府自身利益和本级政府辖区的公共利益的追求。对中央（上级）政府利益目标的实现，综合体现为地方政府官员对上级政府的政治忠诚；对本级政府自身利益目标的实现，体现为地方政府官员的资源控制量；对本辖区公共利益目标的实现，具体体现为地方政府官员的辖区民意支持。以上目标的实现都以获得晋升机会为最终追求，或者说以晋升为核心来展开，因此，地方政府官员的行为目标则就最终体现为图 5—6。

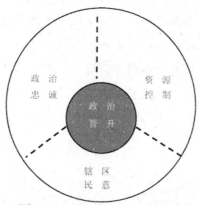

图 5—6　地方政府官员目标函数

---

① 关于为什么"资源密集型"工程能够成为政府官员政绩的有效信号的分析详见周雪光《逆向软预算约束：一个政府行为的组织分析》,《中国社会科学》2005 年第 2 期。

　　为研究方便，现假定政府分为中央政府与地方政府两级，在一个中央政府的领导下有 2 个地方政府 A 和 B，且 A、B 同质。H_i 代表 i 区政府官员的晋升指数；R_i 表示地方政府官员的政治忠诚度，密度函数为 $f(\partial 3)$；E_i 表示地方政府官员的资源控制量，密度函数为 $f(\partial 1)$；P_i 表示地方政府官员的民意支持度，密度函数为 $f(\partial 2)$。那么，地方政府官员的目标函数就可以设定为：

$$H_i = F\left[E_i f(\partial 1) + P_i f(\partial 2) + R_i f(\partial 3)\right] - H_j + \theta \qquad （5—10）$$

　　其中，$0 \leqq f(\partial 1)，\ f(\partial 2)，\ f(\partial 3) \leqq 1$

　　H_j 表示非 i 区的另一地方政府官员晋升指数；θ_i 表示通过非政绩手段（如跑官买官等）获得晋升的随机干扰项，且 θ_i（i=A，B）各项间相互独立。

　　容易发现，方程（5—10）实际是一个拟线性函数，反映了地方政府关于不同利益偏好关系以及政府间竞争对某一地方政府官员晋升的影响。$f(\partial 1)$、$f(\partial 2)$、$f(\partial 3)$ 分别代表了各利益偏好的权重，如前文所述，在当前政治体制框架内，各利益偏好权重存在 $f(\partial 1) > f(\partial 3) > f(\partial 2)$ 的关系。由于当前晋升考核主要以经济绩效指标为标准，中央政府对地方政府政治忠诚的测度也大部分体现为经济政策执行与经济发展状况的测度，政府间竞争的核心内容也就大多集中于经济发展领域，只要经济发展绩效足够的好，就可以获得中央政府的认同，就可以在与同级政府竞争中获胜，就可以获得进一步的晋升机会。而且，追求地方经济的最大限度发展也与地方政府官员扩大资源控制量，追求自身利益最大化的路径方向相一致，即 R_i 与 E_i 的变动方向相一致。那么方程（5—10）就可以简化为：

$$H_i = \max E_i f(\partial 1) + P_i f(\partial 2) + \theta_i \qquad （5—11）$$

　　方程（5—11）反映的是地方政府将固定的财政支出分别投资用于两种不同类型物品 E_i 和 P_i。E_i 表示以经济绩效为核心的投资，具有负外部性，即 A 对 E_i 投资的增加会使 B 的晋升效用减少，P_i 表示以地区公共物品（义务教育更为典型）为代表的投资，具有正的外部性，P_i 的投资增加会使 A 和 B 的晋升效用都增加。假定 A、B 两个政府的财政投资效用函数分别取如下柯布—道格拉斯形式；[①]

$$H_i = (P_i + rP_j)^\alpha (E_i - \theta E_j)^\beta \qquad (5—12)$$

其中，$0 < r$，θ，α，$\beta < 1$；$\alpha + \beta < 1$；

r 反映的是投资地区公共物品正外部性大小的一个参数，r 越大，表明地方政府公共物品投资的正外部性越大，反之则反是；θ 反映的是投资经济发展负外部性大小的一个参数，θ 越大，表明地方政府经济发展投资的负外部性越大，反之则反是。

假设 A、B 两个政府财政支出总额给定且都等于 M，A 政府官员和 B 政府官员都在预算约束条件下追求自身晋升指数最大化，则 A 政府官员的目标函数及约束函数为：

$$\max H_A = (P_A + rP_B)^\alpha (E_A - \theta E_B)^\beta \qquad (5—13)$$

$$P_A + E_A \leqq M，\quad P_A \geqq 0，\quad E_A \geqq 0 \qquad (5—14)$$

B 政府官员的目标函数及约束函数为：

$$\max H_B = (P_B + rP_A)^\alpha (E_B - \theta E_A)^\beta \qquad (5—15)$$

$$P_B + E_B \leqq M，\quad P_B \geqq 0，\quad E_B \geqq 0 \qquad (5—16)$$

求解由（5—13）、（5—14）、（5—15）、（5—16）组成的最优化问题，由一阶条件可得地方政府 A 和地方政府 B 的反应函数分别为：

$$P_A = \frac{(\alpha - \alpha\theta)}{\alpha + \beta} M + \frac{(\alpha\theta - \beta r)}{\alpha + \beta} P_B \qquad (5—17)$$

$$P_B = \frac{(\alpha - \alpha\theta)}{\alpha + \beta} M + \frac{(\alpha\theta - \beta r)}{\alpha + \beta} P_A \qquad (5—18)$$

由式（5-17）、（5-18）可得：

$$P_A^* = P_B^* = \frac{\alpha - \alpha\theta}{\beta + \beta r + \alpha - \alpha\theta} M \qquad (5—19)$$

[①] 谢晓波（2007）运用该模型验证了地方政府竞争与区域经济的协调发展问题；易志斌（2011）通过该模型对地方政府竞争的博弈行为与水环境保护问题进行了探讨，本文亦参考前述研究成果，运用该模型对地方政府竞争的相关问题进行研究。

$$E_A^* = E_B^* = \frac{\alpha - \alpha\theta}{\beta + \beta r + \alpha - \alpha\theta} M \qquad (5—20)$$

将（5—19）、（5—20）分别代入（5—13）、（5—15），可以得到地方政府 A 和地方政府 B 的均衡收益为：

$$H_A^* = H_B^* = \left[\frac{\alpha - \alpha\theta}{\beta + \beta r + \alpha - \alpha\theta}(1+r)M\right]^{\alpha}\left[\frac{\beta + \beta r}{\beta + \beta r + \alpha - \alpha\theta}(1-\theta)M\right]^{\beta} (5—21)$$

式（5—21）表明，在地方政府 A 和地方政府 B 进行独立决策时，两个地方政府的竞争会导致两者陷入"囚徒困境"的境地。

对式（5—17）或（5—18）r、θ、M 分别进行求导，可以得出：

$$\frac{\partial P_A^*}{\partial r} = \frac{\partial P_B^*}{\partial r} - \frac{\alpha\beta(1-\theta)}{(\beta + \beta r + \alpha - \alpha\theta)^2} M < 0 \qquad (5—22)$$

$$\frac{\partial P_A^*}{\partial \theta} = \frac{\partial P_B^*}{\partial \theta} - \frac{\alpha\beta(1+r)}{(\beta + \beta r + \alpha - \alpha\theta)^2} M < 0 \qquad (5—23)$$

$$\frac{\partial P_A^*}{\partial M} = \frac{\partial P_B^*}{\partial M} - \frac{\alpha - \alpha\theta}{(\beta + \beta r + \alpha - \alpha\theta)^2} M > 0 \qquad (5—24)$$

（5—22）表明，当公共物品投资正外部性较高时，地方政府会减少对其的财政投入量，而倾向于地方政府间相互"搭便车"；（5—23）表明，当地方政府 A 增加对经济发展的财政投入，会减少地方政府 B 的政绩收益时，地方政府 B 会增大对经济发展的财政投入，而减少对地方公共物品的财政支出；（5—24）则表明，当地方政府可用于财政支出的预算总量增加时，政府用于经济发展的财政支出和对公共物品的支出都会增加。

（四）城乡义务教育均衡发展进程中地方政府的行为选择

前述的地方政府竞争模型表明，地方政府在面对经济发展和公共物品提供的财政投入选择时，理性的地方政府及其官员，为了获取自身利益最大化，为了追求自身晋升指数最大化，会将有限的财政支出用于经济发展，而非改善民生的公共物品。本节我们通过城乡义务教育均衡发展进程中地方政府的行动选择，对上述理论模型进行验证，为此，我们提出如下假设：

假设（1）：在 R_i 与 E_i 方向相一致情况下，即中央政府对地方政府的绩效测度以经济发展为核心时，地方政府竞争有损于城乡义务教育均衡发展。

假设（2）：在 R_i 与 P_i 方向相一致情况下，即中央政府对地方政府的绩效测度以民生发展为核心时，地方政府竞争对城乡义务教育非均衡发展的改善重"硬件"、轻"软件"。

为了验证假设（1），我们建立如下回归方程：

$$edu_i = \alpha + \beta_1 ratioFDI_i + \beta_2 ratioEF_i + \varepsilon_i \qquad (5—25)$$

方程（5—25）中被解释变量 edu_i 表示第 i 区城乡小学和初中发展的不均衡度（i=1，2，…，31）；解释变量中，由于地方政府竞争目前主要表现为吸引外资，因此，我们取各地方政府吸引的 FDI 与当年全国平均值的比值 $ratioFDI_i$ 为地方政府竞争的代理变量；[①]由于前文建立的地方政府竞争模型是在地方政府财政预算支出总量固定的前提下做出的，而教育经费投入总量的变动也可能影响到城乡义务教育的均衡度，因此，我们同时选取预算内教育经费占地方政府财政预算的比重 $ratioEF_i$ 为解释变量；ε_i 表示未纳入方程的其他解释变量。数据的采集运用 2008 年各省级政府的有关数据，具体如表 5—1 所示。

表5—1	2008年各省级政府教育经费及FDI指标			单位：%
地区	小学预算内教育经费城乡比	初中预算内教育经费城乡比	FDI 比重	预算内教育经费占预算支出比重
北京	0.86	0.74	1.31	0.15
天津	1.15	1.36	1.25	0.12
河北	0.89	0.9	0.45	0.15
山西	0.77	0.88	0.24	0.13
内蒙古	0.66	0.8	0.3	0.1
辽宁	0.97	1.15	1.66	0.13

① 张军等（2007）以地方政府实际利用的 FDI 作为地方政府竞争的代理变量，由于 FDI 受国家整体经济环境影响较大，某一地区 FDI 绝对量的下降并不意味着该地区竞争能力的下降，因此，本文以各地区实际利用 FDI 占当年全国平均值的比重为地方政府竞争的代理变量、郑磊（2008）、王爱民（2009）也采取了 FDI 占全国的比重作为衡量地方政府竞争的变量。

地区	小学预算内教育经费城乡比	初中预算内教育经费城乡比	FDI 比重	预算内教育经费占预算支出比重
吉林	0.79	0.92	0.23	0.13
黑龙江	0.88	1.18	0.22	0.12
上海	1.07	1.13	3.92	0.11
江苏	1.02	1.09	5.55	0.14
浙江	0.98	1.02	2.11	0.17
安徽	1.03	1	0.34	0.14
福建	0.95	1.08	1.5	0.18
江西	0.94	0.92	0.45	0.15
山东	1.07	1.06	1.35	0.15
河南	1.08	1.02	0.39	0.17
湖北	1.1	1.04	0.45	0.13
湖南	1.06	0.92	0.36	0.14
广东	1.54	1.41	4.97	0.16
广西	1.07	1.07	0.34	0.15
海南	0.96	1.03	1.29	0.14
重庆	1.07	1.08	0.32	0.14
四川	0.95	1.04	0.56	0.11
贵州	1.16	1.06	0.04	0.15
云南	0.97	0.99	0.19	0.14
西藏	1.1	-	0.01	0.11
陕西	0.76	0.97	0.18	0.12
甘肃	1.05	1.01	0.05	0.13
青海	1.03	0.9	0.04	0.11
宁夏	1.03	0.89	0.03	0.16
新疆	0.99	1.17	0.06	0.14

资料来源：根据《中国教育经费统计年鉴》2009 年、《中国统计年鉴》2009 年相关数据计算得出。

根据表5—1的相关数据对方程（5—25）进行回归分析的结果如表5—2。

表5—2 方程（5—25）回归分析结果

	edu_i（小学）	edu_i（初中）
$ratioFDI_i$	0.042**	0.047**
	（2.292）	（-1.883）
$ratioEF_i$	1.885	-0.036***
	1.420	（-0.029）
Constant	0.698***	0.985***
	（3.821）	（5.606）
F	4.279**	3.871**
R Square	0.234	0.223
Adjusted R Square	0.179	0.165

根据表5—2的回归分析结果可得出：

$$edu_{（小学）} = 0.698 + 0.042\, ratioFDI + 1.885\, ratioEF \qquad （5—26）$$
$$edu_{（初中）} = 0.985 + 0.047\, ratioFDI - 0.036\, ratioEF \qquad （5—27）$$

尽管回归方程的拟合度相对不高，但不影响解释变量对被解释变量的影响方向，（5—26）、（5—27）表明地方政府竞争与城乡小学、初中差距间呈现正相关关系，即随着地方政府竞争度的增加，城乡义务教育差距将逐渐扩大，假设（1）得以证实。

由于假设（2）假定中央政府对地方政府的绩效测度以民生发展为核心，与当前政府绩效考核的现实运行不相一致，无法用现实数据对其加以验证，我们只能通过前述的地方政府目标函数对假设（2）的推测进行进一步的理论推演。

方程（5—11）反映的是在当前中央政府以经济发展绩效为晋升考核标准下，地方政府官员的目标函数。近年来，尤其是十七大以后，中央政府日益关注民生发展，对地方政府的绩效考核也加重了民生指标的权重，如果中央政府对地方政府的绩效考核以民生为核心，以地方政府提供公共物品的质量和数量为标准，则地方政府的目标函数可变为：

$$H_i = \max F\left[E_i f(\partial 1) + P_i f(\partial 2) \right] + \theta_i \qquad\qquad （5—28）$$

该式意味着，理性的地方政府及其官员在中央（上级）政府以民生指标为考核核心时，由于财政规模是进行经济发展和公共物品供给的基础，地方政府官员及晋升指数最大化体现为经济发展与公共物品供给混合函数的最大化。在现行的财政体制下，地方政府及其官员为了满足中央（上级）政府的利益需求，在保证经济发展的同时，只能将有限的财政资源投向中央易于观测的民生指标上面，在义务教育发展领域，会着力改善中小学的硬件设施，而对中央（上级）政府难以考核的软件环境改善力度有限。

假设（2）的推测想表明的观点是，促进中国近三十年经济奇迹出现的政府竞争体制，在当前的财政体制框架下，不可能实现"民生政治"的目标，不可能实现地方公共物品供给的大幅度改善。

四　本章小结

义务教育的产品属性问题是本研究开展的逻辑前提。无论是从排他性和竞争性的产品属性角度考量，还是从义务教育的外部性视角判断，抑或从交易成本的角度衡量，义务教育属于偏位于纯公共产品的准公共产品。公平地提供公共产品，是政府义不容辞的责任，因此，实现城乡义务教育的均衡发展，政府的推动不可或缺。

在政府推动城乡义务教育均衡发展的进程中，其行为选择策略直接影响着其行为结果。政府间的委托代理机制是影响地方政府行为选择的重要因素。在义务教均衡发展的制度供给中，存在四个不同层面的委托代理链，每个链条都向上一层级负责，处于中间位置的委托代理双方具有双重身份，对上作为代理人，对下又成为了委托人，构成了复杂的多代理人委托代理关系。在该多代理人委托代理关系中，中央政府的政策制定、以地方政府为主体的政策执行和公众的政策需求与监督在理论上构成了一个相互制约的循环体系。其中，中央政府对地方政府的委托代理无论从形式意义还是从政策执行的实质意义上讲都处于核心地位，过长的委托代理链不仅造成了信息传递的失真，又使得均衡发展政策实施的相关信息在中央与地方政府间严重不对称，再加上政策实施中地方政府的责权不对等以及中央政府的激励不足等多因素的叠加，使得地方政府尤其是县级政府在推动城乡义务教育均衡发展进程中动力严重不足。

地方政府竞争是影响地方政府行为选择的又一重要因素。在构建地方政府竞争模型的基础上，通过 2008 年各省级政府教育经费投入及 FDI 指标数据，验证了如下结论：当中央政府对地方政府的绩效测度以经济发展为核心时，地方政府竞争有损于城乡义务教育均衡发展；当中央政府对地方政府的绩效测度以民生发展为核心时，地方政府竞争对城乡义务教育非均衡的改善重"硬件"、轻"软件"。

第六章

制度创新：推进城乡义务教育
均衡发展的政府作为

前文对现阶段我国城乡义务教育不均衡发展的现状、制度环境及该环境下政府行为选择策略的影响等进行了深入剖析，其最终目的是为了更好地解决问题，针对前文的原因分析，本章从政府应如何推进城乡义务教育均衡发展的角度给出可操作性的政策建议。

一　重构义务教育财政体制，保障城乡义务教育均衡发展

（一）调整财政支出结构，构建民生财政

改革开放30多年来，中国一直以"经济建设为中心"，与之相对应，中国的财政支出结构安排方面也是以经济建设投入为主要内容，可谓是"建设财政"。然而，建设财政在解决社会公平和民生问题方面无疑是乏力的。建设财政并不是以服务市场为基点的，而是为了实现经济的高速增长而尽量增加政府的投入。在建设财政下政府盲目地追求GDP政绩目标，而不是服务民生，缺乏对民生问题的关注。现行的财政支出中，民生方面的财政支出尚不到位，中国当前经济发展与社会发展极不协调。为此，需要调整财政支出结构，构建民生财政。通常来讲，民生财政指的就是，政府的财政支出用于教育、社会保障和就业、医疗卫生等民生方面的比例较高，甚至处于主导性地位。这就要求：一是政府的财政支出中需要划出若干个项目，将其界定为民生支出项目；二是，民生项目的财政支出需要占据较大比重。

从近年来中央财政支出安排来看，中央级财政用于教育支出、社会保障和就业支出、医疗卫生支出等民生方面的比例逐渐增加。但是，从现实的发展状况来看，还远远不够。仅就义务教育而言，虽然基础教育投入不断增加，也取得了一定的成绩，但是，中国农村义务教育的经费保障机制方面，仍然存在有各层级政府投入责任不明确，教育经费供需矛盾突出，教育资源配置不合理等问题。所以，中国财政还需要更大幅度地向民生倾斜，财政支出还需要继续提高民生方面的支出比重。

（二）明确各级政府的财政责任，建立"以县为主，多主体推进"的教育管理体制

自 20 世纪 80 年代之后，中国便确立了"分级办学，地方为主"的教育体制。但是，在该种教育体制下，对于各级政府所应承担的教育财政责任并没有作出明确规定，这便导致了许多教育方面的财政问题。实际上，主要是由乡镇政府承担起了义务教育的财政责任。2001 年的全国基础教育工作会议确立了"以县为主"的教育管理体制，义务教育的财政责任这才由县级政府来承担。

然而，从理论上来讲，教育可被视为公共品，而且教育层次越低，其公共性也就越强，教育所产生收益的外部性也会逐步增强。因而，一般我们将义务教育视为纯公共品。国家理应承担教育成本的大部分，因为国家是义务教育的最大受益者。义务教育作为全国性的公共品，其作用远超过了地方的范围，继而会影响到整个国家的发展。随着劳动力市场的逐渐完善，教育的地区外溢性越来越突出。义务教育的财政负担只是由县级政府来承担显然是不合理的。而且，我国多数县级政府的财政实力薄弱，除少数发达地区外，多数仍无法保障义务教育的实施，这也就导致了部分地区义务教育的投入严重不足，直接影响了义务教育的质量问题，更无法保障义务教育实现均衡发展。

通过考察国际经验我们也了解到，义务教育的绝对财政来源是政府的公共投资。不仅发达国家如此，就连印度、埃及等发展中国家也是如此。这就充分体现了政府应该举办义务教育，应该由政府的公共财政承担义务教育的经费。因此，依据当前中国财政收入的分配格局，中国义

务教育的管理体制应该由"以县为主"转变为"以县为主，多主体推
进"。在这种新的义务教育管理体制下，需要明确各级政府的财政责任，
县级政府统筹管理义务教育的人权、事权以及财权，中央、省、市、县
多级政府共同承担义务教育的财政投入，其中，主要是由省级政府来负
担义务教育的财政负担，中央政府的责任主要就是均衡各省之间的财政
能力。根据各地区的现实经济实力和财政能力，具体划分各级政府所应
承担的义务教育的财政责任，在"老、少、边、穷"地区的农村，应该
由中央政府全部承担义务教育的财政责任；在经济较为发达的中部地区，
应该由中央政府和省级政府共同承担义务教育的财政责任；在经济发达，
财政实力较为雄厚的东部地区，可由三级政府承担义务教育的财政责任，
但是可以是由省级和县级政府共同承担，同时，中央政府予以适当补贴。

　　另外，伴随着工业化和城市化进程的加速，越来越多的农村人口开
始向城市迁移，对于流入地城市政府所需要承担的流动人口的义务教育
财政责任问题，在调整政府间教育责任问题的过程中，也需要相关的法
律法规为此作出明确规定。

（三）完善义务教育财政转移支付制度，推动"老、少、边、穷"地区义务教育跨越发展

　　建立了"以县为主，多主体推进"的教育管理体制之后，更是需要
加大省级政府以及中央政府所应承担的教育财政责任。然而，这并不意
味着需要中央政府直接承担起义务教育投入的责任，也并不是说需要中
央政府直接面对县级政府实施转移支付。中国总共有2000多个县，仅国
家级贫困县就有近600个，由中央政府直接面对显然是不现实的。借鉴
西方国家的经验，加大中央政府对于义务教育的财政责任主要是通过针
对下一级政府的转移支付来实现的，这样可以平衡区域之间的财政能力
的差距，更有利于实现城乡义务教育的均衡发展。同样，在中国，由于
纵向的财政失衡以及区域经济发展的不协调，区域间义务教育财政出现
了严重的不均衡问题。仅靠自身薄弱的财政实力无力承担义务教育的财
政责任，难以保障义务教育的实施。而且，改善西部"老、少、边、穷"
地区的义务教育水平，又是实现中国义务教育均衡发展的极为关键的一

环。因此，需要建立起较为规范的义务教育转移支付制度，以推动西部"老、少、边、穷"地区义务教育的发展，最终实现义务教育的均衡发展。

通常情况下，财政转移支付包括了一般性转移支付和专项转移支付两种。所谓一般性转移支付指的是，运用规范的公式测算出对于某一地区的整体补充，转移支付资金由受补助的地方政府自行决定；所谓专项转移支付指的是，为了解决某一地区的特殊问题而进行的专门补助，转移支付资金的用途是固定的，必须做到专款专用。

根据西方发达国家的成功经验，我们了解到，义务教育的转移支付制度是一项有效解决义务教育投入不足和区域间不平衡问题的有力措施。义务教育的转移支付制度有三种形式：一是，通过一般性转移支付平衡地方政府的财政能力，以求间接地保障地方政府在义务教育方面的投入力度，例如德国；二是，中央政府直接承担起了教师工资的支付责任，教师工资也是占义务教育经费比例最大的一项，例如法国；三是，直接设立义务教育的专项转移支付，并直接规定该项资金必须只是用于义务教育，例如英国和美国。鉴于我国的义务教育发展不平衡的现实情况，吸取西方发达国家的成功经验，建议可从以下几个方面入手完善义务教育财政转移支付制度，以保障城乡义务教育的均衡发展。

1.加大中央财政的专项转移支付，解决"老、少、边、穷"地区义务教育的突出问题。

"老、少、边、穷"地区的义务教育学校所面临的共同问题是基础设施条件差，缺乏教学所需的基本的实验仪器、图书、现代信息技术设备以及体育设施等等。如果只是依靠现有的"省级统筹、以县为主"的义务教育管理体制，难以满足当地义务教育发展所需的财政投入资金。针对"老、少、边、穷"地区义务教育发展过程中存在的突出问题和薄弱环节，如，义务教育学校的危房改造工程、教学所需的基本的实验仪器、图书、现代信息技术设备以及体育设施等基本办学条件达标工程以及贫困失学等特殊问题，义务教育中央级政府财政应该加大专项转移支付力度，以从资金上保障"老、少、边、穷"地区义务教育的跨越发展的实现。

2.完善省级以下的财政转移支付制度，保障"老、少、边、穷"地区义务教育基本达标。

中央级财政的义务教育专项转移支付可以说是一种一次性或者是短期内的"补血"式的财政支持。但是，若要切实在"老、少、边、穷"地区能够实现足额发放教师工资，建设合乎标准的义务教育办学条件，使得贫困学生都能得到必要的资助，不断地提高当地的义务教育办学质量，最终使得义务教育的巨大差距能够不断地缩小，除了有中央政府财政的专项转移支付，还需要不断地完善省级以下政府的财政转移支付制度，这可谓是对于"老、少、边、穷"地区义务教育发展的"造血"式支持。省级以下政府的义务教育财政转移支付制度要求以县为单位，运用规范的公式测算当地的义务教育所需经费的需求水平，以及自身的标准供给能力。最后明确各级政府弥补缺口的责任。[①]

3.科学、合理地管理"老、少、边、穷"地区义务教育财政转移支付资金。

对于义务教育的财政转移支付资金进行科学、合理地管理对于提高其使用效率是必不可少的。对于"老、少、边、穷"地区的义务教育财政转移支付资金实施管理可以选择以下几种模式：一是，专款专用模式。此种模式要求义务教育的财政转移支付资金必须要用于指定的专门用途，例如必须用于义务教育学校的危房改造，用于建设标准化的基础设施，用于购买教学所需的现代信息技术设备，用于义务教育学校的师资培训等等指定项目。二是，零基预算模式。此种模式得以实施的前提是由多个出资主体共同出资于某一个项目，项目完成，资金就此结束。三是，绩效管理模式。此种模式会设定义务教育转移支付资金使用绩效的系列指标，在政府拨付款项的同时，会考核相关指标的完成状况如何，对于未能达到相应指标要求的会做出相应的扣减处理。具体应该根据转移支付资金运用的实际情况采用不同的资金管理模式，以实现政府财政转移支付资金的有效运转，最终使得"老、少、边、穷"地区的义务教育办学条件能够切实得以提高。最后，还需要将政府义务教育财政转移

---

① 王善迈，袁连生：《建立规范的义务教育财政转移支付制度》，《教育研究》2002年第6期。

支付资金纳入中央与地方政府的预算，并细化预算，加强对于转移支付资金的监督和管理。

二　破解城乡教育二元结构，推进和实现城乡教育一体化

城乡义务教育一体化其实质就是一种双向演进的过程，是将城市义务教育与农村义务教育视为一个整体，这需要打破城乡二元经济社会结构的限制，以系统思维方式，统筹谋划，实现城乡教育相互融合、相互促进，最终实现二者的优势互补和整体提升。建议从以下四个方面构建城乡义务教育一体化的发展制度。

（一）确立城乡义务教育一体化的发展目标

由于中国长期以来的城乡二元结构，导致了中国义务教育领域也相应地出现了城乡严重分化的格局。义务教育领域的城乡分化不只是表现在办学条件上的明显差距，也表现在城乡义务教育在发展目标的定位方面的显著差异。在统筹城乡发展的大趋势下，农村义务教育的发展目标定位在城市和农村两极之间开始摇摆不定，出现了"离农"与"为农"的价值选择上的悖论。[①]之所以存在"离农"与"为农"的悖论，一方面是源于城乡相互对立的二元社会结构，另一方面又是源于城乡非此即彼的二元对立思维方式。要想消解这种悖论，其逻辑前提就是需要进行城市和农村的一体化建设，并确立系统化的思维方式。走出"离农"与"为农"的价值选择悖论之后，农村义务教育发展的价值选择应该定位于为城乡的共同发展服务，农村义务教育的发展应该旨在培养"合格公民"方面，而不只是培养"新型农民"。本书认为，城乡一体化的教育发展体系应该服务于城市与农村的共同发展，应该服务于人的发展，应该保障城市和农村弱势群体受教育的权利，应该保障全体国民及其子女受教育的权利。也就是说，不应该人为地分割城乡义务教育的整体性，割裂

---

① 邬志辉，马青：《中国农村教育现代化的价值取向与道路选择》，《中国地质大学学报》（社会科学版）2008 年第 11 期。

地设定"为城服务"和"为农服务"的教育发展目标，而是应该将构建城乡义务教育一体化体系定位于"尊重基本人权，促进城乡发展"。

（二）构建城乡义务教育一体化的管理制度

城乡义务教育一体化的发展目标的实现，需要破除城乡分治的制度障碍，需要教育管理制度的改革。改革中国当前的教育管理制度的重点是转变政府的职能，政府的职能应该定位在：规划教育发展体系、保障教育条件达标、提供教育服务、维护教育公平、制定教育标准、监督教育质量。为此本文建议从以下几个方面变革教育管理制度：

第一，明确划分各层级政府的职责。当前中国义务教育管理体制是"以县为主"，其中，省级政府与乡镇政府并未能发挥积极作用，中央政府越过省级政府对基础教育进行统筹的效果并不理想。因此，需要根据不同地区的具体情况，明确划分各层级政府的职责，充分调动乡镇政府、市级政府以及省级政府的积极性，以减轻县级政府的统筹压力，做到各级政府的事权与财权相互匹配。

第二，明确划分不同区域（流入地和流出地）政府的职责。主要是为了解决进城务工人员子女的义务教育问题。由于中国现有体制下的二元户籍制度以及现行的学籍管理制度，各地外来务工人员子女在接受义务教育方面受到了各种歧视。一些地区的义务教育学校对于义务教育年龄的外来务工人员子女额外收取借读费或者赞助费，甚至只是将外来务工人员子女推向办学条件简陋的民办简易学校，或者是外来务工人员子弟学校。"尽管这些举措可以在一定程度上解决进城务工人员子女的义务教育问题，但是又将传统的城乡教育的二元结构在城市内部复制和强化了，形成了'分而教之'的城市内部的义务教育二元分化格局。"[①]为此，本书认为，一方面，需要消解现行的户籍制度以及附着在户籍制度上的城乡义务教育分化制度。建立城乡统一的户籍制度。在此基础上，设立以"纳税人"身份作为基础的义务教育管理体制。具体做法是，每年可在规定的时间内，父母可以提交上一年度上缴的税表，以及房屋居

---

① 褚宏启：《城乡教育一体化：体系重构与制度创新——中国教育二元结构及其破解》，《教育研究》2009 年第 11 期。

住证明，以为子女申请下一年度的免费义务教育。这样，流入地政府也可以根据申请，设立当地的义务教育规划。

另一方面，还需要加大对于外来务工人员子弟学校和民办简易学校的管理及支持力度，不断提高这些学校的办学条件和教育质量。这需要各级政府都应该承担起更多的责任，将其纳入城乡义务教育一体化的规划布局当中去，对其实施统筹管理，对这些学校的发展设立符合实际的标准和规范，并在办学场地、办学经费、师资培训等硬件和软件方面都给予大力的支持。

（三）构建城乡义务教育一体化的投入制度

构建城乡一体化的义务教育投入制度，需要解决两个问题，一个是城乡义务教育投入的静态差异，即如何缩小当前过大的城乡义务教育投入差距；一个是城乡义务教育投入的动态平衡，即如何保证对流动人口的义务教育投入。要解决上述问题，本文建议从如下几个方面入手：

1.完善义务教育经费管理机制

中国当前实施的农村义务教育管理体制是"各级政府分担、经费省级统筹、管理以县为主"。这种体制下虽然分别明确了中央和省级政府的经费保障责任，但是，并未充分明确省级以下各层级政府的经费保障责任。这种情况便可能会滋长县级政府"等、靠、要"的思想，会极大地降低供给义务教育经费的主动性和积极性。与此同时，由于每一项经费都是由多级政府共同负担，这便使得管理农村义务教育经费的供给机制更为复杂。义务教育经费供需矛盾突出，教育资源并未得到有效配置。因而，若要构建城乡义务教育一体化的投入制度就必须要明确各层级政府在义务教育投入中的责任，不断地完善义务教育的经费管理机制。中国当前"以县为主"的义务教育财政投入体制，将区域间的经济发展的失衡延伸到了义务教育领域，导致了区域间义务教育经费投入的失衡。因此，本书建议，完善城乡义务教育的经费管理机制就需要完善当前"以县为主"的义务教育财政投入体制。与前文所论述的中国需要建立"以县为主，多主体推进"的教育管理体制相对应，笔者建议采取"以县为主，多主体推进"的改进策略来保障城乡义务教育经费的需求。在中央和地方共同负担，县级政府管理为主的框架下，中央级政府和省级政府逐渐实现一般性转移支付保底，专项转移支付主要支持义务教育学校的危房改造、贫困失学等特殊问题。义务教育经费的投入最低标准就是保障"基本需求"，对于县级政府的扶持需要采取"上不封顶，下要保底"的原则，贫困地区可以依靠本级政府和上级政府的财政能力提供"基本需求"，富裕的县（区）可以依靠自己的财政能力提供"基本需求"以上的教育服务。

2.完善流动人口义务教育投入制度

当前，中国对进城务工人员子女平等地接受义务教育所采取的是"两为主"政策，即"以流入地政府管理为主，以全日制公办学校为主"。这就需要流入地政府在划拨学校公用经费的时候要根据实际在校人数进行；城市公办学校不得向进城务工人员子女在接受义务教育时加收借读费及其他任何额外费用，必须在收费、管理等方面将其与当地学生"同等对待"。这样，对于流入地政府而言，存在着事权与财权不匹配的问题，流入地政府也缺乏动力和积极性为流动人口子女提供义务教育，因而，"两为主"政策很难真正得以贯彻实施。而且，流动人口的教育存在着收益与成本的外部性，因此，并不能仅依靠流入地政府来解决流动人口子女的义务教育投入问题。本书建议应该构建中央政府、输出地政府与输入地政府的分担机制，明确规范三者对于流动人口子女义务教育中的财政责任，将其义务教育的经费保障纳入法制化和规范化的轨道。笔者同意采取"教育券"的形式，做到"钱随人走"。不过，这种方式得以有效实施还需要各项配套措施的出台。

（四）构建城乡一体化的义务教育人事制度

同构建义务教育的投入制度一样，构建城乡义务教育一体化的人事制度，一方面需要打破当前的静态不均衡，另一方面是保持动态的平衡。本书建议需要做到以下几点：

第一，对城乡义务教育教师职称晋升实行差别待遇，以弥补当前城乡义务教育师资力量的差异。可以规定，城镇中小学教师晋升职称时，必须要有在农村中小学或者薄弱学校执教一年以上的经历；另外，还可以适当增加农村中小学中高级教师职称的岗位指标，以便更有利于农村中小学教师晋升职称。

第二，统一城乡义务教育教师编制标准，以保持城乡义务教育师资力量的动态平衡。可以根据农村中小学的实际情况以及课程改革的需要，合理核定城乡中小学教师编制标准，改变城乡中小学教师编制双重标准的现状。与此同时，在编制总额内需要向农村学校教师倾斜。

第三，实行县域内义务教育教师的统一管理制度，改变当前的"教师校管"的管理方式，由县级政府掌管教师的管理权限，义务教育教师由县教育行政部门统一招聘、统一配置、统一管理，将其由"单位人"变为"系统人"，在一定区域内要做到教师资源的统筹管理和安排，为教师在学校之间和城乡之间的定期流动提供制度保障。

三　优化地方政府政绩考核体系，建立健全教育问责制

（一）确立民生导向的政绩观

在中国改革开放的过程中，对于地方政府的政绩考核和问责通常存在以下两种政绩观：一是，过分重视经济增长，轻视社会事业的发展。可以说，各级政府开展的工作都是以 GDP 为导向的，各项工作都是围绕迅速发展地方经济展开的，GDP 理所当然地成为衡量地区经济发展水平的一项重要指标，自然 GDP 也就成为政绩考核的一个主要参数。二是，过分重视当前利益，轻视长远发展。这就导致了地方政府更热衷于搞"面子工程"，追求"短、平、快"的政绩，而不注重考虑地区的长远发展。这些错误的政绩观显然并不利于城乡义务教育均衡发展的实现，因为教育属于社会事业的范畴，而且投资教育的回报周期又很长，所以很多地方政府的官员并未重视教育事业的发展。实现城乡义务教育的均衡发展必须转变地方政府的政绩观，引导地方政府从 GDP 导向的政绩观向民生导向的政绩观转变，促使其更加关注诸如教育、医疗卫生、社会保障、失业、收入分配、社会管理等民生问题。

（二）优化地方政府的政绩考核体系

科学发展观提出之后，以 GDP 为主要参数考核地方政府绩效的状况有了一定的改善，开始既关注地方经济增长，同时也重视社会事业的发展。然而，尚未将教育放在优先发展的战略地位。因而，需要进一步优化地方政府政绩考核体系，进一步加大教育政绩在地方政府绩效考核过程中的比重，不断地优化教育指标结构，加强教育问责，将优先发展教育事业战略得以落实。为此，本书建议需要做到以下几点：

第一，在地方政府政绩考核的指标体系中提高教育类指标的地位，增强其参考权重。不要再将其作为"社会发展"这一指标下的二级指标，而是将其与经济发展、环境治理以及文化建设等指标并列，作为一级指标出现在政绩考核体系中。

第二，根据现实的需要，更新地方政府政绩考核指标体系中的教育类指标。根据社会的发展需要，剔除过时的教育指标，将无法反映当今社会发展要求的教育类指标剔除，增加能够反映现实，符合政府职能转变和《教育规划纲要》要求的教育类考核指标。但是，同时还需要注意教育类指标与其他指标之间的结构平衡问题，不能过于繁杂。

第三，地方政府政绩考核指标体系中教育类指标要成为一个科学的体系。教育类指标的数量不能过少，在其重要性方面也不能过于边缘，也不能避重就轻。教育类指标体系需要形成一个亚指标体系，需要真正地能够促进教育的有限发展，为地方的科学发展起到导向作用。

（三）建立健全教育问责制

问责制是一种制度安排。问责制能够对问责对象的行为起到良好的导向、监督以及矫正的作用，可以说是一种非常有效的管理手段。教育问责制的建立有利于解决教育发展过程中的一些突出问题，对于教育的优先发展与科学发展能够起到促进、引导及规范的作用。健全地方政府的教育问责制需要做到以下几点：

第一，需要明确地方政府的教育责任，据此进行教育绩效考核，尔后确定是否追究其相应的法律责任。前文已述各级地方政府的教育责任，同时，还必须要明确当政府无法履行其教育责任的时候所要承担的法律责任，例如可以予以行政处罚，可以对当地的党政负责人进行行政处分。需要我们注意的是，实施教育问责制的过程中，地方政府及其党政负责人所需承担的并不一定是行政法律责任，必要时还需要承担其民事法律责任和刑事法律责任。

第二，地方政府的教育问责制是同体问责，即系统内部问责，由上级机构对下级机构进行问责，教育督导制度中的"督政"便是同体问责的形式。与此同时，还需要建立健全异体问责或者说是外部问责，这便需要加大立法、司法、其他国家机构以及社会公众对地方政府的问责及监督力度。只有这样方能对地方政府及其官员形成强大的政治压力，并对其产生制约作用。

第三，在地方政府的教育问责方式方面，可以整合采取多种方式。可以在对地方政府政绩考核和问责的过程中附带地对教育部分进行问责；也可以将教育部分作为一个专项进行专门问责；也可以结合"督政"进行教育问责。这些方式可以择其一，也可以整合使用，但是，并不能同时并用，否则将会造成重复问责，会使得地方政府无所适从。

四　加强义务教育标准化学校建设，均衡配置教育资源

推进义务教育标准化学校建设，是实现义务教育均衡发展的突破口和落脚点。所谓的义务教育均衡发展其实质就是要使受教育者能够在入学机会、受教育条件以及受教育的结果等方面实现均等。只有办学条件相对均衡的标准化学校方能为义务教育领域提供一个相对公平的竞争环境，同时也能为实现义务教育的均衡发展提供路径选择。本书建议从以下几个方面加强义务教育标准化学校建设，均衡配置教育资源：

（一）实现义务教育学校的合理布局

长期以来，义务教育学校，尤其是农村的中小学校存在着布局分散难以管理，低水平的重复建设等问题。近年来，因为生源的萎缩，还造成了教育资源的严重浪费现象。为此，2001 年《国务院关于基础教育改

革与发展的决定》中就明确指出："按照小学就近入学、初中相对集中、优化教育资源配置的原则，合理规划和调整学校布局。"义务教育学校的合理布局的实现是以制定布局的标准体系为核心来开展的。需要重复考虑学校的数量、学校的规模以及学校的选址等多项布局指标。在制定学校的数量标准、学校的规模标准以及学校的选址标准时，应该充分考虑区域内的经济发展水平、人口状况、地理环境、交通条件以及原有学校的基础条件等多项影响因素。合理调整义务教育学校的合理布局是缩小教育发展差距，促进城乡义务教育均衡发展的重要抓手。义务教育学校布局结构的合理调整，也是合理配置和优化重组义务教育资源，扩充优质的教育资源，提高义务教育阶段教育质量与水平的重要手段。合理调整义务教育学校的布局结构也可以作为一种优化组合教师队伍，提高资金、设备以及校舍的使用效率，实现规模效益的重要方法。

（二）推进薄弱学校办学条件基本达标

薄弱学校办学条件的基本达标这一目标的实现，既是建设义务教育标准化学校建设的重点和难点，同时也是缩小学校之间办学差距，进而推进城乡义务教育均衡发展的关键。薄弱学校的改造可谓是一个世界性课题，"在改造薄弱学校的过程中，发达国家是依据所颁布的相关的法律和政策，推行重构、接管与社区共建模式，以制定有效的改造计划与程序为机制，采取提供专项资金和技术进行扶持等措施，重点是提高整体的师资水平，突破口是形成鲜明的办学特色"。[1]发达国家的这些经验，对于中国当前推进义务教育阶段的薄弱学校建设与改造有着极其重要的借鉴意义。结合中国的国情，借鉴发达国家的有益经验，对于薄弱学校的改造，本文建议从以下两个方面入手：首先，推进薄弱学校的师资力量基本达标。为了满足薄弱学校教师的自我提升的需求以及降低教师的流失率，可以开展新晋教师的入职培训以及对在职教师进行教育；为了减缓薄弱学校师资结构的失衡，可以重点培养和调整英语、计算机以及音乐、体育、美术等学科的专任教师；为了减少教师的后顾之忧，可以

---

① 李均，郭凌：《发达国家改造薄弱学校的主要经验》，《外国中小学教育》2006年第 11 期。

适当提高薄弱学校教师的待遇水平，以实现区域内教师结构工资的标准化。其次，推进薄弱学校基本教学设施达标。为了缩小学校之间的差距，更好地促进义务教育的均衡发展，需要包括行政办公用房、教学及辅助用房、电教设备、教学仪器、图书资料以及音体设施等基本的教学设施达到基本的办学条件要求。

（三）建设标准化农村寄宿制学校

为了解决当前中国农村地区生源分散且稀疏所带来的教育问题，同时考虑到了农村留守儿童的教育问题，在农村建设寄宿制学校，以寄宿的形式将学生集中起来。标准化农村寄宿制学校的建设，需要明确寄宿制学校的合理布局、建设的标准、投入的标准以及管理的标准。同时还需要规范化办学行为，改善教学条件，加强师资队伍建设，进而能够有效地提高农村地区的义务教育质量和水平，推进城乡义务教育的均衡发展。

需要根据实际情况的不同对于农村标准化寄宿制学校建设采用不同的推进策略，采取不同的建设模式。第一，在规模适中，且靠近县城，经济条件比较好的乡镇，可以整个乡镇集中办一所寄宿制学校，中、小学一体，可以实现资源共享。第二，联合办学模式。在规模较大，村屯距离较近，人口密度也较大的乡镇，可以以地缘为纽带，几个村就近就便，联合举办寄宿制学校。第三，分层办学模式。即分散办初小、集中办高小。在乡镇规模较大，村屯距离较远的乡镇，可以分层办学，一、二、三年级在原村办学，四、五、六年级联合办学，实行集中寄宿制办学。第四，两乡合办模式。在两乡镇距离较近，且生源重叠的地区，可以打破乡镇界线，初级寄宿制学校，可以实现邻近乡镇的资源共享，实现优势互补、互利互惠。[①]第五，改扩建模式。即在原有的一所学校的基础上，进行寄宿制的改建与扩建。为了增加学校容纳学生的能力，为学校增建食堂、宿舍等生活设施，扩建教学设施。

---

① 卢国勋：《寄宿制学校——新农村建设的奠基工程》，《人民教育》2006 年第12 期。

五　健全城乡教师、校长交流制度，
缩小城乡义务教育差距

百年大计，教育先行；教育大计，教师为本。教师是教育的关键所在，当前中国义务教育不均衡的主要表现也是城乡教师队伍的不均衡。要实现城乡义务教育教师队伍的均衡，缩小城乡义务教育的差距，实现城乡义务教育的均衡发展，就必须要实行城乡教师、校长的交流制度。

（一）构建合理的城乡教师、校长的交流模式，为交流制度提供实施平台

在实现城乡义务教育均衡发展的过程中，实现城乡师资力量的均衡尤为重要。为此，需要建立合理的城乡交流模式，为城乡教师、校长交流制度提供实施平台。可供选择的模式主要有以下几种：

1.划分"学区"式交流模式

该模式以现有的优质学校为依托，依照就近原则，界定若干由薄弱学校和优质学校组成的"学区"。教师的流动都是在"学区"范围内进行的，教师不再固定地属于某一个学校，而是在"学区"内"走教"，以"学区"为单位，统一安排教学人员，统一组织备课，统一组织教学，统一开展教学质量监测与评估，统一组织培训。学区内学校的实验室、体育馆以及图书馆等各类教育教学设备设施都可以由学区内的所有学生共享。

2.对口"捆绑"交流模式

该模式是将城市的优质学校和农村的薄弱学校进行"捆绑"，二者之间建立起合作关系。被"捆绑"的学校可以通过设立教学科研网络，以定期开展专题讲座、小组讨论、专题调研、校长论坛等形式进行城乡教育交流活动，使得农村薄弱学校的教师、校长能够吸取优质学校相对先进的教育理念，继而提升自身的教育教学技能。被"捆绑"的学校也可以通过互派方式展开合作交流活动。从优质学校定期选派骨干教师到对口的薄弱学校任教，与此同时，农村薄弱学校也可以安排教师去对口的优质学校开展听课、观摩以及参加教学科研等活动。被"捆绑"的学校校长、副校长之间也可以交叉任职，相互交流经验，相互学习。

3. "教育集团式"交流模式。

该模式以优质学校、名校为依托，通过从名校输出师资、品牌、办学理念、管理方式等手段，将名校和新建学校、农村学校、民办学校以及薄弱学校等组成教育集团。教育集团内部学校的教师、校长是可以自由流动的，能够共享教育集团内部的优质教师资源，以实现教育资源的优化配置，以名校来带动其他学校的共同发展，促进教育集团整体办学水平和教育质量的整体迅速提高，以实现公众平等地享有优质教育的需求，进而有效地消解城乡教育资源配置的失衡问题。

（二）建立城乡义务教育教师交流监督机制

首先，需要设立规范的交流程序，明确交流对象的条件，定期交流的义务性，交流的时间以及交流者的待遇等具体内容。这样方能使得城乡义务教育教师交流成为一种制度化行为，也为交流监督提供依据。其次，需要加强教师交流的过程监督。对于教师交流工作过程的监督是为了防止交流过程的形式化，督促教师之间的交流达到预期的目标，并根据交流目标所设立的交流标准，发现和分析实际的交流过程中出现的行为偏差，及时采取相关措施，以确保教师交流的顺畅进行。

（三）推动义务教育学校校长的定期轮换制

定期轮换制指的是一位校长在某一所学校任职都有固定的任期，任职届满后需要进行轮换，需要流动到其他学校。从某种意义上说"一位好校长就是一所好学校"。实行了义务教育学校校长的定期轮换制，便可以使参与交流的城市学校的校长进入办学水平相对较低的农村学校任职，与此同时，便可以为农村学校引进较为先进和成功的管理理念及方法。参与交流的学校校长可以根据农村学校的自身特点及发展需求，协助其健全并逐步完善自身的管理制度和教育教学体系。这样参与交流的学校校长可以通过共同规划，并亲自督查学校的各项工作，直接参与学校的行政管理工作及教学科研管理工作，能够更有效地推动农村学校的管理体制改革，迅速提高农村学校的管理水平和办学质量。

（四）完善城乡教师的双向流动机制，促进教师资源的均衡发展

农村的优秀教师不断地从经济落后地区流向经济发达地区，从低层次学校流向高层次学校，这种单向流动趋势不断地加大城乡义务教育的差距。鉴于此，迫切需要构建城乡义务教育学校教师、校长的双向流动机制，以促进城乡师资力量的均衡发展。本书认为，构建双向流动机制需要做到以下几个方面：

1.构建城乡义务教育教师同工同酬的物质保障机制

城乡教师明显的薪酬差距，同工不同酬是阻碍城乡教师流动的一个重要原因。为此，需要制定统一的义务教育学校教师薪酬标准，以保障同一区域内的义务教育学校教师享受大体相当的工资水准，这也是实现城乡义务教育教师流动的重要物质保障。当前义务教育学校教师工资由财政工资和学校补贴两个部分组成。教师工资总体水平的差距来自于学校补贴部分，学校补贴的多少又会取决于学校所获取的预算外收入的机会和能力。为了缩小教师工资差距，实现同工同酬，需要不断地增强义务教育的财政支持力度，加大对义务教育学校预算外收入的监管，让财政工资部分在义务教育学校教师工资收入总额中所占比重不断上升，学校补贴部分所占比例不断地下降，这样方能实现城乡教师大体相当的工资水平，才能从根本上保障城乡教师的同工同酬。

与此同时，还需要建立农村义务教育教师的特殊津贴制度。根据农村学校的地理位置、交通条件、生活条件、医疗卫生条件等因素，中央政府和省级政府教育财政部分需要拨付一定比例的转移支付资金，根据具体情况区分若干类别，分别为农村义务教育教师发放占教师工资总额的一定比例的特殊津贴。一旦教师调出农村学校，该部分特殊津贴将会取消。这种特殊津贴制度能够为优秀师资向农村流动提供物质激励，真正实现农村中小学教育人才引得来，留得住。

2.进一步推进阻碍教师合理流动的社会制度的变革

若要实现城乡教师的合理流动，需要相应的社会制度与之相配套。

本书建议构建城乡一体化的教师社会保障制度。为此，需要做到以下几点：

第一，对于城乡教师的公费医疗实行国家补助下的社会统筹，将其都纳入社会保障的范畴内，逐渐地过渡到社会性的医疗保险体系，让医疗保险也能够惠及农村教师；第二，由相应的教师人事制度变革中的"单位人"变为"系统人"，相对应，政府应该建立和完善适用于教师的养老保险和失业保险，这样可以降低城乡教师流动的风险，免除了教师流动的后顾之忧；第三，为了使得农村教师与城镇教师同等地享受住房补贴和公积金，需要健全和完善农村教师的住房公积金制度，扩大公积金的发放范围，逐渐拓宽农村教师职工建房的筹资渠道。与此同时，政府还可以建设教师宿舍，用于农村教师的住校周转房。教师拥有使用权，但无产权，宿舍的产权属于学校，调动工作以后随即搬离。另外，政府还应该完善农村教师子女在升学和就业方面给予一定照顾的相关政策，从而能够增强城市教师向农村流动的动力和积极性。

3.加强相关推动城乡教师双向流动的非正式制度建设。

新制度经济学认为，非正式制度对人们行为的影响比正式制度更为深远。为了促进城乡教师的双向流动，本书建议可从以下几个方面加强相关非正式制度的建设：

第一，建立有效的道德规范，端正城乡教师的流动动机。首先，应该加强道德方面的宣传和教育，使得教师能够充分地认识到自身作为一名教育工作者的义务，让他们自觉主动地参与城乡教师的流动；其次，应该营造良好的社会文化信用环境。可以建立全国统一的，且流动性较强的教师个人信用档案。其中，可将教师的诚信与教师自身的业务考核、福利待遇、评先评优以及职称晋升关联起来，形成有效的，且具有行政效力的奖惩机制。

第二，采取教师流动制度的渐进式制度变迁。在推进教师流动的制度建设进程中，不应该急于求成，盲目冒进，否则将会给教师带来极大的心理冲击。因此，政府在制定促使教师流动的相关制度中，需要充分考虑制度化流动给教师所带来的冲击以及流动教师的心理承受能力。

第三，引导社会公众正确认识城乡教师合理流动制度的价值和意义。

政府应该通过各种媒介和渠道宣布并传播城乡教师流动制度，使得社会公众能够正确认识城乡教师流动制度及其指导理念。与此同时，还可以通过各种方式实施宣传教育，能够让社会各界充分理解城乡教师流动的意义，使得人们能够认识到城乡教师的流动能够推进城乡教育的均衡发展，能够缩小城乡学校之间的师资差距，对于实现教育公平也有极其重要的意义。

六　构建"1+9+1"义务教育新模式，扩展"学有所教"的内涵

在巩固 9 年制义务教育的基础之上，前瞻性地扩张义务教育的范围，一直是一个学术界讨论的热点，也是地方政府改革所探索的一个新领域。在已经普及 9 年义务教育的地区，延长免费教育的年限已经成为了学界共识。但是，对于是优先发展幼儿教育，还是优先普及高中教育，抑或是优先发展职业教育，学者们各执一词。本书认为，应该探索"1+9+1"义务教育新模式，扩展"学有所教"的内涵。亦即"学前一年＋九年义务教育＋初中后一年职业培训"[①]的 11 年制免费教育模式。

（一）重视幼儿教育，实现"学前一年"免费教育

幼儿学前教育可以说是整个国民教育体系的重要组成部分，是社会发展的奠基性事业。幼儿学前教育对于幼儿智力开发、身心健康以及各种习惯的养成具有非常重要的意义。当前中国幼儿学前教育的发展状况与整个经济社会以及教育的发展需要不相适应，是中国整个教育体系的薄弱环节，无法满足人民群众的需求。幼儿学前教育可以说是中国各级教育中普及率最低的阶段。对幼儿学前教育阶段的财政投入也严重不足。有数据显示，占整个受普通教育人数 9.5%左右的幼儿，所得到的教育财政投入比例只是占整个投入的 1.2%—1.3%，年生均经费仅是 284 元。而且，这些财政投入中的 70%是投到了少数示范公办幼儿园，大量民办幼

---

① 中国发展研究基金会：《中国发展报告 2008：构建全民共享的发展型社会福利体系》，中国发展出版社 2009 年版，第 27 页。

儿园和改制幼儿园并未得到任何财政投入。①因此，根据幼儿学前教育事业的社会公益性特征，以及当前中国经济和社会发展的现状，政府应该将学前一年教育纳入义务教育的系统，以更好地确保幼儿学前教育的健康发展。

（二）加强职业教育，将"初中后一年职业培训"纳入义务教育系统

有研究显示，在中国，初次进入劳动力市场的人群中，初中文化程度及以下的劳动力所占比重高达 47%，由于城乡教育发展的不均衡，这一比例在农村地区更高，将近 60%。②由于长期以来对于劳动力的人力资本投入不足，造成了中国劳动力供求结构失衡的局面：一方面，高端劳动力市场中高素质、高技术人才处于供不应求的状态；另一方面，低端劳动力市场中的非技术劳动力却供过于求。这种结构方面的失衡不仅造成了就业不足以及失业的问题，同时也拉大了劳动力市场中的工资收入差距。鉴于此，2003 年，国家农业部、劳动和社会保障部、 教育部、科技部、建设部、财政部联合发布了《2003—2010 年全国外来务工人员培训规划》。因为受到财政能力的限制，国家对于人员的培训费用实行了政府、用人单位以及外来务工人员个人共同分担的机制。在这种机制之下，政府所投入的培训经费主要是用于引导性培训项目，这也就能够在一定程度上提升外来务工人员参与培训的积极性和主动性。因此，对于初中毕业生在就业前进行为期一年的义务职业教育，能够在一定程度上提高劳动力的人力资本投资水平，对于促进劳动力市场的结构平衡有着较为深远的影响。

七　树立平等的教育观，消弭教育等级化

社会是由政治、经济、文化、教育等子系统构成的一个庞大的系统，系统内的每个子系统除具有自身特点和功能外，子系统之间相互作用，

---

① 庞丽娟：《加快学前教育的发展与普及》，《教育研究》2009 年第 5 期。
② 教育部：《十一五"期间中西部地区特殊教育学校建设规划（2008—2010 年）》（http//www.moe.gov.cn）。

相互协调，形成整个大系统，发挥整体功能。教育作为社会整个大系统的一个子系统，其存在和发展与其他各子系统存在紧密的联系，受到各个子系统多重因素的制约和影响。以文化价值观念为核心的非正式制度同正式制度一样，深刻影响着我国义务教育的城乡均衡发展，树立平等的教育观，消弭教育等级化，是从观念上解决城乡义务教育非均衡发展问题的关键。

（一）营造平等的社会氛围，树立平等教育观

非正式制度在实现义务教育公平中具有重要作用，我们应大力建设教育公平非正式制度，让教育公平价值观念、伦理规范深入人心，形成全社会自觉遵守和用舆论约束公平的良好风尚和氛围。我们应进一步提升社会成员的民主意识、发展意识、平等意识、主体意识和责任意识，形成公平价值观、公共伦理和公益理念。

进一步加强以公平正义为核心的社会主义伦理道德、意识形态教育，是我们当前的任务之一。我们应营造以公平公正为价值取向的社会氛围以强化社会成员的公平意识，应正确区分对待私利和公利，以加强教师职业道德建设。义务教育教师要不论成绩优良、家庭背景好坏公平公正地认真对待每一名学生，使他们在平等的起跑线上获得自身的发展。因此，非正式教育公平制度的构建，要以强化全社会成员的公平伦理意识和改善教师职业道德素质结构为核心，并将其内化为社会成员和教师的自觉行为，形成全社会尊重公平、崇尚公正的社会风气。

（二）重铸政府教育发展理念，消弭教育等级化

毋庸置疑，教育公平的推进需要全社会的共同努力，但是，在我国现有社会背景下政府应作为其核心主体的地位是其他社会力量所无法替代的。同时，"现代教育中存在的众多不公平问题，最终都可以还原为教育政策或者是制度的缺失问题"[1]，如前文我们所述，传统的城乡二元社会结构及其背后隐含的二元思维、"城市优先"的教育政策等，对我国当前的城乡义务教育非均衡发展的影响尤为激烈，甚至在一定程度上

---

① 刘复兴：《我国教育政策的公平性与公平机制》，《教育研究》2002 年第 10 期。

决定着新的教育政策法规的制定与执行。城乡教育作为国家教育体系的不同组成部分，理应公平对待、协调发展，如果厚此薄彼，只会加剧城乡差距及社会不公。要真正实现教育公平，必须重铸政府理念，破除城乡二元对立思维模式，消除"城乡优先"思维，坚持城乡统筹发展，同时，强化"公平正义"的公共行政主导价值，实现城乡教育的统筹发展。"头脑中没有了等级思想，生活中才会杜绝等级差异"，只有让城乡教育统筹发展的思想真正成为政府的政策理念，才能废除城乡教育的二元结构。否则，即使名义上废除了，实践中还会冒出许多二元结构的变种。

在政府组织内部，应加强行政人员公平、正义、平等的伦理美德建设。促进城乡义务教育均衡发展，在外部的刚性制度约束之外，对行政人员的职业伦理依赖也必不可少。政府职能的履行，最终落脚于公共行政人员职责的履行，因此，重塑公共行政人员的职业伦理道德，尤其是教育行政管理人员的职业美德，是促进城乡义务教育均衡发展的内驱力。首先，对教育行政部门及工作人员进行行政道德人格，如规则意识、责任意识、公正意识、服务意识、诚信意识等伦理培训。其次，对其进行树立"公平正义"的行政主导价值观的伦理培训，宣传普及伦理行为准则，培育承担行政伦理责任的浓厚行政氛围，强化用权受民众监督的理念。最后，对其进行解决伦理困境能力的伦理培训，以确保教育管理行政人能够理解并掌握教育行政活动背后的哲学、伦理学逻辑，知晓并遵从相关的法律或组织规则，具备道德判断和道德推理能力。

八　本章小结

前文对城乡义务教育非均衡状况的测度，以及非均衡发展的制度环境分析和该制度环境嵌入下政府行为策略选择问题的阐述，都是为有效实现城乡义务教育均衡发展进行理论铺垫，其最终的落脚点在于如何解决问题，实现我国城乡义务教育的均衡发展。

针对前文对问题形成原因的分析，分别从影响城乡义务教育均衡发展的制度环境以及政府行为改善的角度提出如下政策建议：（1）重构义务教育财政体制，保障城乡义务教育均衡发展；（2）破解城乡教育二元结构，推进和实现城乡教育一体化；（3）优化地方政府政绩考核体系，建立健全教育问责制；（4）加强义务教育标准化学校建设，均衡配置教育资源；（5）健全城乡教师、校长交流制度，缩小城乡义务教育差距；（6）构建"1+9+1"义务教育新模式，扩展"学有所教"的内涵；（7）树立平等的教育观，消弭教育等级化。

结　　语

城乡义务教育均衡发展是现阶段我国基础教育改革和发展的重点任务之一，是实现教育公平的首要问题。以政府如何推进城乡义务教育均衡发展为主题进行进行研究具有重大的现实意义和理论价值。

一　研究结论

依托新制度主义的理论谱系，在"制度攸关—制度成因—制度选择—制度创新"的分析框架下，对我国城乡义务教育均衡发展问题进行深入剖析，可以得出如下基本结论：

当前我国的城乡义务教育无论从纵向的时间序列衡量，还是在截面的空间序列上测度，都呈现出不均衡的态势。从内容上讲，这种不均衡状态表现为城乡义务教育的可及性不均衡、办学条件不均衡和教育质量不均衡。城乡义务教育的不均衡发展拉大了城乡居民收入差距、阻碍了城乡经济的同步增长、阻滞了农村劳动力的社会流动，最终损害了社会的公平正义。我国城乡义务教育的发展之所以出现当前的不均衡态势，相关的制度环境和地方政府的行为选择策略是其症结所在。从制度环境层面上讲，我国的财政分权体制在促进经济持续高速增长的同时，抑制了地方政府对公共产品供给的投入，形成了经济增长与民生改善的反向替代，使得在经济快速发展的同时，义务教育等的民生事业没有出现同步的明显改善；"以县为主"的义务教育管理体制在减缓城乡差距"加速度"扩大的同时，未脱离"地方负责，分级管理"体制下的经费投入低重心化的范畴，不能从根本上解决城乡义务教育非均衡发展问题；同时，城乡二元体制也是影响义务教育城乡均衡发展的藩篱。从政府行为策略角度看，在义务教育均衡发展的制度供给中，复杂的多代理人委托代理关系使得地方政府的道德风险和逆向选择行为频现。过长的委托代理链不仅造成了信息传递的失真，又使得均衡发展政策实施的相关信息在中央与地方政府间严重不对称，再加上政策实施中地方政府的责权不对等以及中央政府的激励不足等多因素的叠加，使得地方政府尤其是县级政府在推动城乡义务教育均衡发展进程中动力严重不足；其次，以晋升为最终目的的地方政府竞争，使得地方政府及其官员在行为选择时，偏好于经济发展指标，即使在义务教育均衡发展等民生领域也是重"硬件"、轻"软件"。针对上述两个层面的原因，本文分别从影响城乡义务教育均衡发展的制度环境以及政府行为改善的角度提出如下政策建议：（1）重构义务教育财政体制，保障城乡义务教育均衡发展；（2）破解城乡教育二元结构，推进和实现城乡教育一体化；（3）优化地方政府政绩考核体系，建立健全教育问责制；（4）加强义务教育标准化学校建设，均衡配置教育资源；（5）健全城乡教师、校长交流制度，缩小城乡义务教育差距；（6）构建"1+9+1"义务教育新模式，扩展"学有所教"的内涵；（7）树立平等的教育观，消弭教育等级化。

二　研究的局限性及展望

本项研究的局限性集中于两个方面，第一，构建新制度主义研究范式的分析框架是本文试图的创新之一，然而规范意义上的理论建构应该从基本概念入手，在基本前提假设的基础上，通过规范命题的提出，来确立某种概念和命题的复合结构，本书分析框架的构建还略显粗糙，不够精细、严密；在具体的实证分析过程中，由于城乡义务教育非均衡衡量指标间"质"的差异性明显，尚不能构建一个单一的综合性指标对其不均衡状况进行表示，造成对城乡义务教育影响因素测度过程中，对同一个被解释变量——城乡义务教育非均衡，要使用不同的衡量指标表示，降低了各影响因子对被解释变量影响权重测度的可比性。第二，政府推进城乡义务教育均衡发展是一项系统工程，涉及的要素很多。本书对该问题的研究仅着眼于城乡义务教育均衡发展的体制环境和政府的行为策略选择方面，从研究内容本身来讲，在技术层面上缺乏一套完整、科学、易操作的测评义务教育均衡发展的指标标准体系。从解决问题的角度来看，本书的制度—行为分析仅立足于政府，而该项系统工程的完成还可以依赖于其他社会机构如企业组织、第三部门等的教育资源，作为准公共产品的义务教育，政府是其供给的主体但并非是唯一主体。

　　上述研究的局限性是该主题继续深入探讨的方向。具体而言，从内容上讲，有以下几个模块：第一，跳出制度分析范畴，从生态学角度，以系统论的观点探讨城乡义务教育均衡发展问题；第二，探讨不平衡条件下城乡义务教育均衡发展的可操作性模式。包括世界主要发达国家现有的义务教育均衡发展模式借鉴，以及国内现有模式的不足及启示；第三，探讨非正式制度对城乡义务教育均衡发展的影响及对策；第四，完整、科学、易操作的义务教育均衡发展测评指标标准体系研究；第五，从研究方法上讲，制度—行为分析途径是新制度主义分析框架的一种新趋势，两者的互动方式、作用途径以及互动模型建立等内容都值得做进一步研究。

参考文献

一、中文参考文献

（一）年鉴类

1. 国家统计局编：《中国统计年鉴》(1997—2010)，中国统计出版社。

2. 中华人民共和国国家教育委员会计划建设司：《中国教育统计年鉴》（1997—2010），人民教育出版社。

3.《中国教育年鉴》编辑部编：《中国教育年鉴》（1997—2010），人民教育出版社。

4. 教育部财务司、国家统计局社会与科技统计司编：《中国教育经费统计年鉴》（1997—2010）， 中国统计出版社。

（二）著作类

1.[澳] 欧文·E.休斯：《公共管理导论》，彭和平等译，中国人民大学出版社 2001 年版。

2.[德] 马克斯·韦伯：《经济与社会》（上、下），商务印书馆 2006 年版。

3.[美] 赫伯特·A.西蒙：《管理行为》，詹正茂译，机械工业出版社 2007年版。

4.[美] 珍妮特·V.登哈特、罗伯特·B.登哈特：《新公共服务：服务，而不是掌舵》，丁煌译，中国人民大学出版社 2004 年版。

5.[美] E.盖伊·彼得斯：《政府未来的治理模式》，张成福译，中国人民大学出版社 2001 年版。

6.[美] 罗伯特·B.登哈特：《公共组织理论》（第三版），中国人民大学出版社 2003 年版。

7.[美] 埃莉诺·奥斯特罗姆、拉里·施罗德、苏珊·温：《制度激励与可持续发展》，毛寿龙译，上海三联书店 2000 年版。

8. [美] 奥斯特罗姆：《公共服务的制度建构》，毛寿龙译，上海三联书店 2000 年版。

9. [美] 文森特·奥斯特罗姆：《美国公共行政的思想危机》，毛寿龙译，上海三联书店 1999 年版。

10. [美] 埃莉诺·奥斯特罗姆著：《公共事物的治理之道：集体行动制度的演进》，余逊达、陈旭东译，上海三联书店 2000 年版。

11. [美] 迈克尔·麦金尼斯主编：《多中心治道与发展》，毛寿龙译，上海三联书店 2000 年版。

12. [美] 迈克尔·麦金尼斯主编：《多中心体制与地方公共经济》，毛寿龙、李梅译，上海三联书店 2000 年版。

13. [美] 曼瑟尔·奥尔森：《集体行动的逻辑》，陈郁等译，格致出版社、上海三联书店、上海人民出版社 2008 年版。

14. [美] 埃里克·弗鲁博顿、[德] 鲁道夫·芮切特：《新制度经济学——一个交易费用分析范式》，姜建强，罗长远译，上海三联书店、上海人民出版社 2006 年版。

15. [美] R.科斯、A.阿尔钦、D.诺斯等：《财产权利与制度变迁》，上海三联书店、上海人民出版社 2003 年版。

16. [美] 道格拉斯·C.诺斯：《制度、制度变迁与经济绩效》，杭行译，格致出版社、上海三联书店、上海人民出版社 2009 年版。

17. [美] 曼瑟尔·奥尔森：《权力与繁荣》，苏长和等译，上海世纪出版集团 2009 年版。

18. [美] 曼瑟尔·奥尔森：《国家的兴衰》，李增刚译，上海世纪出版集团 2009 年版。

19. [美] 詹姆斯·M.布坎南：《公共物品的需求与供给》，马珺译，上海人民出版社 2009 年版。

20. [美] 杰克·奈特：《制度与社会冲突》，周伟林译，上海人民出版社 2009 年版。

21. [美] 詹姆斯·M.布坎南：《成本与选择》，刘志铭、李芳译，浙江大学出版社 2009 年版。

22. [印] 阿玛蒂亚·森：《以自由看待发展》，任赜、于真译，中国人民大学出版社 2010 年版。

23. [美] 戴维·约翰·法默尔：《公共行政的语言：官僚制、现代性和后现代性》，吴琼译，中国人民大学出版社 2009 年版。

24. [美]O.C.麦克斯怀特：《公共行政的合法性》，吴琼译，中国人民大学出版社 2009 年版。

25. [美]乔治·费雷德里克森：《公共行政的精神》，张成福等译，中国人民大学出版社 2009 年版。

26. [美] 唐纳德·凯特尔：《权力共享：公共治理与私人市场》，孙迎春译，北京大学出版社 2009 年版。

27. [美] 查尔斯·J.福克斯、休·T.米勒：《后现代公共行政——话语指向》，中国人民大学出版社 2002 年版。

28. [美] 安东尼·唐斯：《官僚制内幕》，中国人民大学出版社 2006 年版。

29. [美] 斯蒂芬·戈德斯密斯、威廉·D.埃格斯：《网络化治理：公共部门的新形态》，孙迎春译，北京大学出版社 2008 年版。

30. [美] 戴维·奥斯本、特德·盖布勒：《改革政府：企业家精神如何改革着公共部门》，周敦仁译，上海译文出版社 2009 年版。

31. [美] 沃尔特·W.鲍威尔，保罗·J.迪马吉奥主编：《组织分析的新制度主义》，姚伟译，上海人民出版社 2008 年版。

32. [德] 康保锐：《市场与国家之间的发展政策：公民社会组织的可能性与界限》，隋学礼译，中国人民大学出版社 2009 年版。

33. [美] 斯蒂芬·P.罗宾斯、蒂莫西·A.贾奇：《组织行为学》（第 12 版），李原、孙建敏译，中国人民大学出版社 2008 年版。

34. [德] 柯武刚、史漫飞：《制度经济学》，商务印书馆 2000 年版。

35. [美] 康芒斯：《制度经济学》（上册），商务印书馆 1962 年版。

36. [美] 凡勃伦：《有闲阶级论》，商务出版社 1964 年版。

37. [日] 青木昌彦：《比较制度分析》，上海远东出版社 2001 年版。

38. [美]J.M.伍德里奇：《计量经济学导论》（上、下册）（第三版），费剑平译，中国人民大学出版社 2007 年版。

39. [美] 托马斯·库恩：《科学革命的结构》，金吾伦、胡新和译，北京大学出版社 2003 年版。

40. [匈] 拉卡托斯：《科学研究纲领方法论》，欧阳锋、范建年译：商务印书馆 1992 年版。

41. 陈振明主编：《政策科学：公共政策分析导论》（第二版），中国人民大学出版社 2004 年版。

42. 陈振明主编：《公共管理学》，中国人民大学出版社 2005 年版。

43. 张成福等：《公共管理学》，中国人民大学出版社 2001 年版。

44. 曾峻：《公共管理新论：体系、价值与工具》，人民出版社 2006 年版。

45. 刘熙瑞主编：《中国公共管理》，中共中央党校出版社 2004 年版。

46. 陈振明：《理解公共事务》，北京大学出版社 2007 年版。

47. 丁煌：《政策执行阻滞机制及其防治对策——一项基于行为和制度的分析》，人民出版社 2002 年版。

48. 竺乾威主编：《公共行政理论》，复旦大学出版社 2008 年版。

49. 薛晓源，陈家刚主编：《全球化与新制度主义》，社会科学文献出版社 2001 年版。

50. 朱光磊：《当代中国政府过程》（第三版），天津人民出版社 2008 年版。

51. 张立荣：《论有中国特色的国家行政制度》，中国科学出版社 2003 年版。

52. 张立荣：《中外行政制度比较》，商务印书馆 2009 年年版。

53. 毛寿龙：《西方政府的治道变革》，中国人民大学出版社 1998 年版。

54. 沈荣华等：《地方政府治理》，社会科学文献出版社 2006 年版。

55. 杨雪冬：《市场发育、社会生长和公共权力构建》，河南人民出版社 2002 年版。

56. 周庆智：《中国县级行政机构及其运行》，贵州人民出版社 2004 年版。

57. 乔耀章：《政府理论》，苏州大学出版社 2003 年版。

58. 朱光磊主编：《现代政府理论》，高等教育出版社 2006 年版。

59. 谢庆魁：《政府学概论》，中国社会科学出版社 2005 年版。

60. 杨宏山：《府际关系论》，中国社会科学出版社 2005 年版。

61. 顾平安：《政府发展论》，中国社会科学出版社 2005 年版。

62. 胡舒宝：《西方政府论》，中国社会科学出版社 2006 年版。

63. 俞可平：《民主与陀螺》，北京大学出版社 2006 年版。

64. 俞可平主编：《治理与善治》，社会科学文献出版社 2000 年版。

65. 彭湃：《政府治道变革》，人民出版社 2004 年版。

66. 黄德发：《政府治理范式的制度选择》，广东人民出版社 2005 年版。

67. 孙柏英：《当代地方治理——面向 21 世纪的挑战》，中国人民大学
    出版社 2004 年版。

68. 何显明：《市场化进程中的地方政府行为逻辑》，人民出版社 2008 年
    版。

69. 徐邦发：《中国政府传统行政的逻辑》，中国经济出版社 2004 年版。

70. 李伟权：《政府回应论》，中国社会科学出版社 2005 年版。

71. 薄贵利：《中央与地方关系研究》，吉林大学出版社 1991 年版。

72. 朱国云：《组织理论：历史与流派》，南京大学出版社 1997 年版。

73. 徐勇：《非均衡的中国政治：城市与乡村比较》，中国广播电视出版
    社 1992 年版。

74. 樊丽明：《中国公共品市场与自愿供给分析》，上海人民出版社 2005
    年版。

75. 刘宇飞：《当代西方财政学》，北京大学出版社 2000 年版。

76. 李秉龙，张立承，乔娟主编：《中国农村贫困、公共财政与公共物品》，
    中国农业出版社 2004 年版。

77. 转型期中国重大教育政策案例研究课题组：《缩小差距：中国教育政
    策的重大命题》，人民教育出版社 2005 年版。

78. 杨东平：《中国教育公平的理想与现实》，北京大学出版社 2006 年版。

79. 袁振国：《教育政策学》，江苏教育出版社 2001 年版。

80. 华桦：《教育公平新解:社会转型时期的教育公平理论和实践探究》，
    上海社会科学院出版社 2010 年版。

81. 瞿瑛：《义务教育均衡发展政策问题研究:教育公平的视角》，浙江大
    学出版社 2010 年版。

82. 高丽：《教育公平与教育资源配》，中国社会科学出版社 2009 年版。

83. 郭彩琴：《教育公平论:西方教育公平理论的哲学考察》，中国矿业大学出版社 2004 年版。

84. 李晓燕主编：《义务教育法律制度的理论与实践》，华中师范大学出版社 2010 年版。

85. 中央教育科学研究所教育督导评估研究中心：《义务教育均衡发展报告》，教育科学出版社 2010 年版。

86. 李敏：《义务教育非均衡发展动力机制研究》，中国社会科学出版社 2011 年版。

87. 魏宏聚：《偏失与匡正:义务教育经费投入政策失真现象研究》，中国社会科学出版社 2008 年版。

88. 刘欣：《基础教育政策与公平问题研究》，华中师范大学出版社 2008 年版。

89. 翟博：《教育均衡论:中国基础教育均衡发展实证分析》，人民教育出版社 2008 年版。

90. 朱家存：《教育均衡发展政策研究》，中国社会科学出版社 2003 年版。

91. 杜育红：《教育发展不平衡研究》，北京师范大学出版社 2000 年版。

92. 胡位均：《均衡发展的政治逻辑》，重庆出版社 2006 年版。

93. 刘圣中：《历史制度主义:制度变迁的比较历史研究》，上海人民出版社 2010 年版。

94. 何俊志、任军锋、朱德米编译：《新制度主义政治学译文精选》，天津人民出版社 2007 年版。

95. 张永宏主编：《组织社会学的新制度主义学派》，上海人民出版社 2007 年版。

96. 周雪光：《组织社会学十讲》，社会科学文献出版社 2009 年版。

97. 张林著：《新制度主义》，经济日报出版社 2005 年版。

98. 刘泰洪：《中国地方政府竞争的制度分析》，中国工人出版社 2011 年版。

99. 冯兴元：《地方政府竞争:理论范式、分析框架与实证研究》，译林出版社 2010 年版。

100. 唐志军：《地方政府竞争与中国经济增长：对中国之"谜"中的若

干谜现的解释》，中国经济出版社 2011 年版。

101. 唐丽萍：《中国地方政府竞争中的地方治理研究》，上海人民出版社 2010 年版。

102. 汪伟全：《地方政府竞争秩序的治理:基于消极竞争行为的研究》，上海人民出版社 2009 年版。

103. 傅勇：《中国式分权与地方政府行为:探索转变发展模式的制度性框架》，复旦大学出版社 2010 年版。

104. 庄西真：《权力的滞聚与流散:地方政府教育治理模式变革的研究》，南京师范大学出版社 2008 年版。

105. 周黎安：《转型中的地方政府:官员激励与治理》，格致出版社 2008 年版。

106. 刘亚平：《当代中国地方政府间竞争》，社会科学文献出版社 2007 年版。

107. 张维迎：《博弈论与信息经济学》，上海三联书店、上海人民出版社 2004 年版。

108. 范柏乃、蓝志勇编：《公共管理研究与定量分析方法》，科学出版社 2008 年版。

（三）论文类

1. [挪威]Tom Christensen, Per Lagreid，张丽娜、袁何俊译：《后新公共管理改革——作为一种新趋势的整体政府》，《中国行政管理》2006 年第 9 期。

2. 王善迈：《教育公平的分析框架和评价指标》，《北京师范大学学报》2008 年第 3 期。

3. 褚宏启：《关于教育公平的几个基本理论问题》，《中国教育学刊》2006 年第 12 期。

4. 安晓敏、邬志辉：《教育公平研究:多学科的观点》，《上海教育科研》2007 年第 10 期。

5. 林永柏：《关于教育公平的涵义及其特征的再思考》，《辽宁教育研究》2006 年第 12 期。

6. 鲍传友：《中国城乡义务教育差距的政策审视》，《北京师范大学学报》(社会科学版)2005 年第 3 期。

7. 胡耀宗：《基本公共服务均等化视阈下的义务教育政策选择》，《清华大学教育研》2009 年第 6 期。

8. 杜东东：《义务教育均衡发展问题研究》，《江西教育科研》2007 年第 9 期。

9. 王元京：《我国城乡义务教育差别的制度障碍分析》，《财政问题研究》2009 年第 9 期。

10. 吴春霞：《中国城乡义务教育经费差距演变与影响因素研究》，《教育科学》2007 年第 6 期。

11. 胡耀宗：《基本公共服务均等化视阈下的义务教育政策选择》，《清华大学教育研》2009 年第 6 期。

12. 刘颂：《我国义务教育发展的城乡差异分析》，《辽宁教育研究》2006 年第 11 期。

13. 王蓉：《教育水平的差异与公共教育资源分配的不平等》，《北大教育经济研究》2004 年第 9 期。

14. 樊继达：《公共经济视角下的城乡义务教育:差距及收敛》，《中央财经大学学报》2009 年第 9 期。

15. 王元京：《我国城乡义务教育差别的制度障碍分析》，《财政问题研究》2009 年第 9 期。

16. 吴宏超：《义务教育均衡发展的现状与政府效能改进——基于湖北省的数据分析》，《教育发展研究》2007 年第 9 期。

17. 张雷：《论城乡义务教育不平等的诱因及破解策略》，《当代教育科学》2009 年第 24 期。

18. 梁清：《均衡发展:义务教育异化的超越》，《教育理论与实践》2006 年第 11 期。

19. 周金玲：《农村义务教育经费筹措主体分析》，《山东社会科学》2006 年第 3 期。

20. 戴罗仙：《义务教育投入:中央与地方财力比较研究》，《长沙理工大学学报(社会科学版)》2005 年第 2 期。

21. 范先佐:《构建"以省为主"的农村义务教育财政体制》,《华中师范大学学报》(人文社会科学版)2006 年第 2 期。

22. 姚莉:《城乡教育均等化与"以省为主"财政投入体制的构建》,《财会研究》2008 年第 23 期。

23. 吕旺实、贾康、石英华:《义务教育财政投入的不同建议比较》,《经济研究参考》2006 年第 4 期。

24. 袁桂林:《农村义务教育"以县为主"管理体制现状及多元化发展模式初探》,《东北师大学报》(哲学社会科学版)2004 年第 1 期。

25. 高如峰:《重构中国农村义务教育财政体制的政策建议》,《教育研究》2004 年第 7 期。

26. 王善迈、曹夕多:《重构我国公共财政体制下的义务教育财政体制》,《北京大学教育评论》2005 年第 4 期。

27. 孙志军、杜育红:《中国义务教育财政制度改革:进展、问题与建议》,《华中师范大学学报》(人文社会科学版)2010 年第 1 期。

28. 王善迈、袁连生、刘泽云:《我国公共教育财政体制改革的进展、问题及对策》,《北京师范大学学报》(社会科学版)2003 年第 6 期。

29. 杨兆山、张海波:《标准化学校:教育均衡发展视角下农村义务教育的发展路径》,《东北师范大学学报》(哲学社会科学版)2008 年第 1 期。

30. 鲍传友:《中国城乡义务教育差距的政策审视》,《北京师范大学学报》(社会科学版)2005 年第 3 期。

31. 范先佐、付卫东:《农村义务教育新机制:成效、问题及对策》,《华中师范大学学报》(人文社会科学版)2009 年第 4 期。

32. 刘双、姜岩:《城乡义务教育均衡发展的研究》,《农村经济》2009 年第 10 期。

33. 高如峰:《农村义务教育财政体制比较：美国模式与日本模式》,《教育研究》2003 年第 5 期。

34. 李协京:《日本教育财政制度和教育立法的若干考察-教育均衡发展的制度环境》,《外国教育研究》2003 年第 3 期。

35. 张媛、任翠英:《为了更加公平的教育—由印度的基础教育改革历程着眼》,《外国教育研究》2008 年第 5 期。

36. 张显未：《制度变迁中的政府行为理论研究综述》，《深圳大学学报》（人文社会科学学版）2010年第3期。

37. 齐杏发：《政府行为的内在逻辑研究——复合利益的视角》，《江西社会科学》2008年第8期。

38. 王桂云、李涛：《政府自利性与合法性危机—— 一种基于公共选择理论的分析》，《社会科学家》2010年第8期。

39. 江依妮、曾明：《中国政府委托代理关系中的代理人危机》，《江西社会科学》2010年第4期。

40. 李军杰：《经济转型中的地方政府经济行为变异分析》，《中国工业经济》2005年第1期。

41. 王金秀：《"政府式"委托代理理论模型的构建》，《管理世界》2002年第1期。

42. 何显明：《市场化进程中的地方政府角色：一个文献综述》，《中共杭州市委党校学报》2007年第5期。

43. 刘欣、李永洪：《新旧制度主义政治学研究范式的比较分析》，《云南行政学院学报》2009年第6期。

44. 何俊志：《新制度主义政治学的流派划分与分析走向》，《国外社会科学》2004年第2期。

45. 曹胜：《制度与行为关系：理论差异与交流整合》，《天津市委党校学报》2009年第4期。

46. 曹胜：《新制度主义视野中的制度与行为关系》，《黄河科技大学学报》2009年第7期。

47. [韩]周长焕，《制度与行为者之间的关系——印第安纳学派的新制度主义》，《北京行政学院学报》2003年第3期。

48. 刘新成、苏尚锋：《义务教育均衡发展的三重意蕴及其超越性》，《教育研究》2010 年第 5 期。

49. 王少华：《义务教育均衡发展的三个"不等式"》，《教学与管理》2010年第 22 期。

50. 褚宏启、杨海燕：《教育公平的原则及其政策含义》，《教育研究》2008年第 1 期。

51. 安晓敏、邬志辉：《教育公平研究:多学科的观点》,《上海教育科研》2007 年第 10 期。

52. 鲍传友：《转型时期我国义务教育公平的内涵与政策取向》,《教育科学》2007 年第 10 期。

53. 张雪：《如何理解"教育机会均等"》,《教育研究》2007 年第 8 期。

54. 刘向荣、刘旭辉：《科南特教育机会均等思想述评》,《河北大学学报》（哲学社会科学版）2006 年第 2 期。

55. 杨东平：《从权利平等到机会均等》,《北京大学教育评论》,2006 年第 4 期

56. 向丽：《教青机会均等与教育制度公平探析》,《教育探索》2005 年第 5 期等。

57. 付尧：《我国城镇地区间义务教育资源投入差异研究——以调整价格的人员经费支出为例》,《北京师范大学学报》(社会科学版)2011 年第 3 期。

58. 李祥云：《税费改革前后义务教育投入地区差异及其变化的实证分析》,《教育研究》2009 年第 10 期。

59. 辛涛、黄宁：《教育公平的终极目标:教育结果公平——对教育结果公平的重新定义》,《教育研究》2009 年第 8 期。

60. 高蔺莎：《论教育对个体向上社会流动的作用》,《继续教育研究》2008 年第 10 期。

61. 边维慧、李自兴：《财政分权:理论与国外实践》,《国外社会科学》2008 年第 3 期。

62. 于长革：《中国式财政分权激励下的经济社会非均衡发展》,《当代财政》2009 年第 6 期。

63. 吕炜、王伟同：《政府服务型支出缘何不足——基于服务性支出体制性障碍的研究》,《经济社会体制比较》2010 年第 1 期。

64. 王永钦、张宴等：《中国的大国发展道路——论分权式改革的得失》,《经济研究》2007 年第 1 期；张军等：《中国为什么拥有了良好的基础设施》,《经济研究》2007 年第 3 期。

65. 傅勇、张宴：《中国式分权与财政支出结构偏向：为增长而竞争的代

价》,《管理世界》2007 年第 3 期。

66. 周业安、王曦:《中国的财政分权与教育发展》,《财政研究》2008 年
　　第 11 期。

67. 吕炜、王伟同:《发展失衡、公共服务与政府责任——基于政府偏好
　　和政府效率视角的分析》,《中国社会科学》2008 年第 4 期。

68. 龚锋、雷欣:《中国式财政分权的数量测度》,《统计研究》2010 年第
　　10 期。

69. 李学:《城乡二元结构问题的制度分析与对策反思》,《公共管理学报》
　　2006 年第 10 期。

70. 王美艳、蔡昉:《户籍制度改革的历程与展望》,《广东社会科学》2008
　　年第 6 期。

71. 邬志辉、马青:《中国农村教育现代化的价值取向与道路选择》,《中
　　国地质大学学报》(社会科学版)2008年第11期。

72. 自戚务念:《多元化:当前农村教育目标的必然选择》,《江西教育科
　　研》2006年第8期。

73.沈亚芳:《二元经济结构转换下的农村教育——一般理论与中国实践》,
　　《生产力研究》2008 年第 6 期。

74. 林志伟:《我国城乡收入差距与教育差距的协整性分析》,《山西财经
　　大学学报》2006 年第 4 期。

75. 刘云忠、徐映梅:《我国城乡教育差距与城乡居民教育投入差距的协
　　整研究》,《教育与经济》2007 年第 4 期。

76. 赵力涛:《中国义务教育经费体制改革:变化与效果》,《中国社会科学》
　　2009 年第 4 期。

77. 厉以宁:《关于教育产品的性质和对教育的经营》,《教育发展研究》
　　1999 年第 10 期。

78. 王善迈:《关于教育产业化的讨论》,《北京师范大学学报》(人文社会
　　科学版)2000 年第 1 期。

79. 劳凯声:《社会转型与教育的重新定位》,《教育研究》2002 年第 2 期。

80. 胡鞍钢、熊义志:《大国兴衰与人力资本变迁》,《教育研究》2003 年
　　第 4 期。

81. 袁连生：《论教育的产品属性、学校的市场化运作及教育市场化》，《教育与经济》2003 年第 1 期。

82. 张学敏：《义务教育的融合产品属性》，《西南师范大学学报》（人文社会科学版）2003 年第 4 期。

83. 宋小川：《教育的经济属性》，《经济学动态》2009 年第 2 期。

84. 刘有贵、蒋年云：《委托代理理论述评》，《学术界》2006 年第 1 期。

85. 江依妮、曾明：《中国政府委托代理关系中的代理人危机》，《江西社会科学》2010 年第 4 期。

86. 高燕妮：《试论中央与地方政府间的委托—代理关系》，《改革与战略》2009 年第 1 期。

87. 吴金群、耿依娜：《政府的性质：新制度经济学的视角》，《浙江大学学报》（人文社会科学版）2008 年第 2 期。

88. 陈谦：《地方政府部门利益化问题成因与治理》，《求索》2010 年第 2 期。

89. 周业安、宋紫峰：《中国地方政府竞争 30 年》，《教学与研究》2009 年第 11 期。

90. 刘泰洪：《我国地方政府竞争机制》，《人文杂志》2007 年第 4 期。

91. 周雪光：《逆向软预算约束：　一个政府行为的组织分析》，《中国社会科学》2005 年第 2 期。

92. 邬志辉、马青：《中国农村教育现代化的价值取向与道路选择》，《中国地质大学学报》（社会科学版）2008 年第 11 期。

93. 褚宏启：《城乡教育一体化：体系重构与制度创新——中国教育二元结构及其破解》，《教育研究》2009 年第 11 期。

94. 李均、郭凌：《发达国家改造薄弱学校的主要经验》，《外国中小学教育》2006 年第 11 期。

95. 卢国勋：《寄宿制学校——新农村建设的奠基工程》，《人民教育》2006 年第 12 期。

96. 庞丽娟：《加快学前教育的发展与普及》，《教育研究》2009 年第 5 期。

二、英文参考文献

1.Differentiated Accountability，A More Nuanced System to Better Target Resources［EB/OL］(http：//www.ed.gov/nclb/ accountability/ differentiated/ factsheet.pdf.2008- 12- 20).

2. Penny Todman，et al. *Better Together：Exploratory Case Studies of Formal Collaborations between Small Rural Primary Schools*, London：DCSF. 2009. pp.5-6.

3. Dennis C.*Mueller.Public Choice II*,Cambridge：Cambridge University Press,1989,pp.1-2.

4. Jean Oi. "Fiscal Reform and the Economic Foundation of Local State Corporatism in China"，*World Politics*. 1992 ,45 (1) .

5. Andrew G. Walder.Local Governments as Industrial Firms: "An Organizational Analysis of China's Transitional Economy"，*American Sociological Review* ,1995,101.

6. Jean Oi, "The Role of the State in China's Transitional Economy"，*The China Quarterly*,1995.

7. Nee Victor, "A Theory of Market Transition : From Redistribution to Markets in State Socialism"，*American ociological of Review*,1989：54.

8. *Oxford English Dictionary*, Oxford:Oxford University Press，1971, pp.354.

9. Sue E.S.Crawford，Elior Ostrom，"A Grammar of Institutions"，*American Political Science Review*,Vol.89，No.3，September 1995，pp.582-599.

10. E. Ostrom , R. Gardner , J . Walker. *Rules，Games ,and Common-Pool Resources*，Ann Arbor : University of Michigan Press , 1994.

11. W.Richard Scott, *Institutions and Organizations*, California:Sage Publications, 1995, pp.3-4.

12. Jan-Erik Lane,Svante Ersson.*The New Institutional Politics:Performance and Outcomes*, London : Routledge , 2000，p.16.

13. Jan-Erik Lane, Svante Ersson, *The New Institutional Politics: Performance and Outcomes*, London : Routledge , 2000,p.16.

14. Sven Steinmo,The New Institutionalism,in Barry Clark , Joe Forweraker

(eds.), The Encyclopedia of Democratic Thought ,London : Routledge , 2001,p.15.

15. James G.March, Johan P.Olsen, " The New Institutionalism : Organizational Factor in Political Life" , *American Political Science Review*,1984,Vol.78, pp.734-749.

16.B.Guy Peters, " Institutional Theory in Political Ecience:The new Institutionalism" , London, New York Pinter,1999.

17. M. Nabli, J.Nugent. " The New Institutional Economics and Its Applicability to Development" , *World Development*, Vol. 17 , No. 9 , 1989.

18. Paul J.Di Maggio,Walter W.Powell, *The New Institutionalism in Organizations Analysis*, Chicago: The University of Chicago Press,1991.

19. Sven Steinmo, athleen Thelen, Frank Longstreth edc, *Sructuring Politicals:Historical Institutionalism In Comparative Analysis*, Combridge: Cambridge University Press ,1994.

20. P.Evans ,etc. "Bring the State Back in,Cambridge" , Cambridge University Press ,1985.

21. Peter A.Hall, Rosemary C. R. Taylor. Political Science and Three Institutionalism, Political Studies,1996,XLIV, pp.936-957.

22. Mark D.Aspinwall,Gerald Sehneider.Same Menu, Sparate Tables:The Institutionalist Turn in Politieal Sciene and the Study of European Integration. *European Journal of Politieal Researeh*,2000,(38), pp.1-36.

23. Karol Soltan, Eric M.Uslaner, Virginia Haufler, *New Institutionalism:Institutions and Social Order,Karol Soltan,Institutions and Social Order*,The University of Michigan Press，1998.

24. Peter Hall and Rosem ary C. R.Taylor,Political science and the three institu tionalisms,Polit ical Studies, 1996,XLIV,pp.936-957.

25. Peter Hall and Rosemary C. R.Taylor, Political Science and the Three New Institutionalisms, *Political Studies*, 1996, XLIV,p.948.

26. E.Ostrom, "Rational Choice Theory and Institutional Analysis,Toward

Complementarity," *American Political Science Review*, 1991 , (85), pp. 237-243.

27. Diermeier and Keith Krehbiel, *Institutionalism as Methodology, Methodological Issues in the Theory of Institutions*, 2001.

28. Tiebout, "The Pure Theory of Public Expenditure," *The Journal of Political Economy* ,1956 (64),pp.416-424.

29. R.A.Musgrave,*The Theory of Public Finance*, New York: Mc Graw- Hill, 1959.

30. W. E. Oates, *Fiscal Federalism*, New York: Harcourt Brace Jovanovich ,1972.

31. Boeke.J.H, *Economics and Economic policy of dual Societies as Exeplified by Indonesia* , New York: Institute of Palations,1953.

32. R. E. Jr. Rucas. "On the Mechanics of Economic Development," *Journal of Monetary Economics*, 1988, (22): 783-792.

33. Tiebout. A Pure Theory of Local Expenditures. *Journal of Political Economy*, 1956, (64) .

34. Albert Breton. *Competitive Governments: An Economic Theory of Politics and Public Finance*. Cambridge, New York: Cambridge University Press, 1996.p.3.

35. *Her Majesty*, Government. *Education Bill*. London: The Stationery Office. 2001. 14-15.

后　记

本书是笔者在博士文的基础上修改完成的。

教书三载之后，又有机会重新以一个学生的身份步入华中师范大学这个极具人文底蕴和优良学术传统的神圣殿堂继续深造，激动、兴奋；尔后，三年的博士求学生涯一恍惚间又在我手边匆匆溜走，如今，没有了当初兴奋的欢愉之情，更多的是感动与留恋。

对于本书的出版，首先要表达对导师的感谢。感动于导师张立荣教授的知遇之恩，是恩师给了我这次继续沐浴学术殿堂的机会，使我能够又一次完成学习历程的跨越；感动于恩师孜孜不倦的教诲，从做学问到做人，都使我如沐春风，终生受益。恩师教导我做学问"腰杆要挺直、屁股要坐正、双脚要落地"；针对博士论文的选题与写作，恩师叮嘱要有"自觉的学科关怀、强烈的问题意识、独特的理论视角、恰当的分析工具、鲜活的数据材料、新颖的表达形式、创新的学术境界、操作性的政策建议"。恩师严谨治学、与人为善、虚怀若谷的情操使我领悟了"学高为师，德高为范"的真谛；感动于恩师对拙文一丝不苟的投入，从资料收集、提纲拟定到内容取舍、字句润色，无不凝聚了老师的心血。师从先生，是我人生一大幸事，恩师情谊，永铭于心。

感动于默默耕耘的各位老师对学生的谆谆教导。刘筱红教授视我为己出，给予了学生无微不至、春风化雨般的关爱；傅广宛教授亦师亦友，坚忍不拔的学术精神和品格是学生终生学习的楷模；姚锐敏教授、尤光付教授、费军教授、陈彬教授、石丹林教授，他们各具特色的学术研究风格在学业上给予我的教诲，使我终生受益；陈雪玲老师、魏寅老师给予我的帮助也将铭记于心。

大爱无疆，感动于东北财经大学王询教授对晚辈的提携，王老师睿智深邃的思想、举重若轻的大家风范是我学习的榜样。

感动于同窗间如切如磋、如琢如磨的情谊。高焕清、韩永军、曾保根、吴红梅、李琴、王春婷、张仁汉、张翔以及室友袁尚会、赵一鸣，三年里我们激扬文字、指点江山的豪情、把酒论英雄的豪迈是我一生中最珍贵的记忆。

感动于同伴为学师弟师妹们的无私帮助。王燕、卢璐、芦苇、赵曼丽、肖军飞、赵德兴、姚德超、谭学良、郑晓、施远涛、江沁、汪超，一起调研时的苦与乐，一起学习时的激辩与收获，都为我的博士生涯增添了不少色彩。

感动于爱妻樊慧玲博士的坚毅、支持、鼓励与包容。2009 年 9 月 4 日对我们来说是个特殊的日子，那一天我们携手步入婚姻殿堂，那一天也同是我们博士求学生涯开始的日子。求学于东北财经大学的她，在新婚之后就与我南北两地分隔，"君住长江头，我住长江尾"的我们没有新婚夫妇的卿卿我我，更多的是对博士生涯的共同规划与鼓励。期间，妻子总是我漏洞百出的论文的第一位阅读者，是我论文发表后的第一位祝贺者，是我博士论文写作毫无头绪、焦躁不安时的安抚者，是我遇到困难颓废不前时的鼓励者。在此，我要对她说声："谢谢！辛苦了！"

最让我感动的还有家人为我的默默付出。我那已步入花甲之年的双亲啊，尽管你们还不明白博士学位到底是什么，但是，在得知我们双双辞职继续求学时依旧为我们喝彩，隐藏起对身边那些怀抱儿孙的同龄人的羡慕，依旧操持着繁重的家务，四处奔波默默地为我们积攒着生活费。"谁言寸草心、报得三春晖。"我的父亲、母亲啊，是你们伟大而无私的爱为我撑起了一片温暖的精神家园，为我提供了前进的动力。我的哥哥、嫂子，你们的鼓励和经济支持是我学业得以完成的基础，还有我那可爱的小侄女李菡池，你的笑容和涂鸦为我的博士生涯平添了不少乐趣。

最后，谨以此书献给天堂里的爷爷、奶奶，愿你们安息！

　　人生有限，学海无涯。学识所限，文中纰漏与不足在所难免，谨祈专家学者批评指正！

李军超

2012 年 4 月 18 日初稿完成于

桂子山

2015 年 6 月修改